高等教育会计类创新应用型规划教材

U0648820

Budget Management of Modern Enterprise

现代企业预算管理

（第二版）

李　荣　李永芳　顾晓良　主　编

袁奋强　范丽红　燕存睿　副主编

东北财经大学出版社

Dongbei University of Finance & Economics Press

大连

图书在版编目（CIP）数据

现代企业预算管理 / 李荣，李永芳，顾晓良主编．—2版．—大连：东北财经大学出版社，2024.4

（高等教育会计类创新应用型规划教材）

ISBN 978-7-5654-5148-5

Ⅰ．现…　Ⅱ．①李…②李…③顾…　Ⅲ．企业管理–预算管理–高等学校–教材　Ⅳ．F275

中国国家版本馆CIP数据核字（2024）第044826号

东北财经大学出版社出版

（大连市黑石礁尖山街217号　邮政编码　116025）

网　　址：http://www.dufep.cn

读者信箱：dufep@dufe.edu.cn

大连天骄彩色印刷有限公司印刷　东北财经大学出版社发行

幅面尺寸：185mm×260mm　　字数：405千字　　印张：17.25

2024年4月第2版　　　　　　　　2024年4月第1次印刷

责任编辑：王　莹　刘晓彤　　　　　　责任校对：雪　园

封面设计：原　皓　　　　　　　　　　版式设计：原　皓

定价：45.00元

第二版前言

凡事预则立，不预则废。党的二十大报告强调："全面贯彻新发展理念，加快构建新发展格局，着力推动高质量发展"。在构建高水平社会主义市场经济体制过程中，要健全现代预算制度。随着市场竞争的日趋激烈和复杂，企业为提高市场适应性与竞争能力，必须不断地更新思考方式，其管理模式和运行机制应充分体现战略化、系统化和人本化的管理理念，而预算管理正是这样一种集战略化、系统化、人本化理念于一体的现代企业管理模式，备受国内外众多企业青睐。

全面预算管理作为企业实现战略目标的有效管理工具，从微观的角度看，它有助于提高管理效率和效益；从宏观的角度看，它有助于在市场背景下优化社会资源的配置。20世纪20年代，杜邦公司、通用汽车公司率先试行预算管理，实行以分部或事业部为基础的预算管理，成功地解决了集团公司的整合问题。预算管理模式卓有成效的实践，使之迅即演化成今天全球企业通行的管理方法。

随着市场化改革的不断深入、经济全球化的深度融合、经营多元化的纵深发展、经济增长方式的转变以及供给侧结构性改革的加速推进等，企业环境的不确定性和经营的复杂性与日俱增。我国当前和今后将长期面临创新能力不足、产品附加价值低、产能过剩严重与有效供给严重不足、高端人才匮乏、企业税负过重、成本不断增加、资金投入短缺、资源环境紧张、贸易壁垒高筑等严峻问题，如何破解这些难题、增强发展内生动力显得尤为紧迫。

为促进企业通过有效的预算管理提升自身管理效率，国家出台了一系列政策。特别是2011年11月，国务院国有资产监督管理委员会发布了《关于进一步深化中央企业全面预算管理工作的通知》，对中央企业开展和深化预算管理提出系统的要求；2015年9月，财政部发布了《管理会计实践索引（一）》，从宏观层面上对企业预算进行规范；2016年2月，财政部发布了《中央国有资本经营预算管理暂行办法》，对进一步加强和规范中央国有资本经营预算管理、优化国有资本配置效率提出要求。

企业预算管理在我国起步较晚，如今仍然存在预算意识不强、组织管理体系不健全、编制方法不当、控制与执行不到位等问题。工商管理学科中企业预算管理的教学与研究更加滞后，绝大多数高校将预算管理作为管理会计的部分章节内容。江苏理工学院于2012年开设"现代企业预算管理"课程，是全国高校中较早开设该课程的院校。编者根据实际工作经验和教学研究积累，组织团队编写《现代企业预算管理》教材，以缓解当前该课程教材紧缺状态。

本教材围绕现代企业预算管理的组织架构、制度建设、方法体系，从企业预算管理的演变与发展、预算编制的基础、预算编制与调整、预算执行与控制、预算分析评价与奖惩等角度，以本土化企业背景为主线，全面系统地介绍企业预算管理体系，坚持引进、消化与本土化相结合，理论、实务与案例相结合。本教材编写团队有效融合了教学、科研和社会培训的相关资源，使教材内容具有前瞻性，知识体系更加新颖。本教材适合高等院校、企业单位开展预算管理方面的教学和培训使用。在教材使用过程中，我们收到了许多读者的宝贵意见和建议，本着理论与实际相结合的原则，与时俱进地做出了修补，并适当增加了相关内容。

本教材由李荣、李永芳、顾晓良担任主编，由袁奋强、范丽红、燕存睿担任副主编。具体编写分工如下：李荣教授负责总纂并编写第1章；顾晓良高级会计师负责编写第2章、第3章、第7章；袁奋强负责编写第8章、第9章；范丽红负责编写第4章、第6章；燕存睿负责编写第5章、第10章；李永芳高级经济师负责整理各章练习题和综合试题及其答案与解析。在本教材的编写和出版过程中，我们得到了辛月同学和东北财经大学出版社各位编辑的大力支持。同时，本教材的编写与出版也得到了江苏理工学院校级重点建设教材项目的经费支持，在此诚表谢忱。

由于编者时间仓促、水平有限，未能穷尽所有问题，书中错误或遗漏之处在所难免，恳请读者提出宝贵意见。

编 者

2024年3月

目录

第1篇 现代企业预算管理基础

第2篇　现代企业预算编制

第3篇 现代企业预算控制

第1篇
现代企业预算管理基础

第1章 现代企业预算管理导论

【学习目标】

通过对本章内容的学习，了解企业预算管理的发展与演变和现代企业制度；熟知预算管理的体系、预算管理的功能、预算管理的重要性、预算管理模式的选择；深入领会预算管理在我国的应用。

【学习重点】

预算管理体系；预算管理功能和重要性；预算管理模式选择；预算管理在我国的应用。

1.1 现代企业制度与企业预算管理概述

1.1.1 预算管理导入

有些管理者的行事准则是依照资源来开展经营，先谈资源，后谈目标，即先谈"做事的条件"，再说"做事的结果"；而另一些管理者的行事准则恰恰相反，以目标为导向，合理分配资源。谁对谁错？看似都有道理，然而，站在预算的角度，后者则更为合理。

面对竞争激烈的市场环境，一个企业的资源往往有限，如何在完成既定目标的前提下，将有限的资源用到最需要的地方至关重要，目标优先准则就是在确保目标完成的情况下，合理分配资源。

预算就是企业在战略目标的指导下所编制的年度收支计划，旨在完成企业既定目标的基础上，合理使用企业资源，控制成本费用，提高企业的资产使用效率。

了解现代企业预算管理，首先要对现代企业制度和企业预算管理，以及其相互之间的关系有清晰的认识与理解，这样才能更加准确地应用预算管理，充分释放其独特功能。

1.1.2 现代企业制度

企业是在一定的财产关系基础上形成的，企业的行为倾向与企业产权结构之间有着某种对应关系，企业在市场上所进行的物品或服务的交换，实质上也是产权的交易。

现代企业制度被定义为以市场经济为基础，以企业法人制度为主体，以公司制度为核心，以产权清晰、权责明确、政企分开、管理科学为条件的新型企业制度。现代企业制度具体构成要素如图1-1所示。

图 1-1　现代企业制度体系图

其具体要义为：

1）产权清晰

市场经济发展的实践表明，只有当稀缺资源的财产所有权被清晰地加以界定的时候，市场才是有效率的。那么，如何理解产权清晰的内涵呢？产权是在法律和社会认可基础上的"一束"经济权利。所谓产权清晰，实际上包含着两个方面的内涵：

一是指法律意义上的产权清晰：主要包括从宏观上产权有比较完整的法律地位，从微观上产权有比较健全的法律程序；同时，产权能够得到真正的法律保护，最高占有权和实际支配权的"权益"或"权能"都能得到法律保障。

二是指经济意义上的产权清晰：是指产权在现实经济运行过程中是清晰的，是"一束"或"一组"权利。只有这组权利的权、责、利相统一的问题，在企业运营的实践中得到完全、彻底的界定和保障，才能说明产权在经济上是清晰的。

2）权责明确

权责明确是指合理区分和确定企业所有者、经营者和劳动者各自的权利和责任。所有者、经营者、劳动者在企业中的地位和作用是不同的，因此，他们的权利和责任也是不同的。

出资者按投入企业的资本额享有资产收益、重大决策和选择管理者等权利，但当企业亏损或破产时，出资者只对企业的债务承担以其出资额为限的有限责任；出资者不直接参与企业的具体经营活动，不直接支配企业的法人财产。企业拥有法人财产权，享有自主经营的权利，但要以全部法人财产承担自负盈亏、照章纳税的责任，企业以自己的名义和全部法人财产享有民事权利，但同时也要以全部法人财产承担民事责任。企业行使自主权必须对出资者履行义务，依法维护出资者权益，对出资者资产承担保值增值的责任，而不是损害出资者的权益。

3）政企分开

政府和企业是两类具有不同性质、任务、职能，但又相互紧密联系的组织系统。政企分开的内涵是政府与企业社会职能分开、企业所有权与经营权分开、政府国有资产所有者职能与行政职能分开；政府不应直接管理企业、直接干预企业的生产经营活动，不得随意截留企业的权利，应使企业真正成为自主经营、自负盈亏、自我发展、自我约束的法人实体和市场竞争的主体。

　　政企分开主要是通过解除政府主管部门与所办经济实体和直属企业的行政隶属关系、大量裁减专业经济部门和各种行政性公司、发展社会中介组织、加强和改善国有企业的监管方式来实现。

　　4）管理科学

　　"管理科学"是一个比较宽泛的概念。广义上，它包括了企业组织合理化的含义；狭义上，它要求企业管理的各个方面（如质量管理、生产管理、供应管理、销售管理、研究开发管理、人事管理等）的科学化。管理致力于调动人的积极性、创造性，其核心是激励、约束机制。对于管理是否科学，虽然可以从企业所采取的具体管理方式的"先进性"上来判断，但最终还要从管理的经济效率上，即管理成本和管理收益的比较上做出评判。

1.1.3　现代企业预算管理

　　1）政府预算

　　预算最早是政府统筹国家收支的一种管理工具。1215 年，英国国王约翰签署了《大宪章》，代表资产阶级利益的议会获得了租税的立法权，继而又取得了控制政府支出的权力，最终议会控制了政府的全部收支批准权。这样，英国政府不得不将每年的政府收支预算列表交给议会批准，编制国家财政收支一览表的预算制度遂在英国确立。

　　政府预算是经法定程序审核批准的国家年度集中性财政收支计划，其规定国家财政收入的来源和数量、财政支出的各项用途和数量，反映着整个国家政策、政府活动的范围和方向。

　　2）现代企业预算

　　企业预算是指企业未来一定时期内，经营、资本、财务等各方面的收入、支出、现金流的总体计划。它将各种经济活动的计划以货币形式表现出来。

　　最早将预算作为管理手段应用于企业的是美国，其将预算首先应用在广告费分配上。第一次世界大战后，美国工业生产得到了快速的发展，企业规模的扩大使得管理人员数量增加，产生了分权化管理，如何实现管理分权而又不失控制成为一个突出问题；同时，企业生产规模的盲目扩大也导致一些企业出现了生产过剩、产品销路不畅等现象。这些问题和现象迫使企业管理者开始寻求对市场进行预测、计划生产与销售、协调部门之间经济活动的办法和手段。于是，一些企业管理者将预算引入企业管理，以此来计划、协调、控制企业的经济活动。

　　企业预算是一个闭合循环系统，主要是以企业战略定位和经营计划为导向，结合企业不同发展周期，通过确定预算目标、编制经营预算与资本预算，最终形成财务预算的过程。现代企业预算构成体系如图 1-2 所示。

　　3）现代企业预算管理

　　企业预算管理是指企业根据发展规划和战略目标，在对未来经营环境进行分析预测的基础上，以价值形式对预算期内所有经营活动、投资活动和财务活动进行统筹安排，并以预算为标准，对预算执行过程和结果进行控制、核算、分析、考评、奖惩等一系列管理活动的过程。

图 1-2　现代企业预算体系图

全面预算管理是企业内部管理控制的主要工具和方法。预算管理是企业整合内部资源的手段和战略执行的有效工具，是全员参与、涵盖企业各类生产要素、贯穿企业经营发展全过程的综合管理活动，也是现代企业市场竞争能力的重要体现。

预算管理不同于企业预算，前者注重管理功能的发挥，后者强调预算编制的程序、内容与方法；前者是对后者的统驭，后者是前者功能发挥的基础和具体表现。现代企业预算管理体系如图 1-3 所示。

1.1.4　现代企业制度与企业预算管理关系

构建"产权清晰、权责明确、政企分开、管理科学"的现代企业制度，是实现企业做专、做精、做大、做强、做久的重要基础，是最终实现企业战略的核心和关键。所以，现代企业制度与企业预算管理的关系，集中体现在企业战略和预算管理的有效互动上。

企业战略指引着企业未来的发展方向，战略目标的实现需要有与之相应的管理手段作为后盾。而全面预算管理是全面整合企业业务流、资金流、信息流和人力资源流的经营管理制度，是一种集资源配置、过程监控、业绩考评于一体的管理工具。

企业战略目标与全面预算管理之间相辅相成，不可分割，且二者之间存在着有机的联系：

图1-3 现代企业预算管理体系图

（1）战略目标对全面预算管理起到导向作用。

企业战略目标着眼于企业宏观的发展方向，结合未来的宏观经济形势和政策，对企业的资源进行统筹规划、合理配置，以实现企业价值最大化。而企业预算管理是通过全面预算的编制和平衡，对企业有限的资源进行最佳的安排使用，避免资源浪费和低效使用。

（2）现代企业战略决定全面预算目标。

企业战略通常还涉及可实现性问题，预算目标的确定和具体落实的过程必然受制于企业目标。企业战略明晰后，预算管理以战略为导向，分解战略目标，制订执行计划，实施监督、分析、评价、考核与奖惩兑现。

（3）现代企业战略决定全面预算管理权及预算组织模式。

企业不同的战略及管理组织与管理结构会在很大程度上影响年度预算在企业管理控制系统中的作用。因此，预算管理权及预算组织模式的作用程度会受到企业战略的影响和制约。

（4）预算管理是战略目标的具体行动方案，是实现战略目标的基石。

通过全面预算的编制，可以实现企业的宏观战略目标向微观的运营计划转变，并将相对抽象的战略管理细化为生产预算管理、销售预算管理、筹资预算管理等有利于具体操作、控制、考核的预算管理模式。通过全面预算管理指标的层层分解下达，可以使部门乃至员工的责任分工更加明确，更有利于纵向和横向的沟通，促进相互之间的配合与协作，为战略目标的实现提供良好的组织保障。

（5）全面预算是对现代企业战略、计划的反馈与修正。

将企业的规划系统看作一个动态循环系统，可以发现预算管理通常对企业战略起到强化或修正作用。在全面预算的编制过程中，内外部约束条件的反馈信息是不断修正、调整战略的重要信息来源。

1.2　现代企业预算管理的演变

管理是通过计划、组织、控制、激励等环节来协调人力、物力和财力资源，以期更好地达成组织目标的过程，而正是预算特有的功能，使其成为管理中的一种重要工具。因此，预算管理是指预算应用于企业的经营管理活动，对企业的经营活动进行组织、计划、控制、激励和调节等一系列职能的总称。

1.2.1　预算管理在西方的演变与发展

预算管理从20世纪20年代起应用于企业，已有近百年的发展历程。随着委托代理理论、系统理论、控制理论、激励理论、行为科学理论、战略管理理论等的出现，在适应社会经济及企业管理要求的实践中，不断融入先进的管理思想、先进的管理工具与方法，从单一的成本费用控制，扩展到财务系统的控制，最终扩展到包括人、财、物的企业整体资源控制。企业预算正是在企业环境变革加剧、管理理论逐步丰富、数据处理手段不断更新、网络通信技术迅猛发展的影响下，不断发展与完善。纵观预算管理在西方的演变与发展过程，可以分为以下几个阶段：

1）预算管理应用于企业的初始阶段（19世纪末至20世纪20年代）

"预算"正式应用于企业管理是在20世纪20年代。在此之前，企业的生产技术因工业革命的推广已经实现了工业化，但管理上仍然主要凭借经验。因此，20世纪以前，企业的生产计划绝大部分凭借直觉，似乎没有必要考虑精确计算生产成本。但随着工业化进程的发展和市场的不断开拓，企业为了追求更多的利润，客观上要求对生产过程实施更为科学的管理与控制。其具体表现为：强调不断地提高生产和工作效率，同时尽量减少生产经营中一切可以避免的损失和浪费，这就是当时先进的管理思想——费雷德里克·泰勒的"科学管理理论"的核心内容。

"科学管理之父"泰勒于1911年出版了《科学管理原理》。在这本著作中，他提出了"科学管理学说"。这一学说不仅促进了美国企业管理水平的提高，而且为"标准成本制度"的形成奠定了思想及理论基础。

企业预算正是在此基础上以应用"标准成本"为主发展而来的。其具体过程为：为了实现科学管理的上述目标，成本会计人员开始按照科学的手段（时间研究、动作研究）建立生产领域的"标准成本"，并经常将标准成本与实际成本进行对比，严格地实施"差异分析"，根据差异的正负和大小决定工人报酬的多寡。

1921年，美国《预算与会计法案》颁布后，预算管理职能受到人们的广泛关注，同时，预算也被部分私营企业用来强化管理职能。随着预算管理作为一种重要的管理方法得到广泛的认可，理论界和实务界便着手研究预算管理理论，英国、德国、日本等国家的企业也开始效仿，使得预算管理逐渐传播开来。

1922年，美国管理会计创始人麦金西以《预算与会计法案》的精神为依据，出版了以预算控制为主要内容的著作——《预算控制论》。这本书全面介绍了预算控制理论，其贡献是将过去零散的、非系统性的预算发展成为具有科学性、系统性的经营工具。同时，该书的出版也标志着企业预算管理理论开始形成。

在预算管理的产生期，预算管理作为协调、控制企业各职能部门经济活动的管理方法而受到人们的重视，企业对预算制度的关心程度也开始提高。在20世纪20年代美国经济发展时期，尤其是预算管理在美国通用电气公司、通用汽车公司、杜邦公司获得成功后，预算管理在企业得到了迅速的普及。

2）预算管理应用于企业的发展期（20世纪30年代至20世纪70年代）

在产生期，协调与控制职能是预算管理在企业管理中的主要职能。随着预算管理在企业的广泛应用，部分管理学科和会计学科的研究者也开始探讨和研究预算管理制度。20世纪30年代至20世纪70年代，企业预算管理在理论上得到了一定的发展。20世纪30年代，作为一种节约经费手段的弹性预算得到了普遍的应用。

20世纪40年代，各种新的管理学派及新的学科不断出现，其中，以运用心理学及社会学理论和方法研究人与人之间的关系，以及如何激发个体的主观能动性和挖掘经营活动中人的潜能为主要特点的组织行为理论，对预算管理理论的影响最大。组织行为理论在预算管理中的运用，使得部分企业开始提倡企业所有层次的管理者尤其是关键管理人员都应参与预算的编制，即预算编制自上而下、自下而上地反复循环，使预算管理更加贴近实际，提高预算执行者对预算的认识，增强行动和决策与企业目标的和谐性，促进企业资源的合理配置和有效利用。

1952年，美国学者克里斯·阿吉里斯通过与四家制造业企业的经营人员和预算（会计）人员深入交谈后，认为在传统预算执行过程中，企业内部人与人之间、部门与部门之间存在着较大的"差异"，导致企业内部无法形成合力，加剧内部矛盾的激化。为解决这一问题，克里斯·阿吉里斯提出了"预算参与"的方式。20世纪50年代，预算管理引入了"数学管理理论"，即运用数学方法、运筹学方法和数量经济学原理，通过程序、概念、符号和模型的运算协助管理预算，增强了预算管理的准确性和科学性。

20世纪60年代，"系统管理理论"被引入预算管理之中，使预算管理拓展为全员、全程、全方位的管理，有利于兼顾企业的整体利益。系统管理理论是指运用一般系统论和控制论的理论和方法，考察组织结构和管理职能，以系统解决管理问题的理论体系。在这个时期，零基预算在美国等发达工业国家的兴起促使预算管理在理论和方法上都有新的发展，它的出现给预算管理的发展注入了新的活力。美国学者维恩·刘易斯于1952年发表了《预算编制理论新解》一文，他认为应该采用一种新型的方法来进行预算编制，这种新型方法的内涵与后来的零基预算是完全一致的。1970年，彼得·派尔最先在美国得克萨斯仪器公司施行了零基预算编制方法，且取得了巨大成效。

在发展期，由于多种管理理论的引入，预算管理得到了较为全面的发展。预算管理在企业的普遍推广与应用，促进了参与型预算管理的发展与零基预算的形成。预算管理的发展是企业在市场竞争中取得优势并得到迅速发展的结果，也因此推动了国家经济的发展。

3）预算管理应用于企业的成熟期（20世纪80年代以后）

20世纪80年代以后，随着代理理论对预算管理研究的影响、科技的发展、信息时代的到来、会计电算化的发展，预算管理进入了成熟期。预算管理方法也成为西方现代企业的一种重要管理手段。该时期出现的企业资源计划系统更是将企业内部划分成几个相互协作、相互支持的子系统，使企业将生产制造、质量监管、售后服务等环节纳入资源预算系统进行管理，形成了一种面向企业供应链的预算管理。总而言之，此时的预算管理已经成为西方现代企业管理中一种不可或缺的管理手段。虽然预算管理作为一种管理手段给企业带来了巨大的管理效果，但与此同时也暴露了诸多问题。就预算管理脱节于企业战略目标的问题而言，20世纪90年代，哈佛大学卡普兰教授与诺顿提出了平衡计分卡。这种平衡计分卡可以将预算和战略及非财务指标联系起来，使其更加适应市场环境的变化，形成了卡普兰预算模式。20世纪90年代中期，两位欧洲学者杰瑞米·霍普和罗宾·弗莱泽提出了"超越预算"，并创立了"超越预算圆桌会议"。研究超越预算理论的他们认为，预算管理除了在规划职能上具有优势外，并不能获得比其他管理手段更大的管理效果。在这期间，战略预算、持续改进预算、作业预算及价值预算也以不同的形式涌现，预算理论得到了前所未有的发展与丰富。

从预算管理演进历程来看，经济的发展、新兴管理理论的不断出现，都影响了预算管理的发展与完善。传统预算、预算参与、战略预算及合作预算等都被引入了管理思想，管理思想的发展促进了预算管理的发展，反过来，预算管理也促进了管理思想的完善。

1.2.2 预算管理在我国的演变与发展

"周朝官厅会计中的钱粮赋税"和"凡事预则立，不预则废"，都说明我国在很早以前就存在预算管理思想。1908年，清朝颁布的《清理财政章程》明确指出，自宣统二年（1910年）起，由清政府的清理财政局主持编制预算工作。这是我国自记载以来首次以明文规定的方式来要求编制国家预算。

20世纪初至20世纪40年代末，我国处在半殖民地半封建社会，有些民族企业试图采用预算来管理企业，但是这些实践并没有有效推动我国的预算管理发展。中华人民共和国成立后，我国实行计划经济体制，企业的经营活动都纳入了国家的财政预算，企业预算管理并没有得到发展。改革开放的实行、市场经济的发展，使得管理会计学科被我国高等财经院校和部分综合性大学正式引入，企业预算管理作为管理会计的一部分才开始应用于教学。

比较我国与西方的预算管理制度，一个明显差别是西方企业的预算管理属于企业微观决策的范畴，企业在决定如何开展预算管理方面占有很大的主动权；而我国的情况是由国家有关部门推动企业预算管理制度的建立和实施，这是由我国国有企业特有的制度安排所决定的。结合我国的经济改革和发展历程，可以将我国企业预算管理的发展分为三个阶段：

1）计划经济时期的生产技术财务综合计划（预算）模式（1953—1978年）

从1953年我国实行国民经济的第一个五年计划，到1978年实行改革开放之间，是我国的计划经济时期。计划经济体制主要采取指令性计划和行政命令的管理手段，企业生产什么、怎样生产和为谁生产，都由政府决定，不受市场影响。企业作为整个国民经济的一部分，没有自主经营的权利，企业的财务收支计划代替了预算，企业将计划期内的财务收支计划上报给上级主管部门，经核定后由上级下达至企业，生产所需的资源由国家统一调配。

在这种背景下，国有企业根据上级主管部门下达的计划指标组织经营活动，首先由计划科编制生产计划，财务科编制财务计划，相关的业务科室编制原材料供应、机器设备维护、技术改造、劳动工资等日常运行计划，最后由计划科综合平衡，形成"生产技术财务综合计划"，其一是作为组织生产活动的依据，其二是上报主管部门作为之后检查的参照等。

这种"生产技术财务综合计划"，实质上也是预算的一种形式，但其有两个根本性的缺陷：一是预算编制的起点是生产而不是销售。企业追求生产、技术和财务三者之间的平衡，但生产计划是平衡的出发点和落脚点，财务计划只是陪衬。这是因为在计划经济体制下，国家计划什么，企业就生产什么，企业生产什么都有人需要，生产多少都能实现"销售"（实际上是国家统一调配），因此，生产决定"销售"。二是预算的执行结果不与执行者的利益挂钩。在国家与集体的名义下，企业管理者和劳动者在企业不能真正地按劳分配，也不能提取奖金，预算完成情况与他们的薪酬不挂钩。因而，这种"生产技术财务综合计划"只是属于特定背景下的企业计划范畴。

2）改革开放初期的责任成本预算模式（1978—1994年）

1978年12月，党的十一届三中全会召开，这是我国社会发展的重大转折点，确立了以"计划经济为主、市场经济为辅"的经济发展方向。在宏观上，国家形成了以"放权让利"为特征的改革思路。在微观上，一是允许非国有经济的存在和发展；二是国家扩大全民所有制企业的经营自主权，在生产计划、产品购销、资金运用等方面给企业一定的权力；三是国家废除国有企业"财务统收统支"的制度，划清国家与国有企业之间的利益界限，落实国有企业在财务上的自主权。在这种背景下，企业管理的目标从完成上级部门下达的指令性计划，逐渐转移到追求经济效益上来。由此，预算管理开始得到企业的重视，在协助企业实现经营目标方面发挥着越来越重要的作用。

1981年，我国开始在公交企业推行经济责任制，1986年发展为所有国有企业的承包责任制。国外的一些先进方法如变动成本法、责任成本法、标准成本法、目标成本法以及质量成本管理，在一定范围内的企业得到了运用。我国企业内部承包责任制在借鉴国外成果的基础上，发展成为具有我国特色的责任成本管理制度（实际上就是责任成本预算制度）。其中，以邯郸钢铁公司的经验较为典型。邯郸钢铁公司通过编制责任成本预算实施低成本战略，其主要做法是：用销售价格减目标利润推算整个企业的预算成本，其中的销售价格来自市场调研，目标利润最初为零，后来参考同类企业利润指标和邯钢发展的需要和潜力逐步提高；在前述基础上，按照产品的工艺流程推算各种产品或半成品的目标成本，进而将整个企业的预算成本分解为各主体承包单位的预算成本。

1992年10月，党的十四大明确提出，我国经济体制改革的目标是建立社会主义市场经济体制；1993年，党的十四届三中全会通过了《关于建立社会主义市场经济体制若干问题的决定》，指出我国国有企业改革的方向是建立现代企业制度。

1994年实行的分税制财税体制改革，是我国制度性和历史性的重大改革，它理顺了国家与企业、中央与地方的分配关系，建立了适应中国特色社会主义市场经济发展的财税制度体系框架，形成了持续规范的财政增收机制，推动了全国统一市场的形成，促进了经济结构调整、地区协调发展和现代企业制度的建立，是我国推动市场经济发展的制度性奠基。1994年7月，我国《公司法》的颁布实施，标志着国有企业改革进入一个新阶段，公司制企业成为法人实体和市场竞争的主体。

由此可见，我国这一时期的责任成本管理与西方的标准成本管理大体上相同，只是在成本指标的来源上有所区别：责任成本指标是通过产品的价格指标和利润指标而"倒挤"出来的；标准成本则是基于泰勒的管理过程标准化思想，通过对员工的工时研究和动作研究而"正算"出来的。

3) 社会主义市场经济体制下的全面预算管理模式（1994年以后）

1994年7月，《公司法》正式颁布实施，公司制企业成为法人实体和市场竞争的主体。2000年，原国家经贸委在《国有大中型企业建立现代企业制度和加强管理的基本规范（试行）》中明确提出"推行全面预算管理"。

2001年4月，财政部发布的《企业国有资本与财务管理暂行办法》，要求企业应当实行财务预算管理制度。2002年4月，财政部发布的《关于企业实行财务预算管理的指导意见》，进一步提出了企业应实行包括财务预算在内的全面预算管理。2006年12月，财政部修订的《企业财务通则》，明确提出企业实施全面预算管理的总体目标。2007年5月，国务院国资委下发了《中央企业财务预算管理暂行办法》。2008年5月，财政部等五部委下发的《企业内部控制基本规范》，将预算列为重要的控制活动和风险控制措施。2011年11月，国务院国资委发布了《关于进一步深化中央企业全面预算管理工作的通知》，对中央企业开展和深化预算管理提出了系统性的要求。2015年9月，财政部发布了《管理会计实践索引（一）》，从宏观层面上对企业预算提出规范和要求。2016年2月，财政部发布了《中央国有资本经营预算管理暂行办法》，对进一步加强和规范中央国有资本经营预算管理、优化国有资本配置效率提出要求。

在我国，为了与过去的责任成本预算以及单一的资金预算、费用预算相区别，通常将这一时期企业所实施的预算称为"全面预算"。与历史上的预算管理模式相比，全面预算管理具有全员、全额、全程的特点，具体为：全员参与预算编制；不仅编制财务预算，更重要的是编制业务预算和资本预算；建立完善的预算编制、执行、分析、考核等一系列程序。

在这一时期，预算工具在我国企业得到广泛运用的同时，也遇到了与西方企业类似的问题，很多企业推行预算管理所取得的效果并不理想，人们对预算的作用产生了质疑，出现了预算无用论、数字游戏论、成本-效益不均衡论等。但我国部分企业一边积极借鉴西方的先进经验，一边结合我国实际，对过去的预算管理模式进行技术性改良或制度性创新，以期形成适合我国国情的预算管理模式。其中，较有代表性的是中国石油集团和招商局集团的探索实践。它们根据对预算管理的不同理解，采取不同的预算管理模式，有重点地利用和发挥预算的不同功能，取得了一定的效果。

随着我国市场经济的推进和经济全球化的深入，我国企业认识到，拥有高度的环境应变能力和创新能力是企业可持续发展的关键。近年来，一些企业注重从预算观念上对预算管理模式进行反思和创新，尝试各种新的预算管理模式。

1.3　预算管理在现代企业管理中的地位

预算管理是企业实施战略的重要工具，对现代企业的成长与壮大起到了至关重要的作用。美国杜邦公司、通用汽车公司等企业率先将政府预算引入公司，通过预算管理实现了卓有成效的内部控制，充分说明了预算管理产生并不断发展就是因为其所具有的其他管理活动无法代替的作用。预算管理的这种独特作用取决于其特点和功能。

1.3.1　预算管理的特点

预算管理与其他管理方法相比，具有以下鲜明特征：

1）权威性

全面预算管理的权威性是由全面预算审批机构的权威性和全面预算管理的本质属性决定的。

2）适应性

全面预算管理的适应性包括外部适应性和内部适应性两个方面，它是由企业外部环境的变动性和内部环境的特殊性决定的。

3）全面性

全面预算管理的全面性是由全面预算管理的基本属性决定的。全面预算管理的基本属性就是全面性，如果不具备全面性，也就不能称其为全面预算管理。

4）机制性

全面预算管理的机制性是由全面预算管理的运行机制决定的。全面预算管理的运行机制就是将企业生产经营活动的决策管理过程机制化、模式化、规范化。

1.3.2　预算管理的功能

高效的预算管理能够提高企业内部管理水平，使资金在利用的过程中更加灵活、科学，可以在加强资金周转的基础上，保证企业的可持续发展。可见，预算在企业管理中起着重要的作用，这些都离不开预算管理功能的充分释放。预算管理的功能如下：

1）规划未来

战略是组织必须具备的一种行为特征。公司管理者必须把握正确的战略方向，有力地推进战略性发展的进程，使组织获得生存和持续发展。

年度预算是对中长期战略目标和计划的分解、细化和量化。战略通过战略地图的形式分解成关键的绩效指标，进而将绩效指标分解成预算，体现的是预算自上而下的编制过程。其具体表现为：

（1）将管理人员采用的不同行动的预计结果，在企业预算的精密模式中进行系统而具体的反映。

（2）将企业运营环境中有可能发生并与企业关系密切而无法控制的事实通过货币形式反映出来。预算的规划职能的运用方式非常广泛，且富有弹性，可以运用完全非正式的方式，也可以运用完全正式化的规划方式。

2）沟通与协调

实施全面预算管理，企业高层管理者不仅可以从整体上考虑企业各运行环节之间的相互关系，明确各部门的责任，便于各部门之间的协调，避免由于责任不清造成相互推诿事件的发生，而且可以较为方便地将管理意图准确、快捷地传递到企业的各个层级、各个单位和各位成员。预算管理对沟通协调的贡献有：

（1）作为一项激励或推动部属努力达成企业目标的工具，企业高层管理者可以通过预算来表达未来发展战略和经营计划，减少部门之间的隔阂，同时将其作为企业内部沟通的工具；

（2）企业预算可以作为上司和部属之间沟通意见的工具；

（3）预算罗列了各个部门应当实施的工作以及各个部门之间的活动，能够协调各个业务部门的行动，并保证一致性，将企业的目标、机会和业务计划向不同的部门进行传达。

3）强化控制

全面预算管理的控制功能贯穿了企业经营活动、投资活动和财务活动的全过程。预算编制是一种事前控制；预算执行是一种事中控制；预算分析与考评是一种事后控制。预算目标的制定为企业管理控制、绩效评估及信息反馈提供标准；同时，预算为管理提供一个参考框架，指导企业经营活动，提供管理、控制活动的标准并进行相应的授权。

预算通过对预定规划及目标的实际绩效的衡量，使管理层能够在业务执行过程中控制和监督具体情况，及时发现执行中存在的偏差并确定偏差的大小，一般称之为绩效报告。此项比较或衡量延伸到企业所有的层面及所有的责任中心，主要通过实际结果与预算或预测目标两者之间的差异来实现。

4）资源配置

经预算委员会或高层管理者批准的预算，能够清晰地表达每个经理需要负责的工作范围、每个部门需要完成的工作以及需要的人力资源和财务资源。因此，预算可以优化人力资源和财务资源配置，协调分配企业各个部门作业活动所需要的资源。

5）绩效考核

预算代表了编制者对其上级做出的一项承诺，构成了实际业绩的基础，也是绩效考核的基础和比较对象。预算将责任分给组织内的每个责任中心。期末，公司预算还可以作为业绩评价的标准。预算代表了预算期内对公司员工和部门行为结果的期望与要求，可以用来评价实际经营业绩，进而实行考核、奖惩以激励员工。

1.3.3　预算管理的作用

基于预算管理的功能，其在不同的市场经济环境下，对不同组织结构及生产技术水平的企业的发展均起到积极作用。财政部会计司在《企业内部控制应用指引第15号——全面预算》中指出，预算管理作为一种全方位、全过程、全员参与编制与实施的预算管理模式，凭借其计划、协调、控制、激励、评价等综合管理功能，整合和优化企业资源配置，提升企业运行效率，成为促进实现企业发展战略的重要抓手。正如美国著名管理学家戴维·奥利所指出的，预算管理是为数不多的几个能将组织的所有关键问题融合于一个体系之中的管理控制方法之一。

（1）全面预算管理促进企业经营决策的科学化，提高企业综合盈利能力。

推行以目标利润为导向的企业预算管理，从单一的销售预算、生产预算等企业的短期预算，延伸到资本预算、经营预算、财务预算等企业的长期预算，都是以目标利润为导向进行编制的，这就要求管理者在确定目标利润时，必须把握市场动向，着眼企业全局，科学地进行预测，减少决策的盲目性，降低决策风险，合理地挖掘现有资源潜力，努力使决策达到科学化，使企业的行为符合市场的客观需求，更进一步地提高企业的盈利能力。

（2）全面预算管理是实现企业发展战略目标的重要手段。

企业发展战略，是指企业在对现实状况和未来趋势进行综合分析和科学预测的基础上，制定并实施的长远发展目标与战略规划。预算管理是在将企业的长期战略规划和年度具体行动方案紧密结合的基础上，对企业各项经营管理活动做出一系列细化、量化的计划安排而形成的一整套实施企业发展战略目标的具体方案与制度。《企业内部控制应用指引第2号——发展战略》第八条规定：企业应当根据发展战略，制订年度工作计划，编制全面预算，将年度目标分解、落实；同时，完善发展战略管理制度，确保发展战略有效实施。可见，预算管理是企业实施发展战略目标的重要手段。

（3）全面预算管理是企业有效实施内部控制、防范风险的重要机制。

控制职能是预算的基本职能。预算管理是企业有效实施内部控制、防范风险的重要机制，体现在其贯穿于企业的各项经济管理活动的事前、事中及事后的全过程，并对关键环节予以控制。企业预算的制定和实施过程，是企业不断采用量化的工具，使自身所处的经营环境与拥有的资源和企业的发展目标保持动态平衡的过程，也是企业在此过程中对所面临的各种风险的识别、预测、评估与控制过程。一方面，在执行预算过程中，可以进行数据分析，对企业的风险进行识别、预测、评估，并预先采取风险防范策略；另一方面，企业在预算编制、执行过程中的监控，可以及时发现风险，并实施控制或规避风险的措施。

（4）全面预算管理是企业优化资源配置、提高经济效益的重要途径。

预算管理以企业发展战略为导向，将企业外部市场环境与企业发展方针与经营活动紧密结合，通过对企业内部的各种资源进行优化配置，力争实现人、财、物等资源的高效利用，提高经济效益。财政部会计司在《〈企业内部控制应用指引第15号——全面预算〉解读》中提出，全面预算是为数不多的能够将企业的资金流、实物流、业务流、信息流、人力流等相整合的管理控制方法之一。全面预算以经营目标为起点，以提高投入产出比为目的，其编制和执行过程就是将企业有限的资源加以整合，协调分配到能够提高企业经营效率、效果的业务、活动、环节中，从而实现企业资源的优化配置，增强资源的价值创造能力，提高企业经济效益。预算管理和资源配置关系如图1-4所示。

（5）全面预算管理是现代企业实现制约和激励的基础。

基于现代企业两权分离制度和委托代理制度，预算管理的本质是委托者和代理者之间的一种契约，是通过量化关系表现的企业内部各管理层次以及各管理部门的权利和责任的制度安排，并通过这种制度安排及相应的利益分配来实现企业内部的制约与激励机制。财政部发布的《企业内部控制应用指引第15号——全面预算》规定，全面预算可以将企业各层级之间、各部门之间、各责任单位之间的内部权、责、利关系规范化、明细化、具体化、可度量化，从而实现出资者对经营者的有效制约，以及经营者对企业经营活动、企业员工的有效计划、控制和管理。通过全面预算的编制，企业可以规范内部各利益主体对

图 1-4　预算管理与资源配置关系图

企业具体的约定投入、约定效果及相应的约定利益；通过全面预算执行及监控，可以真实反馈内部各利益主体的实际投入及其对企业的影响并加以制约；通过全面预算执行结果的考核，可以检查契约的履行情况并实施相应的奖惩，从而调动和激励员工的积极性，最终实现企业目标。

综上所述，我们不难看出，企业要想在未来竞争中占据一席之地，就应具有一定的战略眼光，重视和加强企业的预算管理工作，从根本上提高企业的管理能力和内部控制能力，通过部门之间的相互协调，引入预算管理机制，增加预算的合理性，提高资源的使用效率，促进企业更好、更快地发展。

1.4　现代企业预算管理体系结构

预算管理体系是指公司预算编制、审批、监控、调整与信息反馈、业绩考核的组织机构，是预算在公司内部运作的环境，由业务预算体系和预算管理组织体系构成。完善有效的预算管理体系是预算目标确定、审核、修改、考核、控制的基础，预算目标的实现必须建立在企业科学完善的预算组织体系基础之上。

1.4.1　业务预算体系

业务预算体系是指构成企业预算的业务或预算类型，主要包括经营预算、投资预算、财务预算。

1）经营预算

经营预算是反映预算期内企业可能形成现金收付的生产经营活动的预算，表明了预算年度每个责任中心和企业整体的收入与费用的详细情况。其具体包括营业收入预算、生产预算、采购支出预算、产品成本预算、期间费用预算等。通常以 1 年为期，然后可再划分为季、月或周。

（1）销售预算

销售预算是预算期内企业销售产品或提供劳务等销售活动的预算。其主要根据年度经营目标、预测的市场销量或劳务需求、企业自身的产品生产能力与结构、预计市场价格等因素编制。在市场经济条件下，绝大多数企业需要根据产品在市场上的销售量来决定产品的生产量，然后根据产品的生产量确定材料、人工、资金的需要量和各种费用的支出额。因此，销售预算是企业编制全面预算的起点，也是编制其他经营预算的基础。其主要包括销售量预算、销售收入预算、应收账款预算、现金收入预算、销售成本预算和销售毛利预算等。

（2）生产预算

生产预算是以销售预算中的预计销售量和存货预算中的预计产成品存货数量为基础编制的。企业在预算期间为了避免产品生产不足而影响下期销售或产品生产过剩形成积压，除必须有足够的产品以供销售之外，还必须考虑到预算期期初和期末产成品的预计水平。

（3）企业材料采购预算

企业材料采购预算是一种以生产预算为基础编制的预算期内直接材料数量和金额的计划。为了保证企业生产均衡有序地进行，避免直接材料存货不足或过多，影响资金运用效率、生产效率，采购部门要结合企业的生产组织特点、材料采购的方式、材料采购的渠道等，根据生产需要量与预计采购量以及预计材料结存数量，编制直接材料预算。其主要包括采购数量预算、应付账款预算、现金支出预算、材料结存预算等。

（4）直接人工预算

直接人工预算与直接材料预算相同，其编制要以生产预算为基础。其主要内容有预计产量、单位产品工时、人工总工时、每小时人工成本和人工总成本。

（5）制造费用预算

制造费用是生产成本中的重要组成部分，是企业生产过程中发生的、为组织生产而发生的、不能直接计入某一种产品的生产费用。因此，与直接材料预算、直接人工预算不同，制造费用预算需要先按受益产品归集，然后按照一定的方法分配到相应的产品成本中。制造费用预算包括变动制造费用预算、固定制造费用预算、现金支出预算等。

（6）生产成本预算

生产成本预算是对生产预算中的直接材料预算、直接人工预算、制造费用预算的汇总，提供各种产品的总体成本和单位成本的数额，便于管理者从整个企业供、产、销的各个环节掌握企业的生产经营状况。同时，生产成本预算也是编制预计利润表和预计资产负债表的重要依据。生产成本预算包括产品成本预算、期末产成品存货预算、销货成本预算等。

（7）期间费用预算

期间费用是不能直接归属于某个特定产品成本的费用。它随着时间的推移而发生，与当期产品的管理和产品销售直接相关，而与产品的产量、产品的制造过程无直接关系，即容易确定其发生的期间，而难以判别其所应归属的产品，因而不能将其列入产品制造成本，而应在发生的当期从损益中扣除。期间费用预算包括销售费用预算、管理费用预算、财务费用预算等。

（8）其他经营预算

其他经营预算主要包括应交税费预算、固定资产变动预算、累计折旧预算等，主要反映企业在预算期内税费的应交、实际缴纳和结存情况，固定资产增加、减少和结存情况，累计折旧提取、减少和结存情况。

2）投资预算

投资预算是企业全面预算体系的重要组成部分，主要包括固定资产投资预算、无形资产投资预算、权益性资本投资预算、收购兼并预算、债券投资预算、投资收益预算和项目筹资预算等资本性投资预算。由于其仅涉及企业的资本性投资活动，而不涉及企业的日常经营活动，因此，在预算的编制时间、期间、对象、方法、管理等方面，投资预算与经营预算有很多不同之处。

3）财务预算

财务预算作为全面预算编制体系中的最后一个环节，主要从财务状况、利润、现金流量等三个方面总括地反映企业预算期内的总体目标，以及经营预算、投资预算和财务预算共同作用的结果，在全面预算管理体系中具有十分重要的地位。财务预算是预算期内企业财务状况、经营成果和财务活动方面的预算，是预算期内企业资金取得与投放、各项收入与支出、经营成果与分配等财务活动及其结果的统筹安排。财务预算从价值方面总括地反映预算期内经营预算和投资预算的执行结果，不仅相关信息资料主要来自经营预算和投资预算，而且大部分财务预算指标也都是经营预算指标、投资预算指标汇总或加减计算的结果。所以，财务预算也被称为总预算，主要包括资产负债表预算、利润表预算和现金收支预算等。

1.4.2 预算管理组织体系

预算管理组织体系是承担预算编制、审批、执行、控制、调整、监督、核算、分析、考评及奖惩等一系列预算管理活动的主体。它是预算管理有序开展的基础环境，企业预算管理能否正常运行并发挥作用，预算管理组织体系将起到关键性的主导作用。预算管理组织体系由预算管理的决策机构、工作机构和执行机构三个层次构成。

1）预算管理的决策机构

预算管理决策机构是组织领导公司预算管理的最高权力组织，企业应当设立预算管理委员会，作为专门履行全面预算管理职责的决策机构。

预算管理委员会成员由企业负责人及内部相关部门负责人组成，总会计师或分管会计工作的负责人应当协助企业负责人负责企业全面预算管理工作的组织领导。具体而言，预算管理委员会一般由企业负责人（董事长或总经理）任主任，总会计师（或财务总监、分管财会工作的副总经理）任副主任，其成员一般还包括副总经理、主要职能部门（财务、战略发展、生产、销售、投资、人力资源等部门）负责人、分（子）公司负责人等。

2）预算管理的工作机构

由于预算管理委员会一般为非常设机构，企业应当在该委员会下设立预算管理工作机构，由其履行预算管理委员会的日常管理职责。预算管理工作机构一般设在财会部门，其主任一般由总会计师（或财务总监、分管财会工作的副总经理）兼任，工作人员除了财务部门人员外，还应有计划、人力资源、生产、销售、研发等业务部门人员参加。

3）预算管理的执行机构

预算管理执行机构是指根据其在企业预算总目标实现过程中的作用和职责划分的，承担一定经济责任，并享有相应权利和利益的企业内部单位，包括企业内部各职能部门、所属分（子）公司等。

1.5 现代企业预算管理模式的选择

预算管理模式是围绕预算对象、目标、方法等形成的，具有一定特征的预算管理体系。由于预算管理连接着市场和企业内部，在不同的市场环境下，企业处在不同的发展时期，其管理重点不同，所适应的预算管理模式也不同。因此，企业应根据自身所处的环境和条件，选择适合的预算管理模式，突出不同时期管理的重点。根据企业不同的发展时期，预算管理模式可以分为资本支出预算管理模式、以销售为核心的预算管理模式、以成本为核心的预算管理模式、以现金流量为核心的预算管理模式和以利润为核心的预算管理模式等五种模式。现代企业预算管理模式体系构成如图1-5所示。

图1-5 现代企业预算管理模式体系图

1.5.1 资本支出预算管理模式

从经营特点来说，实行资本支出预算管理模式的企业特点是由于大量现金投入研发、市场研究、固定资产，净现金流量为负，新业务开发的成败及未来现金流量的大小具有较大的不确定性，面临较大的投资和经营风险。这种情况一般发生在企业的初创期，市场营销的前期，项目的投放期，大型区域性的基础建设前期投入阶段，矿山的前期勘探、开采阶段或拿到开采诸多证件之前。此时，在现金流量表制成的坐标轴上，现金流都在零以下，没有达到现金平衡点。

在资本支出预算管理模式下，公司从资本投入预算开始介入管理全过程，预算以资本投入为中心，积极进行投资概算，利用财务决策技术进行资本支出的项目评价，利用项目投资总额预算、各期现金流出总额预算以及融资预算对实际购建过程进行监控与管理，对照资本预算，评价资本支出项目的实际支出效果。

适用对象：处于初创期或新产品的开发投产期的企业。

企业目标：扩大投资，控制投资风险。

选择动因：企业资本实力较弱，盈利水平很低，但不断地开发业务种类，需要大量资本支出与现金支出，净现金流量为绝对负数。而新产品开发的成败及未来现金流量的大小又具有较大的不确定性，存在较大的投资风险。

预算特征：以资本预算为核心，对企业总支出进行全面规划，并从机制与制度设计上确定资本预算的程序与预算方式。其具体思路是，对拟投资项目的总支出进行规划，确定投资项目的总预算；对项目进行可行性分析与决策，规划未来预期现金流量，确定项目预算；结合企业的具体情况进行筹资预算，以保证以上项目的资本支出需要。

1.5.2 以销售为核心的预算管理模式

以销售为核心的预算管理模式是现代市场经济条件下采用的最为普遍的一种预算管理模式。步入成长期的企业，尽管产品逐渐为市场所接受，对产品生产技术的把握程度大大提高，但仍然面临较高的风险。其一来自产品能否被市场完全接受、能在怎样的价格上被接受，从而表现为经营风险；其二来自现金流的负值及由此产生的财务风险，即大量的市场营销费用的投放、各种有利于客户的信用条件和信用政策的制定，由此需要补充大量的流动资产。因此，现金净流量仍然维持在入不敷出的状态。

适用对象：处于市场开拓及成长期的企业。

企业目标：扩大市场占有率，发展壮大。

选择动因：企业盈利增长加快，产品和市场的范围越来越宽，但仍面临较高的经营风险。与此同时，产品从市场细分走向市场差异化，从而面临现金流量不足及由此产生的财务风险。

预算特征：以市场为依托，"以销定产"为原则，在销售预测的基础上，根据销售预算及期初、期末存货的变动来安排生产，编制生产、费用等职能预算，进而编制综合财务预算。

1.5.3 以成本为核心的预算管理模式

以成本为核心的预算管理模式就是以成本为核心，预算编制以成本预算为起点，预算控制以成本控制为主轴，预算考评以成本为主要考评指标的预算管理模式。在以成本为核心的预算管理模式下，预算编制主要包括三个基本环节：设定目标成本，分解落实目标成本，实现目标成本。

适用对象：采取低成本战略及处于市场成熟期的企业。

企业目标：提高企业竞争力与效益，巩固市场地位。

选择动因：企业生产环境与企业应变能力都有不同程度的改善，资金基本充足，实施多元化发展。盈利水平达到高峰，增长速度减慢，收益能力的大小取决于成本因素。因此，开始注重成本控制、维持销售量，以提高利润水平。

预算特征：以成本预算为起点，通过市场调查，以市场价格为已知变量确定企业期望收益，并规划企业总预算成本。在此基础上，将预算总成本分解落实到成本发生的所有管理部门或单位和个人，形成一套系统完善的、约束各预算单位和个人行为的成本预算指标。

1.5.4 以现金流量为核心的预算管理模式

以现金流量为核心的预算管理模式是以现金流量为主线编制全面预算，各业务单位和职能部门根据职责范围、业务目标、经营计划等编制现金预算草案，初步测算现金流入量和现金流出量，逐级上报汇总到预算管理部门。

适用对象：处于市场衰退期或加强现金流量管理的企业。

企业目标：加强现金回流并寻找新的投资机会。

选择动因：企业所拥有的市场份额稳定，对市场需求反应迟钝，市场总量下降，销售出现负增长，盈利下降甚至亏损。此外，企业资本虽多，但资产负债率较高，且存在大量的应收账款，出现自由现金流量闲置。

预算特征：以现金流量为主要依据进行预算管理，以现金流入、流出控制为核心，借助于现金预算，明确企业及各部门的现金来源、用途及余额的数量，以及企业何时需要现金、如何通过预算方式避免不合理的现金支出。

1.5.5　以利润为核心的预算管理模式

从经营特点来看，采用目标利润预算管理模式的公司，为了使生命"无限"延伸，必然要向业务的多元化、系列化发展，使集团管理模式得以存在。如何针对不同子公司、分公司进行经营控制、业绩考评，以发挥集团整体优势，是管理的首要问题。以利润为核心的预算管理模式是以设定目标资本利润率为起点，加强对子公司、分公司的控制与考核。

适用对象：公司制企业及大型企业集团。

企业目标：利润最大化。

选择动因：现代公司制企业中两权分离，投资者进行投资的根本目的是追求投资报酬，实现股东财富的最大化。为了维护投资者的权益，要求企业的盈利能力不断提高。

预算特征：将经过科学预测确定的目标利润作为导向，统筹企业的预算管理活动，预算的编制、执行、考评都是围绕着目标利润的实现来进行的。在这种管理模式下，目标利润是企业预算期内的总目标，将目标利润分解，编制各项销售、生产、费用等预算目标，并成为总目标的子目标，子目标落实到各责任单位或个人，在企业内部形成一个旨在实现目标利润的目标体系。

1.6　现代企业预算管理在我国的应用

预算管理作为企业最重要的管理惯例之一，于20世纪90年代初期被引入我国。在我国，由于预算涉及企业的全部经营活动，包括专门决策预算、业务预算和财务预算，因此称之为全面预算。我国引入预算管理的最初驱动力主要来自企业内部和外部承包责任制。此后，经原国家经贸委和财政部的大力推动，预算管理在我国得到广泛认可并进入规范和实施阶段，在实业界涌现出了如宝钢、中原油田、新兴铸管、五矿集团等一批成功推行预算管理并取得减支增效的企业。但从总体来看，这种基于财务特性的预算管理实施并不到位，远未达到预期效果。

1.6.1　我国推行预算管理的迫切性和必然性

1）落实《公司法》和其他法律法规的法定义务

我国《公司法》第36条、第46条、第103条、第112条、第120条等条款规定：有限责任公司股东会"审议批准公司的年度财务预算方案、决算方案"；有限责任公司董事会"制订公司的年度财务预算方案、决算方案"；股份有限公司股东大会"审议批准公司的年度财务预算方案、决算方案"；股份有限公司董事会"制订公司的年度财务预算方案、决算方案"。财务预算是全面预算不可分割的有机组成部分，是经营预算、长期投资预算和筹资预算的联产品。也就是说，没有经营预算、长期投资预算和筹资预算，财务预算就会成为无源之水、无本之木。

21世纪以来，2000年原国家经贸委发布的《国有大中型企业建立现代企业制度和加强管理的基本规范（试行）》、2001年财政部发布的《企业国有资本与财务管理暂行办法》、2002年财政部发布的《关于企业实行财务预算管理的指导意见》、2007年国务院国资委下发的《中央企业财务预算管理暂行办法》、2008年财政部等五部委下发的《企业内部控制基本规范》、2015年财政部发布的《管理会计实践索引（一）》、2016年财政部发布的《中央国有资本经营预算管理暂行办法》，对进一步加强和规范企业预算管理、优化资本配置效率提出要求。

因此，推行预算管理是落实《公司法》和其他法律法规的法定义务。

2）建立现代企业制度和完善法人治理结构的迫切需求

按照"产权明晰、权责明确、政企分开、管理科学"的标准，建立符合现代企业制度要求，能够适应社会主义市场经济发展，能够自主经营、自负盈亏、自我发展、自我约束的法人实体和市场竞争主体，不仅是增长财力和国力的迫切要求，更是一个非常复杂的过程。其中，建立和完善公司法人治理结构是建立现代企业制度的核心内容，也是现代企业制度中最重要的架构。公司治理本质上是处理董事会、经理层、股东和其他利益相关者相互关系和权利制衡的契约，其核心就是通过健全有效的"三会四权"来协调各利益相关者的权责利关系。

预算管理可以将各方利益相关者的权责利进行细化、具体化、度量化的分解，重点构建企业组织内部分级管理体系。它通过授权与分权，对企业内部的所有事项进行权责利划分，形成了从股东会、董事会、监事会、总经理班子、部门经理到每一个员工的权责利管理体系。

通过实施全面预算管理，可以健全和完善公司的法人治理结构，真实反馈投资者的实际投入及其对企业的影响；可以规范投资者对企业具体的约定投入、约定效果及相应的约定利益；可以检查各利益方对契约的履行情况并实施相应的奖惩，从而将企业的内部治理细分化，使公司治理的有效性提高，从而完善和健全公司的法人治理结构，推动建立现代企业制度。

3）企业做精、做大、做强，参与国际竞争的必然要求

发达国家的企业中，预算管理已经成为企业必备的、基础性的管理制度，企业运用全面预算管理的普及率几乎达到100%的程度，是企业家经营和发展所应用的一种基本方法和手段。经综合研究得出：

（1）全面预算管理从理论到方法都已经非常成熟，并通过实践证明确实是运营、管理现代企业的有效手段和方法；

（2）经济发达国家实行的市场经济制度，迫使企业必须寻求和运用与市场经济相适应的企业管理制度和方法；

（3）工业发达国家企业的控制权、决策权、指挥权、监督权等四权分离的公司治理结构，客观上需要实行全面预算管理来制衡；

（4）大集团、大公司，特别是跨地区经营、跨国度经营的公司组织模式，客观上需要采用全面预算管理制度来运营、控制和管理。

没有任何一个成功企业的经验可以被复制，但可以借鉴其管理的先进技术、手段、工具和理念。我国企业在计划经济与市场经济的长期交错与摩擦中生存，面对市场化改革的不断深入、经济全球化的深度融合、经营多元化的纵深发展、新兴商业模式的不断涌现、工业5.0时代的挑战、"互联网+"的全面推进，企业环境的不确定性和经营的复杂性与日俱增，当前和今后将长期面临创新能力不足、产品附加值低、产能过剩严重与有效供给严重不足、高端人才匮乏、企业税负过重、成本不断增加、资金投入短缺、资源环境紧张、国外环境恶化、贸易壁垒高筑等严峻问题，为破解这些难题，大力推行预算管理是必然选择。

1.6.2　我国引入预算管理取得的典型经验

1）以邯钢经验为代表的责任成本预算制度

从20世纪80年代开始，我国国有企业实施责任成本预算制度，并一度成为我国企业管理的主要手段，也涌现出以邯钢经验为代表的责任成本预算制度的典型企业，其经验要点是编制责任成本预算。

2）以宝钢集团为代表的战略目标导向预算管理制度

宝钢集团是我国较早开展预算管理的企业，其推行全面预算管理经历了三个阶段：

第一阶段：1993—1994年是预算管理体系的初步形成阶段，公司设置了经营预算管理部门，并编制了第一本年度预算。

第二阶段：1995—2000年为预算管理的规范完善阶段，这一阶段通过完善相关预算管理制度和预算管理技术，推出了月度执行预算，形成了规范的预算管理模式。

第三阶段：2000年以后进入战略目标引导下的预算管理阶段，公司预算管理以企业的战略目标为起点，以六年经营规划为指导，进行季度滚动预算，以每股盈余作为预算编制起点，强调资本预算管理，逐步完善预算信息化平台。至此，公司形成了以战略目标、经营规划为导向，年度预算为控制目标，滚动执行预算为控制手段，覆盖生产、销售、投资和研发等各环节的全面预算管理体系。

3）以中国石油为代表的全面预算管理制度

中国石油全面预算管理始于1994年，最初侧重于资金预算，然后资金预算与利润预算并举，目前已形成一套完整的全面预算管理系统。其特别强调预算管理的全面性或综合性，即所谓"全员、全过程、全要素"，中国石油"全面性"预算管理特别是对管理那些千差万别的未上市的分公司，发挥了重要作用。

4）以山东华乐纺织集团为代表的目标利润导向预算管理制度

山东华乐纺织集团的前身只是一个乡办小农机厂。自公司实施以目标利润为出发点，将预定期间内为实现目标利润所涉及的经济资源的取得及运用以货币或数量的形式表示出来的企业利润预算管理后，企业得到了突飞猛进的发展。

5）以华润集团为代表的6S管理制度

1999年，华润集团创造性地提出了一套以强化管理为基本出发点的6S集团公司管理体系。6S管理体系的具体内容包括利润中心编码制度、报表管理制度、预算管理制度、业务评价体系、审计体系、经理人考核体系等六个部分。华润集团6S管理体系涵盖战略管理的基本思想，既是一个行业分类组合体系，也是一个全面预算管理体系。公司认识到应以全面预算为切入点，但预算管理又非一种单独使用的管理工具，6S管理模式的实质是将预算管理有机地嵌入企业管理系统中，形成整合的预算管理模式，提高了预算管理的效率。

1.6.3　我国预算管理存在的问题

预算管理是企业通过编制、执行、监督、反馈、评价与考核等手段，从销售、生产、采购、管理等环节，提高资源配置效率和使用效益，防范、化解风险，提供评价、奖惩标准的重要措施。我国企业应用预算管理起步较晚，预算管理功能尚未充分释放，主要存在以下问题：

1）经济人的本质阻碍预算管理功能的释放

经济人具有利己动机，而且受制度、环境、文化背景以及掌握的信息的约束，表现为有限的理性。预算管理同样涉及人的参与和对人的管理，其决定了个人与组织（包括上级部门与下级部门）之间的利益取向很难趋同。也就是说，在既定的预算管理模式下，人们往往按照自身利益最大化而非整体利益最大化的取向，做出行为的选择。因此，经济人本质作为企业管理中固有的因素，会对预算管理的有效性产生深刻的影响，是阻碍预算管理功能充分释放的最难控制的因素。

2）预算编制中系统协调不够

预算编制中很多企业各部门之间缺乏协调性，计划编制上比较零散，资源分配上容易冲突。在传统的企业内部组织结构设置形式下，每个部门都没有决策能力，评价部门工作的标准是规定指标完成情况如何，这极大地抑制了成员的积极性和创造性。同时，企业在编制全面预算的时候，都是以财务部门编制为主，缺乏多角色编制，部分业务预算由财务部门代为完成，削弱了预算的合理性和对业务的指导作用，导致预算管理的权、责、利不相匹配。

企业编制预算时仅涉及管理费用、销售费用，往往对前面所说的资产负债、现金流、投资收益等有所忽视，使得全面预算管理编制内容不全面，难以发挥其预期效果。

3）预算执行和控制中重编制、轻执行，有章不循

编制预算时热情高涨，编制完毕后仿佛大功告成，执行时往往走过场。预算的执行与控制工作不能只是习惯性地依赖财务部门，其无法及时且正确地判断企业所有支出是否合理和必要，只能单纯地根据预算额度决定是否批准支出。这样增加了财务部门和其他部门之间的推诿情况，使企业管理效率降低。

企业在推行全面预算管理的过程中，最突出的问题是有章不循：一是不知该怎么"循"；二是预算本身存在缺陷；三是员工从主观上抵制预算管理工作。其主要体现在：缺乏明确的预算执行控制流程及有效的监控措施，以事后控制为主，缺乏事中控制，没有建立有效的预警机制，预算编制与执行"两张皮"；预算监控以手工审批为主，缺乏有效的工具和手段以支持动态过程监控。

预算是企业战略的具体化，是实现企业战略的重要手段，所以，预算的有效性取决于公司战略的合理性、科学性和可操作性。我国企业预算管理与战略的脱节情况非常严重。究其原因，主要是企业战略管理意识较差，战略目标本身模糊，表述过于笼统，不具有可操作性，不能有效地阐述具体的目标，不能为预算管理做出指导；传统预算管理的财务特

性，使预算不能很好地诠释战略目标，造成战略与预算管理的脱节。

4）企业高层参与和重视程度不够

预算管理的性质决定了其是"一把手"工程，而不仅仅是财务部门的责任。整个预算管理过程包括方案设计和实施，都需要企业高层管理者的直接领导和参与。因为预算管理既涉及企业战略，又涉及日常管理，既涉及资金营运，又涉及整个流程的不同作业层面。企业高层管理者必须承担起项目负责人的角色，才能使预算管理顺利实施，完成部门之间的协同及文化转变。

1.6.4 我国企业大力推行预算管理的几点建议

前已述及，我国企业面临复杂多变的竞争环境，需要以战略的眼光大力推行预算管理，预算管理也必须适应战略管理的需要。

（1）加强宣传与培训，深入领会预算管理内涵。

财政部、国家发改委、工信部等行业主管部门与企业一同加大企业战略、预算管理的宣传力度；企业依托自身的企业文化，树立以人为本、奉献企业、相互依存、全员参与的舆论导向；企业高层管理者积极参与高端论坛、研讨会、政策解读会、实地考察交流等，树立战略主导、预算先行的理念，深刻领会预算管理对企业的必要性；鼓励中层管理者积极参加各种管理培训并学习成功经验，树立预算管理主导的意识，深刻领会预算管理对企业的重要性；在员工中普及全面预算管理知识，树立主人翁和全员参与预算管理意识。

（2）建议制定企业预算法，强力推行预算管理。

1994 年 3 月 22 日，《中华人民共和国预算法》颁布。此后，历经四次审议，2014 年 8 月 31 日，新修订的《中华人民共和国预算法》颁布。这是我国关于国家预算的最高法律，但在企业预算管理立法上，还停留在法规层面。企业的经济效益、竞争实力是国家核心的税源和政府收入的重要来源，加快制定企业预算法，对于大力推动和规范企业预算行为、提高企业抵御风险能力、优化资源配置效率、增强企业综合实力和培育税源都非常重要。

（3）对企业进行分类管理和指导，发挥示范引领效应。

著名管理学教授戴维·奥利认为，预算管理是为数不多的几个能将组织的所有关键问题融合于一个体系之中的管理控制方法之一。为充分释放预算管理功能，必须加强在预算管理推行过程中对企业的分类（明星企业、管理规范企业、管理失范企业）管理，发挥明星企业的示范作用，提升管理规范企业的效能与效率，加快改造或淘汰管理失范企业，使有限资源得到更加优化的配置。

（4）准确把握预算管理的发展新趋势、新动向。

市场竞争的加剧和信息技术的快速发展，既对全面预算管理提出了新的要求，又为全面预算管理的发展提供了新的手段。准确把握预算管理的发展新趋势、新动向，有助于企业顺势而为。今后，预算管理面临的挑战是：预算目标已由传统的会计指标趋向于财务与非财务指标并行；绩效考评由传统的财务预算差异向趋势及主要业务指标差异转变；预算控制由事后转向例外控制和事前控制；预算方法由年度预算向滚动预算改革；全面预算管理向战略预算发展等。这就需要企业适时应对，企业各层次人员不断学习和更新知识、方法、手段和理念。

　　面对市场化改革的不断深入、经济全球化的深度融合、经营多元化的纵深发展、新兴商业模式的不断涌现、工业5.0时代的挑战、"互联网+"的纵深发展，企业环境的不确定性和经营的复杂性与日俱增，所以应大力推行和推广预算管理的应用，正是"长风破浪会有时，预算管理又一春"。

本章练习题

一、单项选择题

1.企业预算的起点是（　　　）。

A.经营预算　　　　　B.销售预算　　　　　C.生产预算　　　　　D.财务预算

2.针对预算管理脱节于企业战略目标的问题，20世纪80年代中期，哈佛大学卡普兰教授与诺顿提出了（　　　）。

A.战略地图　　　　　B.平衡计分卡　　　　C.波士顿矩阵模型　　D.SWOT矩阵

3.21世纪以后，以（　　　）为导向的企业预算管理较为流行。

A.顾客　　　　　　　B.财务　　　　　　　C.利润　　　　　　　D.生产

4.企业的初创期或产品的开发投产期适合以（　　　）为核心的预算模式。

A.成本　　　　　　　B.销售　　　　　　　C.资本　　　　　　　D.利润

二、多项选择题

1.预算的目的包括（　　　）。

A.合理使用企业资源　　　　　　　　　　B.控制成本费用

C.有效实现经营利润的目标　　　　　　　D.提高企业的资产使用效率

2.预算管理与其他管理方法相比具有（　　　）鲜明特征。

A.权威性　　　　　　B.适应性　　　　　　C.全面性　　　　　　D.机制性

3.经营预算包括（　　　）。

A.生产预算　　　　　　　　　　　　　　B.固定资产及付款预算

C.销售收入预算　　　　　　　　　　　　D.存货预算

三、判断题

1.企业在市场上所进行的物品或服务的交换实质上是产权和物权的交易。（　　　）

2.期间费用预算是财务预算的重要内容。（　　　）

3.董事会是领导公司预算管理的最高权力组织。（　　　）

四、简答题

1.现代企业制度的基础、主体、核心、条件分别是什么？

2.如何理解新型企业制度下产权清晰的概念？

3.最初的"企业预算"是在怎样的时代背景下应运而生的？如何理解企业预算产生的推动因素（理解企业预算应以销售为起点：特别关注"以销定产"）？

4.2017年，诺贝尔经济学奖获得者理查德·塞勒提出与经济学有关的个人行为理论，同样每个组织也是存在行为学的，请简要论述企业的组织行为理论。

5.请简述企业预算的作用。

6.请简述企业预算和企业预算管理的关系。

7.请简述企业战略和预算管理的关系。

8.预算管理有哪些功能？

9.为何我国企业要大力推行预算管理？

五、拓展思考题

1.请登录财政部、国资委网站，查阅企业预算管理相关法规。

2.请查找邯郸钢铁、宝钢集团、中国石油、华润集团、中国移动预算管理案例，并进行研讨。

第1章练习题参考答案

第2章 现代企业预算编制的组织基础

【学习目标】

通过对本章内容的学习，了解企业预算管理组织机构的组成，掌握预算管理委员会的职责，熟练掌握预算责任会计体系，熟练应用责任中心的划分、考核、评价等相关知识。

【学习重点】

责任中心的考核与评价。

2.1 现代企业预算管理组织机构概述

了解企业预算管理组织机构，首先要清楚企业战略，并构建有效的预算管理组织架构，通过预算手段实现企业战略和经营计划。

2.1.1 明晰企业战略

企业战略是对企业各种战略的统称，是企业整体经营管理策划的核心、重点和"指向标"，其中包括竞争战略、营销战略、发展战略、品牌战略、融资战略、技术开发战略、人才开发战略、资源开发战略等。企业应根据内外部环境，制定企业战略。

1）宏观环境分析（如图2-1所示）

图2-1 主要宏观环境因素

2）产业环境分析（如图2-2所示）

图2-2　驱动产业竞争力量

3）SWOT分析（如图2-3所示）

图2-3　典型SWOT分析图

　　企业应根据内部优势、劣势以及外部机会和威胁，梳理出相关因素进行综合考量，制定符合自身的战略，并由此作为企业战略预算的导向。战略预算管理是以战略目标为编制起点，通过优化配置企业资源以及实行滚动、灵活的过程控制程序来保证战略目标得以实现的管理方法。战略预算管理对于企业管理具有重要作用，企业应依照自身的规模、业务范围、组织形式等具体情况，为战略预算管理的各个过程寻求更为有效的实施途径，充分发挥这一企业管理手段的作用。

2.1.2　现代企业预算管理组织架构

　　根据财政部对《内部控制应用指引第15号——全面预算》的解读，全面预算组织体系基本框架如图2-4所示。

图2-4　全面预算组织体系基本架构图

2.1.3　现代企业预算管理组织架构设置的原则

企业预算管理组织架构设置应遵循以下原则：

1）科学、规范原则

科学、规范是指设置的全面预算管理组织体系既要符合全面预算管理的内在规律，又要符合《公司法》、本企业《公司章程》中有关公司法人治理结构的相关规定。例如，《公司法》明确规定：预算的制定责任由公司董事会承担，预算的审定权由公司股东大会享有，这些条款都是各企业在设置全面预算管理组织体系、划分有关机构责任与权利时需要注意的，不能与法律、法规相抵触。

2）高效、有力原则

高效、有力是指全面预算管理机制的运行要反应敏捷、作用有力、执行坚决、反馈及时，这是现代经济社会对组织管理的基本要求。设置预算管理组织体系的目的是充分、有效地实施预算管理职能，确保全面预算管理活动的顺利进行。显然，只有高效、有力的组织机构才能保证目标的实现。

3）繁简适度、经济适用原则

全面预算管理组织体系的建立一定要结合本企业的实际，既不能搞烦琐哲学、摆花架子，又不能过于简单。因为繁简适度的组织体系是全面预算管理机制高效运行的基础。庞大、臃肿的预算管理机构，不仅会增加预算管理的成本，而且会降低管理效率、造成管理混乱，甚至危及全面预算管理的运行。提高经济效益是全面预算管理的根本目的，如果因为开展全面预算管理导致费用上升、效益下滑，那么将会得不偿失。相反，过于简单的组织机构，又难以担当全面预算管理的重任，造成顾此失彼、疲于应付，最终导致全面预算管理的失败。因此，繁简适度、因企制宜地设置全面预算管理的组织体系，并配备数量适中的工作人员，对每一个实施全面预算管理的企业而言，都是非常必要的。

4）全面、系统原则

全面预算管理是以预算为标准，对企业经营活动、投资活动、筹资活动进行控制、调整和考评的一系列管理活动。它既涉及企业人、财、物各个方面，又涉及企业供、产、销各个环节，是一个全员参与、全过程控制的系统工程。因此，企业应本着全面、系统的原则，从以下两个方面建立健全全面预算管理组织体系：

一是明确企业全面预算管理决策机构、工作机构和执行机构的设置及组成人员，落实各机构在预算管理中的责任和权利；

二是全面预算管理组织体系的建设要与企业组织机构相适应，在由多级法人组成的集团公司、母子公司中，应相应建立多级预算管理决策机构、工作机构和执行机构，避免全面预算管理活动相互脱节，甚至出现管理空白的现象。

5）权责明确、权责相当原则

全面预算管理是以人为本的管理活动，全面预算管理的各个组织机构必须有明确、清晰的管理权限和责任。只有做到权责明确、权责相当，才能在实施全面预算管理过程中减少或杜绝"扯皮"现象。

权责明确是指根据全面预算管理组织机构所从事的具体活动，明确规定其应承担的经济责任，同时赋予其履行职责所必需的权利。

权责相当是指有多大权利，就应该承担多大的责任；反之，承担多大的责任，就应该拥有多大的权利。有责无权、责大权小，责任无法落实；有权无责、权大责小，就会造成权利滥用。只有权责匹配并将责权利有机结合起来，才能使全面预算管理活动充满生机和活力。

2.2　现代企业预算管理决策机构

预算决策机构是对企业全面预算管理具有领导决策权，能够对全面预算管理重大事项做出决定的组织机构。其主要包括公司股东（大）会、董事会、预算管理委员会和预算编制委员会。

2.2.1　股东（大）会

股东（大）会是公司的最高权力机构，其由全体股东组成，对公司重大事项进行决策，有权选任和更换董事，并对公司的经营管理有广泛的决定权。股东（大）会是企业的最高权力机构，在全面预算管理中的主要职责如下：

（1）审议批准企业的经营方针和投资计划；

（2）审议批准企业年度预算和决算方案；

（3）对发行企业债券做出决议。

2.2.2　董事会

董事会是由董事组成的、对内掌管公司事务、对外代表公司的经营决策机构，在全面预算管理中的主要职责如下：

（1）决定企业年度经营计划和投资方案；

（2）制定企业年度经营目标，决定年度经营目标偏差的修订；

（3）制订企业年度全面预算方案，提出预算总目标；

（4）决定企业资本性投资预算；

（5）决定企业整体预算考评与奖惩方案；

（6）制定企业年度财务决算。

2.2.3 预算管理委员会

预算管理委员会是领导组织预算工作的最高权力机构。预算管理委员会的成员应由董事长任命，通常是董事长、副董事长、总经理和总会计师等，也可吸收各职能部门的人员。预算管理委员会的大小取决于组织的规模、预算所涉及的人数、预算过程中内部单位的参与程度以及总经理的管理风格等。其主要职责如下：

（1）制定预算管理的制度、规定等全面预算的纲领性文件；

（2）贯彻企业的经营目标及方针，审议、确定目标利润；

（3）审议年度经营计划和预算编制的方针、程序和要求；

（4）审查预算编制委员会提交的整体预算草案，并提出必要的修改意见；

（5）向董事会提交预算执行的月度、季度、年度执行情况及分析报告；

（6）在预算编制和执行过程中，对各预算责任单位之间以及预算责任单位与预算监控、考评部门之间出现的分歧进行协调和仲裁；

（7）将经过审查的预算方案提交董事会审批，待董事会批准后下达正式预算；

（8）根据需要对预算的调整事项进行审议并做出决定；

（9）审议预算奖惩办法和兑现方案。

2.3 现代企业预算管理工作机构

2.3.1 预算编制机构

预算编制机构（预算管理办公室，下同）是预算日常管理机构，在预算管理委员会领导下负责组织企业预算的编制、预算的监控和考评、预算的协调以及预算的信息反馈工作，其成员大部分由企业内部各职能部门的领导担任。企业财务部门具有信息管理、分析评价、资金管理、费用控制等方面的优势，因此，通常将机构设在企业财务部，其主要职责如下：

（1）根据下达的预算总目标及年度经营计划，编制企业预算大纲，确定预算编制的原则和程序，具体分解各预算责任单位的预算指标，分别在投资中心、利润中心和成本（费用）中心设计预算指标体系；

（2）组织预算培训工作，提供统一编制的业务计划和预算所使用的表格，指导各预算责任单位编制业务计划和预算草案，提供相关定员、定额、费用开支标准等基础信息；

（3）负责初步审查各预算责任单位的业务计划和预算草案；

（4）汇总编制预算草案并上报预算管理委员会审查；

（5）负责企业预算管理制度的起草和报批，并负责监控各预算责任单位预算管理制度的执行；

（6）负责审核各预算责任单位预算偏差分析及预算纠偏措施报告，负责汇总编制预算偏差分析报告并提交预算管理委员会；

（7）对预算责任单位提出的预算修改、调整方案做出初步判断并提出意见；

（8）根据全面预算管理需要，调整会计核算工作；

（9）定期向预算管理委员会提交预算执行报告，负责组织相关部门对预算的执行情况进行考评。

2.3.2　预算核算机构

预算核算机构是对预算执行过程和结果进行反映、控制、核算和信息反馈的部门。实施全面预算管理必须建立责任会计制度，推行以责任中心为核算对象的责任会计核算。

责任会计属于管理会计的范畴，它是以责任中心为会计对象，对责任中心的经营活动过程及结果进行控制、核算、分析、考核、评价的一种内部会计制度。全面预算管理与责任会计是密不可分的。全面预算管理是建立责任会计的前提条件，责任会计是全面预算管理有效实施的重要保证。预算核算机构的主要职责如下：

（1）明确各责任主体，建立责任会计账簿和报表体系；

（2）建立责任会计核算所需的原始凭证制度；

（3）建立内部转让价格制度；

（4）建立企业内部的结算制度；

（5）分解、落实各责任中心预算目标；

（6）核算各责任中心的预算执行情况和经营业绩；

（7）分析、评价和考核各责任中心工作业绩；

（8）编制责任会计报告。

2.3.3　预算监控机构

预算监控机构是对全面预算管理活动及预算执行过程和结果进行监督、控制的部门。为了保证全面预算管理活动的健康、正常运行，企业必须对各责任部门的预算执行情况进行监控，如价格监控、信息监控、质量监控、资金监控等。

价格监控，是指对企业的材料、设备等各项物资的采购价格，产品销售价格，劳务价格以及企业内部各单位之间中间产品或服务的转移价格，必须制定监管政策和控制制度，并监督执行，不能放任不管。

信息监控，是指通过对企业供产销各环节数据资料的有效监控，确保预算管理系统中传递的信息真实、完整。它包括内控制度、审计规则和程序、审计人员职业道德及其惩戒措施等内容。

质量监控，是指通过建立健全质量监督控制系统，对企业各部门的工作质量和产品质量进行有效监控。

资金监控，是指通过有效的资金监控手段保证企业各环节资金的安全、完整和资金运动的正常周转。

全面预算管理的监控具有全面性、全员性、系统性的特征，企业很多部门既是预算的执行者，又是预算的监控者。因此，企业不可能也没有必要设置一个独立的预算管理监控部门，而是采取规定一个职能部门牵头，其他相关专业部门按照职能分工进行监控的办法。

2.3.4 预算考评机构

预算考评机构是负责对全面预算管理活动及预算执行过程和结果进行考核、评价和奖惩兑现的部门。

同预算管理监控一样，预算管理考评的对象主要是预算的执行部门，是各个责任中心执行预算的过程和结果。而企业的很多职能部门既是预算的执行者，又是预算的考评者。因此，企业没有必要设置一个独立的预算管理考评部门，而是采取以一个职能部门为主，其他相关专业部门按照职能分工进行考评的办法。牵头部门一般是预算管理办公室或人力资源部门。

2.4 现代企业预算管理执行机构

预算执行机构是指在预算目标实现过程中承担着预算执行责任，并享有相应权利和利益的企业内部各个预算责任主体。它是以企业内部组织结构为基础，遵循分级分层、权责利相结合、责任可控、目标一致的原则而建立的，通过责任会计体系，将企业内部各职能部门、生产车间、工段、班组、所属分公司、子公司等，上至董事长，下至生产一线员工划分为责任中心。由于预算执行机构是以责任网络的形式存在的，因此，也将其称作预算责任网络。预算责任网络中的各个预算责任主体，可称作责任中心。

预算执行机构在预算工作机构的组织领导下，开展本部门的预算编制、预算执行和预算报告等预算管理工作。

2.4.1 责任会计

责任会计是现代分权管理模式的产物，其通过在企业内部建立若干责任中心，并对其分工负责的经济业务进行计划与控制，以实现业绩考核与评价的一种内部控制制度。企业根据授予各级单位的权利、责任及对其业绩的评价方式，将企业划分为不同形式的责任中心，建立起以各责任中心为主体，以权、责、利相统一为特征，以责任预算、责任控制、责任考核为内容，通过信息的积累、加工和反馈而形成的企业内部控制系统。责任会计就是要利用会计信息对各分权单位的业绩进行计量、控制与考核。

1）责任会计的基本原则

（1）可控性原则。对各责任中心的业绩考核与评价，必须以责任中心自身能够控制为原则。如果一个责任中心自身不能有效地控制其可实现的收入或发生的费用，也就很难合理地反映其实际工作业绩，从而也无法做出相应的评价与奖惩。

（2）责任原则。确定责任单位，明确责任指标，使企业内部的各单位都有定量的经济责任指标（资金、成本费用、利润），企业的总指标均能分解落实到责任单位。

（3）定价结算原则。按照一定的价格，分别各责任单位进行核算，包括对各单位之间往来结算和各责任单位的责任指标完成情况的核算。

（4）目标一致原则。当经营决策权被授予各级管理部门时，实际上就是将企业的整体目标分解成各责任中心的具体目标，必须始终注意与企业的整体目标保持一致，避免因片面追求局部利益而损害整体利益。

（5）利益原则。对各责任单位指标完成情况进行考核，在考核的基础上进行奖罚。

2）责任会计制度的主要内容

（1）设置责任中心，明确权责范围。依据各部门经营活动的特点，将其划分为若干责任中心，明确职责范围，使其能在权限范围内独立自主地履行职责。

（2）编制责任预算，确定考核标准。将企业的总体目标层层分解，具体落实到每一个责任中心，作为其开展经营活动、评价工作成果的基本标准和主要依据。

（3）建立跟踪系统，进行反馈控制。对每一个责任中心建立起预算执行情况的跟踪系统，定期将实际数据与预算数据对比，找出差异，分析原因，控制和调节经营活动。

（4）分析评价业绩，建立奖罚制度。通过定期编制业绩报告，对各责任中心的工作成果进行分析和评价，以实际成果的好坏进行奖惩，从而最大限度地调动各责任中心的积极性，促使其相互协调，提高生产经营效率。

3）责任会计特征

（1）按企业内部各组织机构的职能、权限、目标和任务划分责任中心，其通常做法是分级归口管理，即横向按设计、计划、供应、生产、销售等职能部门划分责任中心，纵向按分厂、车间、班组和个人划分责任中心，从而形成纵横交错的责任控制系统。

（2）主要采用价值指标作为各责任中心的业绩考核指标，如成本降低额和成本降低率等。这些指标在一定时期内保持相对稳定，并且经过努力是可以达到的。

（3）通过对各责任中心可控指标的实际执行结果和预算标准的比较进行行业绩考核，计算并区分出有利差异和不利差异，作为奖惩的依据。

（4）将责任分解到各个责任中心，每个责任中心再分解落实到个人，并制定相应的奖惩措施。

2.4.2 责任中心

责任会计是在分权管理条件下，为适应经济责任制的要求，在企业内部建立若干责任中心，并对其分工负责的经济活动进行规划、控制、考核与业绩评价的一整套会计制度。

责任中心是在责任会计体系下，承担一定经济责任，并享有一定权利的企业内部（责任）单位。责任中心就是将企业整体分割成拥有独自产品或市场的几个绩效责任单位，然后将总体的管理责任授权这些责任单位，将这些责任单位处于市场竞争环境之下，通过客观性的利润计算，实施必要的业绩衡量与奖惩，以期达成企业设定的经营成果的一种管理制度。责任中心可划分为成本中心、利润中心和投资中心（如图2-5所示）。

2.4.3 确立责任中心的原则

预算管理责任中心是以企业的组织结构为基础，本着高效、经济、权责分明的原则来建立的，臃肿的机构不但会增加管理成本、降低管理效率，而且会影响预算管理应有作用的发挥。预算管理责任中心的建设应遵循以下原则：

图2-5　责任中心层次结构图

（1）责任中心要拥有与企业管理整体目标相协调、与其职能责任相适应的经营决策权。分权管理的主要表现形式是决策权部门化，即在企业中建立一种具有半自主权的内部组织机构。企业通过向下层授权，使每个部门都拥有一定的权利和责任。

（2）责任中心要承担与其经营决策权相适应的经营责任。在管理理论中，责任与权利可以说是一对孪生兄弟，有什么样的决策权利，就有什么样的经济责任。所以，当管理部门获得经营决策权时，就必须对其决策承担相应的经济责任，这也是对其有效使用权利的一种制约。企业设置每个责任中心，都必须根据授予的经营决策权的范围确定其应承担的经济责任。

（3）责任中心的生产经营业绩要能够明确划分和辨认，即责任中心的相关责任必须具体明确、界定清晰、指标量化。

（4）责任中心要具有明显的层次划分。企业为了有效规划和控制自身业务活动，应当将整个企业逐级划分为多个责任中心，以体现责任中心的层次性。每个责任中心能够规划和控制一部分业务活动，并对其工作业绩负责。

2.4.4　责任中心及其职责

1）成本中心及其职责

成本中心是对成本和费用承担控制、考核责任的中心，是对费用进行归集、分配，对成本加以控制、考核的责任单位，也是对成本具有可控性的责任单位。这里的可控性，是与具体的责任中心相联系的，而不是某一个成本项目所固有的性质。成本中心又可以分成两种：标准成本中心和费用中心。

标准成本中心必须是产品稳定而明确，并且熟悉单位产品所需投入的责任中心。通常，标准成本中心的典型代表是制造业公司的工厂、车间、工段、班组等。

费用中心适用于那些产出物不能用财务指标来衡量或者投入和产出之间没有密切关系的单位。这些单位包括：一般行政管理部门，如会计、人事、劳资、计划等部门；研究开发部门，如设备改造、新产品研制等部门；某些销售部门，如广告、宣传、仓储等部门。

通常，在成本中心的确定过程中，要根据其对发生的成本（费用）的可控性来确定其责任。

（1）假如某责任中心能够通过自己的行动有效地影响一项成本的数额，那么该责任中

心要对这些成本负责;

（2）假如某责任中心有权使用某种劳务或资产，其就对这些劳务或资产的成本负责;

（3）即使某管理人员不能通过自己的行动直接有效地影响一项成本的数额，而上级要求其参与有关事项，从而对该项成本的负责人施加影响，则该管理人员要对该项成本承担责任。

可控制成本与不可控制成本是根据特定责任中心对成本的可控性划分的，一项成本对于某个责任中心来说是可控的，而对于另一个责任中心来说则可能是不可控的。成本中心的考核指标包括成本（费用）变动额和成本（费用）变动率两项。

成本（费用）变动额=实际责任成本（费用）-预算责任成本（费用）

成本（费用）变动率=成本（费用）变动额÷预算责任成本（费用）×100%

【例2-1】江苏鳕鳣（cháng dá）公司下属某成本中心生产A产品，20×2年预算（计划）产量为5 000台，单位成本为100元；实际产量为5 000台，单位成本为90元。该成本中心的成本降低额和成本降低率计算如下:

成本降低额 = 5 000 × 90 - 5 000 × 100 = -50 000（元）

$$成本降低率 = \frac{-50\ 000}{5\ 000 \times 100} \times 100\% = -10\%$$

2）利润中心及其职责

利润中心是既能控制成本，又能控制收入的责任单位。因此，它不但要对成本和收入负责，也要对收入与成本的差额即利润负责。利润中心属于企业中的较高层次，同时具有生产和销售的职能，有独立的、经常性的收入来源，可以决定生产什么产品、生产多少、生产资源在不同产品之间如何分配，也可以决定产品销售价格、制定销售政策，其与成本中心相比具有更大的自主经营权。

利润中心有两种类型:自然的利润中心和人为的利润中心。

自然的利润中心直接向企业外部出售产品，在市场上进行购销业务。例如，某些公司采用事业部制，每个事业部均有销售、生产、采购的职能，有较强的独立性，这些事业部就是自然的利润中心。

人为的利润中心主要是在企业内部按照内部转移价格出售产品。例如，纺织厂的纺纱车间将纺出的纱线以内部转移价格出售给织布车间，纺纱车间就可以被视为利润中心，并称为人为的利润中心。再如，企业内部的辅助部门，包括修理、供电、供水、供气等单位，可以按固定价格向生产部门收费，它们也可以被确定为人为的利润中心。

利润中心的考核指标主要是利润，在计量一个利润中心的利润时，我们首先需要选择一个利润指标，包括如何将成本分配到该中心;其次为在利润中心之间转移的产品或劳务规定价格。不同的利润中心，其利润指标的形式并不相同。对利润中心的业绩进行评价和考核，通常有四种选择:边际贡献、可控边际贡献、部门边际贡献和税前部门利润。

（1）当利润中心不计算共同成本或不可控成本时，其考核指标是利润中心边际贡献总额，该指标等于利润中心销售收入总额与可控成本总额（变动成本总额）的差额。

（2）当利润中心计算共同成本或不可控成本，并采取变动成本法计算成本时，其考核指标包括:利润中心边际贡献总额，利润中心负责人可控利润总额，利润中心可控利润总额。

【例2-2】江苏鳝魖公司下属某利润中心的数据如下：

部门销售收入　　　　　　　　　　　　　　　60 000万元

已销商品变动成本和变动销售费用　　　　　　40 000万元

部门可控固定间接费用　　　　　　　　　　　3 200万元

部门不可控固定间接费用　　　　　　　　　　4 800万元

分配的公司管理费用　　　　　　　　　　　　4 000万元

该部门的利润计算见表2-1。

表2-1　　　　　　　　　　　　　利润计算表　　　　　　　　　　　　单位：万元

项目	金额
销售收入	60 000
变动成本	40 000
（1）边际贡献	20 000
可控固定成本	3 200
（2）可控边际贡献	16 800
不可控固定成本	4 800
（3）部门边际贡献	12 000
公司管理费用	4 000
（4）部门税前利润	8 000

3）投资中心及其职责

投资中心是指不仅能控制成本和收入，而且能控制占用资产的单位或部门。在预算管理中，该责任中心不仅要对成本、收入、利润预算负责，还必须对与目标投资利润率或资产利润率相关的资本预算负责。通常将一个独立经营的常规企业视为一个投资中心。投资中心应具有比其他责任中心更大的独立性和自主权，作为企业内部最高管理层拥有一定的资金支配权。投资中心的具体责任人应该是以厂长、经理为代表的企业最高决策层，投资中心的预算目标就是企业的总预算目标。

投资中心必然既是成本中心，又是利润中心，不仅要从成本、收益来考核经营成果，还要从投入的资金效果来考核工作成绩。投资中心是可以控制投资效率的责任中心，通常用增长的盈利对投资的比率来衡量业绩。

投资中心业绩的评价和考核除了采用利润指标外，还通常以投资报酬率、剩余收益以及现金回收率作为主要指标。

（1）投资报酬率。

投资报酬率又称投资利润率，是指投资中心所获得的利润与投资额之间的比率。

投资报酬率是全面评价投资中心各项经营活动的综合性质量指标。它既能揭示投资中心的销售利润水平，又能反映资产的使用效果。利用投资报酬率指标，不仅能够使不同经营规模的责任中心的业绩具有可比性，从而对各利润中心的业绩做出客观公正的评价和考核，而且为企业合理调整资金布局和进行新的投资提供决策依据。

【例2-3】江苏鳕鱲公司某投资中心的资产额为 400 000 万元，利润为 80 000 万元，则投资报酬率为：

$$投资报酬率 = \frac{80\,000}{400\,000} \times 100\% = 20\%$$

投资报酬率可以分解为经营资产周转率和销售利润率两者的乘积，并可进一步分解为资产的明细项目和收支的明细项目，从而对整个责任中心的经营状况做出评价。

$$投资报酬率 = \frac{销售收入}{经营资产} \times \frac{销售利润}{销售收入} \times 100\%$$
$$= 经营资产周转率 \times 销售利润率$$

采用投资报酬率来评价投资中心业绩有许多优点。它是根据现有的会计资料计算的，比较客观，可用于部门之间以及不同行业之间的比较。投资者非常关心这个指标，公司总经理也十分关心这个指标，用其来评价每个部门的业绩，会促进提高部门的投资报酬率，进而提高整个企业的投资报酬率。

但是，利用投资报酬率指标来衡量比较投资中心的业绩也有局限性，部门经理会放弃高于资本成本而低于目前部门投资报酬率的机会，或者减少现有的某些投资报酬率较低但高于资金成本的资产，使部门的业绩获得较好的评价，但却不利于企业的整体利益。比如，投资中心不愿意生产新产品，因为生产新产品往往投资多，而利润小。

【例2-4】在【例2-3】资料的基础上，该上级公司要求该投资中心生产一种新产品，预计投资额为 200 000 万元，预计年净收益增加 34 000 万元。该投资中心接受生产新设备的投资报酬率为：

$$投资报酬率 = \frac{80\,000 + 34\,000}{400\,000 + 200\,000} \times 100\% = 19\%$$

生产新产品后，该中心的投资报酬率从20%降到19%，为了克服投资报酬率的这种局限性，又引入了剩余收益的评价指标来考核投资中心的工作业绩。

（2）剩余收益。

除了以投资报酬率指标来考核投资中心外，对于一些为整个企业的利益，如为占领某一地区的市场、扩大企业在某一地区的影响而设立的投资中心，由于环境较差或竞争较激烈，投资报酬率可能较低。因而，如果与其他投资中心一样采用统一的投资报酬率来考核其业绩，就可能掩盖某些投资中心的实际业绩，不尽合理。对于这样的投资中心，可用剩余收益指标加以考核。剩余收益指标是实现利润与投资之间联系的一个绝对数指标。

剩余收益是指投资中心的营业利润，减去其经营资产按规定的最低报酬率计算的投资报酬后的余额。这里所规定的最低报酬率，一般是指各投资中心的平均报酬率或企业预期的资金成本率。这一指标的含义是只要投资收益超过平均或期望的报酬额，对企业和投资中心而言就都是有利的。剩余收益的主要优点在于可以使业绩评价与企业的目标协调一致，引导部门经理采纳高于企业资本成本的决策。剩余收益的计算公式如下：

剩余收益 = 营业利润 − 经营资产 × 规定的最低报酬率

【例2-5】根据【例2-3】和【例2-4】的资料计算剩余收益，假设该投资中心预期的资金成本率为15%。

目前投资中心的剩余收益 = 80 000 − 400 000 × 15% = 20 000（万元）

生产新产品后的剩余收益 =（80 000 + 34 000）−（400 000 + 200 000）× 15% = 24 000（万元）

从上述计算结果可以看出，该投资中心接受生产新产品，可以增加剩余收益。因此，以剩余收益来评价和考核投资中心的业绩，既可以克服利用投资报酬率进行业绩评价所产生的缺陷，促使上级部门重视对投资中心业绩绝对金额的评价，又可以鼓励投资中心乐于接受比较有利的投资，使部门目标和企业整体目标相一致。

2.4.5　责任中心之间的联系

投资中心、利润中心和成本中心三者的主要区别在于各责任中心控制的区域和权限范围的大小不同，但它们都承担相应的责任。最基层的成本中心对其可控成本向其上级成本中心负责；利润中心对其本身的可控成本和下级转来的责任成本负责，并对本身经营的收入、成本和利润向投资中心负责；投资中心最终对其经营的投资报酬率向董事会负责。

本章练习题

一、单项选择题

1.江苏省B公司生产一种产品，20×2年销售量为2 000件，单价为180元/件，固定成本为56 000元，净利润为45 000元，企业所得税税率为25%，则单位边际贡献为（　　）元。

A.47　　　　　　　　B.50　　　　　　　　C.50.5　　　　　　　　D.58

2.江苏省C企业去年销售利润率是5.5%，经营资产周转率是2.5；今年销售利润率是4.5%，经营资产周转率是2.4。若两年的资产负债率相同，则投资报酬率相比去年的变动趋势是（　　）。

A.下降　　　　　　B.不变　　　　　　C.上升　　　　　　D.无法确定

3.下列财务比率中，既能反映企业资产综合利用的效果，又能衡量债权人权益和所有者权益的报酬情况的是（　　）。

A.销售利润率　　　B.投资报酬率　　　C.产权比率　　　D.利息保障倍数

4.江苏省A公司下属某成本中心生产B产品，20×2年计划产量为5 000台，单位成本为100元，实际产量为4 000台，单位成本为110元，则成本变动率为（　　）。

A.12%　　　　　　　B.−12%　　　　　　C.10%　　　　　　　D.−10%

二、多项选择题

1.宏观环境因素中的经济因素包括（　　）。

A.经济政策　　　　B.消费者心理　　　C.价值观　　　　D.社会经济结构

2.预算管理工作机构的主要职责包括（　　）。

A.审议批准企业的经营方针和投资计划

B.制定企业年度经营目标，决定年度经营目标偏差的修订

C.制定预算管理制度、规定等全面预算的纲领性文件

D.企业预算管理制度的起草

3.全面预算编制委员会的主要职责包括（　　）。

A.编制企业预算大纲，确定预算编制的原则和程序

B.分解各预算责任单位的预算指标

C.制定预算管理制度、规定等全面预算的纲领性文件

D.企业预算管理制度的起草

4.下列关于边际贡献的计算公式中，正确的有（　　　）。

A.边际贡献=固定成本+利润

B.边际贡献=销售收入−固定成本

C.边际贡献=（销售单价−单位销售成本）×销量

D.边际贡献=销售收入−变动成本

5.投资中心业绩的评价和考核指标主要有（　　　）。

A.利润　　　　　　　　B.投资报酬率　　　　　　C.剩余收益　　　　　　D.现金回收率

6.下列关于剩余收益基础的业绩计量的说法中，正确的有（　　　）。

A.剩余收益指标可以用于不同规模的公司间和部门间的比较

B.剩余收益观念可以更好地协调公司各部门间的利益冲突，可以使业绩评价与企业的
目标协调一致，促使公司的整体利益最大化

C.剩余收益理念的核心是获取超额收益

D.剩余收益的计算要使用会计数据，包括收益、投资的账面价值等，剩余收益的主
要优点是引导部门经理采纳高于企业资本成本的决策

三、判断题

1.预算责任中心是预算管理的工作机构。　　　　　　　　　　　　　　　　（　　　）

2.《中华人民共和国公司法》规定，预算的审定责任由公司董事会承担。　　（　　　）

3.董事会是企业的最高权力机构。　　　　　　　　　　　　　　　　　　　（　　　）

四、简答题

1.请简要说明SWOT分析法。

2.预算管理监控机构的主要监控内容有哪些？

3.责任会计的基本原则是什么？

4.如何合理科学地设计预算会计制度？

5.责任会计的主要特征有哪些？

6.什么是全面预算管理组织体系？

7.全面预算管理组织体系的设置原则有哪些？

8.预算管理委员会在全面预算管理中承担哪些职责？

9.什么是责任中心？确立责任中心的条件是什么？

10.投资中心、利润中心、成本中心分别有哪些特点？利润中心有哪两种类型？它们
的区别是什么？

11.投资中心、利润中心的评价指标有哪些？

五、计算题

某公司A部门现拥有一项价值20 000元的固定资产，该项资产每年可获利3 000元。
该公司的平均利润率为14%，该部门目前的投资报酬率为16%。该部门共占用资产
425 000元，当年实现利润68 000元（暂不考虑税收因素）。要求：

（1）计算A部门放弃该项资产后的报酬率，并与放弃前比较。

（2）计算 A 部门放弃该项资产前后的剩余收益，并进行比较。

（3）分析 A 部门是否应该放弃该项资产。

六、拓展思考题

1.请通过互联网或学校图书馆，查阅和收集企业预算管理委员会的构成和职责等相关信息。

2.请收集责任中心评价案例。

第 2 章练习题参考答案

第3章　现代企业预算编制的制度基础

【学习目标】

通过对本章内容的学习，了解企业预算管理制度的构成，熟悉企业层面预算管理制度，熟练掌握企业预算管理工作制度的建立和内容架构。

【学习重点】

企业预算管理制度的建立及内容架构。

3.1　现代企业预算管理制度概述

预算管理作为企业建立科学管理体系的核心，逐渐成为我国企业应用面最广、应用量最大、效率最高的资源配置手段。但其在应用的深度上，许多企业距离实现全面预算管理尚有不小的差距。随着预算管理应用日益广泛，越来越多的企业预算管理已经或正在迈入全面预算阶段。

没有规矩，不成方圆。制度是一个组织内部大家共同遵守的行为规范，可以保证组织的有效运转，是达成组织目标的可靠保证，也是实现公平、公正、公开的必要条件。

企业应用预算管理，同样离不开预算管理制度。预算管理制度包括国家层面的法律法规、企业层面的管理制度。

3.2　国家层面企业预算管理制度

我国的企业预算产生于1953年国家实施的第一个五年计划，但与杜邦或通用相近意义上的企业预算，到20世纪90年代才出现。这里将以1978年党的十一届三中全会启动改革开放和1994年《公司法》的实施为分界点，从1953年到2017年的60多年期间，我国企业预算管理制度几经变迁。

3.2.1　1953年至1978年计划经济时代，以政府预算为主导

1953—1978年，我国处于计划经济时代，我国的预算管理模式参照苏联的模式，即由生产部门、技术部门、财务部门共同制订计划。在传统的计划经济体制下，企业只是作为国家的一个加工厂，一切生产计划都是由国家下达，在生产数量、生产种类等方面没有自主权，唯一要做的就是完成国家安排的生产任务。同时，企业也不用管理生产的产品出售后到底是赚钱还是亏损，因为这些风险都是由国家统一承担。企业的管理者只要考虑如何按时按量地完成国家下达的生产任务，自然也不会考虑先进的管理理念。这些客观因素都是制约我国管理制度发展的主要障碍。

1950年3月，原政务院先后发布了《关于统一国家财政经济工作的决定》《关于统一管理1950年财政收支的决定》以及其他相关规定。特别是1954年中华人民共和国第一部《宪法》的诞生，其中明确规定地方各级人民代表大会审查和批准地方的预算和决算，保护公共财产。至此，统一的国家预算得以形成，但这时的企业预算制度和体系尚未形成。

3.2.2　1978年至1994年，责任成本管理制度

1978年，党的十一届三中全会制定对内改革、对外开放的基本政策。从宏观上，我国开始由计划经济体制转向社会主义市场经济体制。从微观上，一是允许非国有经济的存在和发展；二是国家下放或扩大国有企业的人、物和生产的自主权，开放市场，鼓励不同所有制企业间的公平竞争；三是国家废除国有企业"财务统收统支"制度，划清国家与国有企业间的利益界线，使国有企业变成自主经营、自负盈亏的经济实体。在这种背景下，国有企业所面临的问题非常繁杂，但在内部如何提高效率、在外部如何开拓市场，则是两个最基本、最关键的问题，而解决这两个基本问题有赖于降低和控制成本，这对当时的国有中小企业尤其重要。

1990年上海证券交易所和1991年深圳证券交易所的正式成立，标志着我国资本市场的正式形成；1993年11月，党的十四届三中全会颁布的《中共中央关于建立社会主义市场经济体制若干问题的决定》，1994年，分税制改革和《公司法》等重大政策法规的出台，加速了企业建立现代企业制度，规范公司的组织和行为，保护公司、股东和债权人的合法权益，维护社会经济秩序，促进社会主义市场经济的发展，进一步确立企业自主经营、自负盈亏、自我发展、自我约束的市场主体地位。

该期间通过引进和传播管理会计，在实践中总结成本管理经验，以山西甘亭机械厂、河北邯郸钢铁总厂、河北涿鹿化肥厂为代表，企业创造了"岗位责任制""班组核算""内部银行"等方法，初步形成了具有中国特色的"责任成本管理制度"。

3.2.3　1994年以后，全面预算管理制度建立

20世纪90年代中后期，全面预算管理逐步为我国的大中型企业所接受，部分企业开始推行全面预算管理。

进入2000年，全面预算管理这一科学的企业管理方法引起了国家经济主管部门、理论界和实务界的高度重视。原国家经贸委于2000年9月颁布的《国有大中型企业建立现代企业制度和加强管理的基本规范（试行）》明确提出：企业应建立全面预算管理制度；财政部于2002年4月颁布了《关于企业实行预算管理的指导意见》，进一步提出了企业应当实行包括预算在内的全面预算管理；2007年5月，国务院国资委下发了《中央企业预算管理暂行办法》；2008年5月，财政部等五部委下发的《企业内部控制基本规范》，将预算列为重要的控制活动和风险控制措施；2011年11月，国务院国资委下发的《关于进一步深化中央企业全面预算管理工作的通知》，对中央企业开展和深化预算管理提出了系统的要求；2015年9月，财政部发布了《管理会计实践索引——全面预算》，从宏观层面上对企业预算提出规范和要求；2016年2月，财政部发布的《中央国有资本经营预算管理暂行办法》，对进一步加强和规范中央国有资本经营预算管理、优化国有资本配置效率提出要求。

至此，我国国家层面的企业预算管理制度基本形成，对企业预算管理从切实加强组织

领导、完善全面预算管理组织体系，企业预算编制原则，预算编制的形式及其编制依据，预算的编制程序和方法，预算的执行与控制，预算的分析与考核等几个方面进行规范。

以下资料是财政部关于企业预算管理方面的两个重要规定：

资料1：《关于企业实行预算管理的指导意见》（财企〔2002〕102号）

关于企业实行预算管理的指导意见

为了促进企业建立、健全内部约束机制，进一步规范企业财务管理行为，根据财政部《企业国有资本与财务管理暂行办法》（财企〔2001〕325号），有关企业应当实行预算管理制度的规定，现就企业预算管理工作提出如下指导意见：

一、预算管理的基本内容

（一）预算管理是利用预算对企业内部各部门、各单位的各种财务及非财务资源进行分配、考核、控制，以便有效地组织和协调企业的生产经营活动，完成既定的经营目标。

企业预算是在预测和决策的基础上，围绕企业战略目标，对一定时期内企业资金取得和投放、各项收入和支出、企业经营成果及其分配等资金运动所作的具体安排。预算与业务预算、资本预算、筹资预算共同构成企业的全面预算。

（二）企业预算应当围绕企业的战略要求和发展规划，以业务预算、资本预算为基础，以经营利润为目标，以现金流为核心进行编制，并主要以财务报表形式予以充分反映。

（三）企业预算一般按年度编制，业务预算、资本预算、筹资预算分季度、月份落实。

（四）企业应当重视预算管理工作，将预算作为制定、落实内部经济责任制的依据。企业预算管理由母公司组织实施，分级归口管理。

（五）企业编制预算应当按照内部经济活动的责任权限进行，并遵循以下基本原则和要求：

1.坚持效益优先原则，实行总量平衡，进行全面预算管理；

2.坚持积极稳健原则，确保以收定支，加强财务风险控制；

3.坚持权责对等原则，确保切实可行，围绕经营战略实施。

二、预算管理的组织机构

（一）企业法定代表人应当对企业预算的管理工作负总责。企业董事会或者经理办公会可以根据情况设立预算委员会或指定财务管理部门负责预算管理事宜，并对企业法定代表人负责。

（二）预算委员会（没有设立预算委员会的，即为企业财务管理部门，下同）主要拟定预算的目标、政策，制定预算管理的具体措施和办法，审议、平衡预算方案，组织下达预算，协调解决预算编制和执行中的问题，组织审计、考核预算的执行情况，督促企业完成预算目标。

（三）企业财务管理部门在预算委员会或企业法定代表人的领导下，具体负责组织企业预算的编制、审查、汇总、上报、下达、报告等具体工作，跟踪监督预算的执行情况，分析预算与实际执行的差异及原因，提出改进管理的措施和建议。

（四）企业内部生产、投资、物资、人力资源、市场营销等职能部门具体负责本部门业务涉及的预算的编制、执行、分析、控制等工作，并配合预算委员会做好企业总预算的综合平衡、协调、分析、控制、考核等工作。其主要负责人参与企业预算委员会的工作，并对本部门预算执行结果承担责任。

（五）企业所属基层单位是企业主要的预算执行单位，在企业财务管理部门的指导下，负责本单位现金流量、经营成果和各项成本费用预算的编制、控制、分析工作，接受企业的检查、考核。其主要负责人对本单位预算的执行结果承担责任。

企业对具有控制权的子公司应当同时实施预算管理。

三、预算的形式及其编制依据

（一）企业编制预算应当按照先业务预算、资本预算、筹资预算，后预算的流程进行，并按照各预算执行单位所承担经济业务的类型及其责任权限，编制不同形式的预算。

（二）业务预算是反映预算期内企业可能形成现金收付的生产经营活动（或营业活动）的预算，一般包括销售或营业预算、生产预算、制造费用预算、产品成本预算、营业成本预算、采购预算、期间费用预算等，企业可根据实际情况具体编制。

1.销售或营业预算是预算期内预算执行单位销售各种产品或者提供各种劳务可能实现的销售量或者业务量及其收入的预算，主要依据年度目标利润、预测的市场销量或劳务需求及提供的产品结构以及市场价格编制。

2.生产预算是从事工业生产的预算执行单位在预算期内所要达到的生产规模及其产品结构的预算，主要是在销售预算的基础上，依据各种产品的生产能力、各项材料及人工的消耗定额及其物价水平和期末存货状况编制。为了实现有效管理，还应当进一步编制直接人工预算和直接材料预算。

3.制造费用预算是从事工业生产的预算执行单位在预算期内为完成生产预算所需各种间接费用的预算，主要在生产预算基础上，按照费用项目及其上年预算执行情况，根据预算期降低成本、费用的要求编制。

4.产品成本预算是从事工业生产的预算执行单位在预算期内生产产品所需的生产成本、单位成本和销售成本的预算，主要依据生产预算、直接材料预算、直接人工预算、制造费用预算等汇总编制。

5.营业成本预算是非生产型预算执行单位对预算期内为了实现营业预算而在人力、物力、财力方面必要的直接成本预算，主要依据企业有关定额、费用标准、物价水平、上年实际执行情况等资料编制。

6.采购预算是预算执行单位在预算期内为保证生产或者经营的需要而从外部购买各类商品、各项材料、低值易耗品等存货的预算，主要根据销售或营业预算、生产预算、期初存货情况和期末存货经济存量编制。

7.期间费用预算是预算期内预算执行单位组织经营活动必要的管理费用、财务费用、销售（营业）费用等预算，应当区分变动费用与固定费用、可控费用与不可控费用的性质，根据上年实际费用水平和预算期内的变化因素，结合费用开支标准和企业降低成本、费用的要求，分项目、分责任单位进行编制。其中，科技开发费用以及业务招待费、会议费、宣传广告费等重要项目，应当重点列示。

8.企业对自办医院、学校及离退休人员费用支出，解除劳动关系补偿支出，缴纳税金，政策性补贴，对外捐赠支出及其他营业外支出等，应当根据实际情况和国家有关政策规定，编制营业外支出等相关业务预算。

（三）资本预算是企业在预算期内进行资本性投资活动的预算，主要包括固定资产投资预算、权益性资本投资预算和债券投资预算。

1.固定资产投资预算是企业在预算期内购建、改建、扩建、更新固定资产进行资本投资的预算，应当根据本单位有关投资决策资料和年度固定资产投资计划编制。企业处置固定资产所引起的现金流入，也应列入资本预算。企业如有国家基本建设投资、国家财政生产性拨款，则应当根据国家有关部门批准的文件、产业结构调整政策、企业技术改造方案等资料单独编制预算。

2.权益性资本投资预算是企业在预算期内为了获得其他企业单位的股权及收益分配权而进行资本投资的预算，应当根据企业有关投资决策资料和年度权益性资本投资计划编制。企业转让权益性资本投资或者收取被投资单位分配的利润（股利）所引起的现金流入，也应列入资本预算。

3.债券投资预算是企业在预算期内为购买国债、企业债券、金融债券等所作的预算，应当根据企业有关投资决策资料和证券市场行情编制。企业转让债券收回本息所引起的现金流入，也应列入资本预算。

（四）筹资预算是企业在预算期内需要新借入的长短期借款，经批准发行的债券以及对原有借款、债券还本付息的预算，主要依据企业有关资金需求决策资料、发行债券审批文件、期初借款余额及利率等编制。

企业经批准发行股票、配股和增发股票，应当根据股票发行计划、配股计划和增发股票计划等资料单独编制预算。股票发行费用，也应当在筹资预算中分项做出安排。

（五）预算主要以现金预算、预计资产负债表和预计利润表等形式反映。

1.现金预算是按照现金流量表主要项目内容编制的反映企业预算期内一切现金收支及其结果的预算。它以业务预算、资本预算和筹资预算为基础，是其他预算有关现金收支的汇总，主要作为企业资金头寸调控管理的依据。

2.预计资产负债表是按照资产负债表的内容和格式编制的综合反映预算执行单位期末财务状况的预算报表。一般根据预算期初实际的资产负债表和销售或营业预算、生产预算、采购预算、资本预算、筹资预算等有关资料分析编制。

3.预计利润表是按照利润表的内容和格式编制的反映预算执行单位在预算期内利润目标的预算报表。一般根据销售或营业预算、生产预算、产品成本预算或者营业成本预算、期间费用预算、其他专项预算等有关资料分析编制。

（六）企业应当结合自身特点制定规范的预算编制基础表格，统一预算指标计算口径。

四、预算的编制程序和方法

（一）企业编制预算，一般应按照"上下结合、分级编制、逐级汇总"的程序进行。

1.下达目标。企业董事会或经理办公会根据企业发展战略和预算期经济形势的初步预测，在决策的基础上，一般于每年9月底以前提出下一年度企业预算目标，包括销售或营业目标、成本费用目标、利润目标和现金流量目标，并确定预算编制的政策，由预算委员会下达各预算执行单位。

2.编制上报。各预算执行单位按照企业预算委员会下达的预算目标和政策，结合自身特点以及预测的执行条件，提出详细的本单位预算方案，于10月底以前上报企业财务管理部门。

3.审查平衡。企业财务管理部门对各预算执行单位上报的预算方案进行审查、汇总，提出综合平衡的建议。在审查、平衡过程中，预算委员会应当进行充分协调，对发现的问题提出初步调整的意见，并反馈给有关预算执行单位予以修正。

4.审议批准。企业财务管理部门在有关预算执行单位修正调整的基础上，编制出企业预算方案，报预算委员会讨论。对于不符合企业发展战略或者预算目标的事项，企业预算委员会应当责成有关预算执行单位进一步修订、调整。在讨论、调整的基础上，企业财务管理部门正式编制企业年度预算草案，提交董事会或经理办公会审议批准。

5.下达执行。企业财务管理部门对董事会或经理办公会审议批准的年度总预算，一般在次年3月底以前，分解成一系列的指标体系，由预算委员会逐级下达各预算执行单位执行。在下达后15日内，母公司应当将企业预算报送主管财政机关备案。

（二）企业预算可以根据不同的预算项目，分别采用固定预算、弹性预算、滚动预算、零基预算、概率预算等方法进行编制。

1.固定预算是根据预算内正常的、可实现的某一业务量水平编制的预算，一般适用于固定费用或者数额比较稳定的预算项目。

2.弹性预算是在按照成本（费用）习性分类的基础上，根据量、本、利之间的依存关系编制的预算，一般适用于与预算执行单位业务量有关的成本（费用）、利润等预算项目。

3.滚动预算是随时间的推移和市场条件的变化而自行延伸并进行同步调整的预算，一般适用于季度预算的编制。

4.零基预算是对预算收支以零为基点，对预算期内各项支出的必要性、合理性或者各项收入的可行性以及预算数额的大小，逐项审议决策从而予以确定收支水平的预算，一般适用于不经常发生的或者预算编制基础变化较大的预算项目，如对外投资、对外捐赠等。

5.概率预算是对具有不确定性的预算项目，估计其发生各种变化的概率，根据可能出现的最大值和最小值计算其期望值，从而编制的预算，一般适用于难以准确预测变动趋势的预算项目，如销售新产品、开拓新业务等。

五、预算的执行与控制

（一）企业预算一经批复下达，各预算执行单位就必须认真组织实施，将预算指标层层分解，从横向和纵向落实到内部各部门、各单位、各环节和各岗位，形成全方位的预算执行责任体系。

（二）企业应当将预算作为预算期内组织、协调各项经营活动的基本依据，将年度预算细分为月份和季度预算，以分期预算控制确保年度预算目标的实现。

（三）企业应当强化现金流量的预算管理，按时组织预算资金的收入，严格控制预算资金的支付，调节资金收付平衡，控制支付风险。对于预算内的资金拨付，按照授权审批程序执行。对于预算外的项目支出，应当按预算管理制度规范支付程序。对于无合同、无凭证、无手续的项目支出，不予支付。

（四）企业应当严格执行销售或营业、生产和成本费用预算，努力完成利润指标。在日常控制中，企业应当健全凭证记录，完善各项管理规章制度，严格执行生产经营月度计划和成本费用的定额、定率标准，加强适时的监控。对预算执行中出现的异常情况，企业有关部门应及时查明原因，提出解决办法。

（五）企业应当建立预算报告制度，要求各预算执行单位定期报告预算的执行情况。对于预算执行中发生的新情况、新问题及出现偏差较大的重大项目，企业财务管理部门以至预算委员会应当责成有关预算执行单位查找原因，提出改进经营管理的措施和建议。

（六）企业财务管理部门应当利用财务报表监控预算的执行情况，及时向预算执行单位、企业预算委员会以至董事会或经理办公会提供预算的执行进度、执行差异及其对企业预算目标的影响等财务信息，促进企业完成预算目标。

六、预算的调整

（一）企业正式下达执行的预算，一般不予调整。预算执行单位在执行中由于市场环境、经营条件、政策法规等发生重大变化，致使预算的编制基础不成立，或者将导致预算执行结果产生重大偏差的，可以调整预算。

（二）企业应当建立内部的弹性预算机制，对于不影响预算目标的业务预算、资本预算、筹资预算之间的调整，企业可以按照内部授权批准制度执行，鼓励预算执行单位及时采取有效的经营管理对策，保证预算目标的实现。

（三）企业调整预算，应当由预算执行单位逐级向企业预算委员会提出书面报告，阐述预算执行的具体情况、客观因素变化情况及其对预算执行造成的影响程度，提出预算指标的调整幅度。

企业财务管理部门应当对预算执行单位的预算调整报告进行审核分析，集中编制企业年度预算调整方案，提交预算委员会以至企业董事会或经理办公会审议批准，然后下达执行。

母公司审议批准的预算调整方案，应当在下达执行15日内报送主管财政机关备案。

（四）对于预算执行单位提出的预算调整事项，企业进行决策时，一般应当遵循以下要求：

1. 预算调整事项不能偏离企业发展战略和年度预算目标；

2. 预算调整方案应当在经济上能够实现最优化；

3. 预算调整重点应当放在预算执行中出现的重要的、非正常的、不符合常规的关键性差异方面。

七、预算的分析与考核

（一）企业应当建立预算分析制度，由预算委员会定期召开预算执行分析会议，全面掌握预算的执行情况，研究、落实、解决预算执行中存在问题的政策措施，纠正预算的执行偏差。

（二）开展预算执行分析，企业财务管理部门及各预算执行单位应当充分收集有关财务、业务、市场、技术、政策、法律等方面的有关信息资料，根据不同情况分别采用比率分析、比较分析、因素分析、平衡分析等方法，从定量与定性两个层面充分反映预算执行单位的现状、发展趋势及其存在的潜力。

针对预算的执行偏差，企业财务管理部门及各预算执行单位应当充分、客观地分析产生偏差的原因，提出相应的解决措施或建议，提交董事会或经理办公会研究决定。

（三）企业预算委员会应当定期组织预算审计，纠正预算执行中存在的问题，充分发挥内部审计的监督作用，维护预算管理的严肃性。

预算审计可以全面审计，或者抽样审计。在特殊情况下，企业也可组织不定期的专项审计。

审计工作结束后，企业内部审计机构应当形成审计报告，直接提交预算委员会以至董事会或者经理办公会，作为预算调整、改进内部经营管理和财务考核的一项重要参考。

（四）预算年度终了，预算委员会应当向董事会或者经理办公会报告预算执行情况，并依据预算完成情况和预算审计情况对预算执行单位进行考核。

企业内部预算执行单位上报的预算执行报告，应经本部门、本单位负责人按照内部议事规范审议通过，作为企业进行财务考核的基本依据。母公司预算执行报告应当在年度财务会计报告编妥后20日内报送主管财政机关备案。

企业预算按调整后的预算执行，预算完成情况以企业年度财务会计报告为准。

（五）企业预算执行考核是企业绩效评价的主要内容，应当结合年度内部经济责任制考核进行，与预算执行单位负责人的奖惩挂钩，并作为企业内部人力资源管理的参考。具体考核办法，可以参照《企业国有资本与财务管理暂行办法》（财企〔2001〕325号）执行。

资料2：《中央国有资本经营预算支出管理暂行办法》（财预〔2017〕32号）

中央国有资本经营预算支出管理暂行办法

第一章　总则

第一条　为完善国有资本经营预算管理制度，规范和加强中央国有资本经营预算支出管理，根据《中华人民共和国预算法》、《中共中央 国务院关于深化国有企业改革的指导意见》（中发〔2015〕22号）、《国务院关于改革和完善国有资产管理体制的若干意见》（国发〔2015〕63号）、《国务院关于深化预算管理制度改革的决定》（国发〔2014〕45号）、《国务院关于试行国有资本经营预算的意见》（国发〔2007〕26号）、《中央国有资本经营预算管理暂行办法》（财预〔2016〕6号）等有关规定，制定本办法。

第二条　中央国有资本经营预算支出对象主要为国有资本投资、运营公司（以下简称投资运营公司）和中央企业集团（以下简称中央企业）。

中央国有资本经营预算支出应与一般公共预算相衔接，避免与一般公共预算和政府性基金预算安排的支出交叉重复。

第三条　财政部会同相关部门制定中央国有资本经营预算支出有关管理制度。

第四条　财政部负责确定中央国有资本经营预算支出方向和重点，布置预（决）算编制，审核中央单位（包括有关中央部门、国务院直接授权的投资运营公司和直接向财政部报送国有资本经营预算的中央企业，下同）预算建议草案，编制预（决）算草案，向中央单位批复预（决）算，组织实施绩效管理，对预算执行情况进行监督检查等。

第五条　中央单位负责提出中央国有资本经营预算支出方向和重点建议，组织其监管（所属）投资运营公司和中央企业编报支出计划建议并进行审核，编制本单位预算建议草案和决算草案，向其监管（所属）投资运营公司和中央企业批复预（决）算，组织预算执行，开展绩效管理，配合财政部对预算执行情况进行监督检查等。

第六条　投资运营公司和中央企业负责向中央单位申报支出计划建议，编制本公司（企业）支出决算，推动解决国有企业历史遗留问题，开展国有资本投资运营，组织实施相关事项，按照财政部、中央单位要求开展绩效管理等。

第二章   支出范围

第七条   中央国有资本经营预算支出除调入一般公共预算和补充全国社会保障基金外，主要用于以下方面：

（一）解决国有企业历史遗留问题及相关改革成本支出；

（二）国有企业资本金注入；

（三）其他支出。

中央国有资本经营预算支出方向和重点，应当根据国家宏观经济政策需要以及不同时期国有企业改革发展任务适时进行调整。

第八条   解决国有企业历史遗留问题及相关改革成本支出，是指用于支持投资运营公司和中央企业剥离国有企业办社会职能、解决国有企业存在的体制性机制性问题、弥补国有企业改革成本等方面的支出。

第九条   解决国有企业历史遗留问题及相关改革成本支出实行专项资金管理，相关专项资金管理办法由财政部商相关部门制定。

第十条   国有企业资本金注入，是指用于引导投资运营公司和中央企业更好地服务于国家战略，将国有资本更多投向关系国家安全和国民经济命脉的重要行业和关键领域的资本性支出。

第十一条   国有企业资本金注入采取向投资运营公司注资、向产业投资基金注资以及向中央企业注资三种方式。

（一）向投资运营公司注资，主要用于推动投资运营公司调整国有资本布局和结构，增强国有资本控制力。

（二）向产业投资基金注资，主要用于引导投资运营公司采取市场化方式发起设立产业投资基金，发挥财政资金的杠杆作用，引领社会资本更多投向重要前瞻性战略性产业、生态环境保护、科技进步、公共服务、国际化经营等领域，增强国有资本影响力。

（三）向中央企业注资，主要用于落实党中央、国务院有关决策部署精神，由中央企业具体实施的事项。

第三章   预算编制和批复

第十二条   财政部按照国务院编制预算的统一要求，根据中央国有资本经营预算支出政策，印发编制中央国有资本经营预算通知。

第十三条   财政部会同有关部门，对投资运营公司和中央企业盈利情况进行测算后，确定年度中央国有资本经营预算支出规模。

第十四条   中央单位根据财政部通知要求以及年度预算支出规模，组织其监管（所属）投资运营公司和中央企业编报支出计划建议。

第十五条   投资运营公司和中央企业根据有关编报要求，编制本公司（企业）国有资本经营预算支出计划建议报中央单位，并抄报财政部。其中：

（一）解决国有企业历史遗留问题及相关改革成本支出计划建议，根据相关专项资金管理办法编制。

（二）国有企业资本金注入计划建议，根据党中央、国务院有关要求，结合投资运营公司和中央企业章程、发展定位和战略、投资运营规划、投融资计划等编制。

第十六条　中央单位对其监管（所属）投资运营公司和中央企业编报的支出计划建议进行审核，编制预算建议草案报送财政部。

第十七条　财政部根据国家宏观调控目标，并结合国家重点发展战略、国有企业历史遗留问题解决进程、国有资本布局调整要求以及绩效目标审核意见、以前年度绩效评价结果等情况，在对中央单位申报的预算建议草案进行审核的基础上，按照"量入为出、收支平衡"的原则，向中央单位下达预算控制数。

第十八条　中央单位根据财政部下达的预算控制数，结合其监管（所属）投资运营公司和中央企业经营情况、历史遗留问题解决及改革发展进程等，对本单位预算建议草案进行调整后，再次报送财政部。

第十九条　财政部根据中央单位调整后的预算建议草案，编制中央本级国有资本经营预算草案。

第二十条　中央国有资本经营预算经全国人民代表大会审议批准后，财政部在20日内向中央单位批复预算。中央单位应当在接到财政部批复的本单位预算后15日内向其监管（所属）投资运营公司和中央企业批复预算。

第四章　预算执行

第二十一条　中央国有资本经营预算支出应当按照经批准的预算执行，未经批准不得擅自调剂。确需调剂使用的，按照财政部有关规定办理。

第二十二条　财政部按照国库集中支付管理的规定，将预算资金拨付至投资运营公司、产业投资基金和中央企业。

第二十三条　投资运营公司和中央企业应按规定用途使用资金。属于国有企业资本金注入的，应及时落实国有权益，并根据明确的支出投向和目标，及时开展国有资本投资运营活动，推进有关事项的实施。

第五章　转移支付

第二十四条　中央国有资本经营预算可根据国有企业改革发展需要，经国务院批准，设立对地方的专项转移支付项目。

第二十五条　财政部应当在每年10月31日前将下一年度专项转移支付预计数提前下达省级政府财政部门。

第二十六条　财政部会同相关部门按照规定组织专项转移支付项目资金的申报、审核和分配工作。

第二十七条　财政部应当在全国人民代表大会审查批准中央国有资本经营预算后90日内印发下达专项转移支付预算文件。

对据实结算等特殊项目的专项转移支付，可以分期下达预算，最后一期的下达时间一般不迟于9月30日。

第二十八条　省级人民政府财政部门接到中央国有资本经营预算专项转移支付后，应当在30日内正式分解下达，并将资金分配结果及时报送财政部。

第六章　决算

第二十九条　财政部按照编制决算的统一要求，部署编制中央国有资本经营决算草案工作，制发中央国有资本经营决算报表格式和编制说明。

第三十条　投资运营公司和中央企业根据有关编报要求，编制本公司（企业）国有资本经营支出决算，报中央单位。

第三十一条　中央单位根据其监管（所属）投资运营公司和中央企业编制的国有资本经营支出决算，编制本单位中央国有资本经营决算草案报送财政部。

第三十二条　财政部根据当年国有资本经营预算执行情况和中央单位上报的决算草案，编制中央国有资本经营决算草案。

第三十三条　中央国有资本经营决算草案经国务院审计机关审计后，报国务院审定，由国务院提请全国人民代表大会常务委员会审查和批准。

第三十四条　中央国有资本经营决算草案经全国人民代表大会常务委员会批准后，财政部应当在 20 日内向中央单位批复决算。中央单位应当在接到财政部批复的本单位决算后 15 日内向其监管（所属）投资运营公司和中央企业批复决算。

第七章　绩效管理

第三十五条　中央国有资本经营预算支出应当实施绩效管理，合理设定绩效目标及指标，实行绩效执行监控，开展绩效评价，加强评价结果应用，提升预算资金使用效益。

第三十六条　中央单位、投资运营公司和中央企业根据财政预算绩效管理的相关规定，开展国有资本经营预算支出绩效管理工作。

第三十七条　财政部将绩效评价结果作为加强预算管理及安排以后年度预算支出的重要依据。

第三十八条　对采取先建后补、以奖代补、据实结算等事后补助方式管理的专项转移支付项目，实行事后立项、事后补助的，其绩效目标可以用相关工作或目标的完成情况代以体现。

第八章　监督检查

第三十九条　财政部、中央单位应当加强对中央国有资本经营预算支出事前、事中、事后的全过程管理，并按照政府信息公开有关规定向社会公开相关信息。

第四十条　投资运营公司和中央企业应当遵守国家财政、财务规章制度和财经纪律，自觉接受财政部门和中央单位的监督检查。审计机关要依法加强对财政部门、中央单位、投资运营公司和中央企业的审计监督。

第四十一条　对预算支出使用过程中的违法违规行为，依照《中华人民共和国预算法》、《财政违法行为处罚处分条例》（国务院令第 427 号）等有关规定追究责任。

第九章　附则

第四十二条　地方国有资本经营预算支出管理办法由地方参照本办法制定。

第四十三条　本办法由财政部负责解释。

第四十四条　本办法自 2017 年 1 月 1 日起施行。

3.3　企业层面预算管理制度

全面预算管理是一个复杂的系统工程，点多面广，技术性强，一个环节出现问题都直接影响整个预算管理的顺利进行。所以，实施全面预算管理必须特别重视规章制度的建设，实现以规章制度规范企业全面预算管理全过程，使全面预算管理的实施有标准、有依据。同时，要注意预算管理制度与时俱进，适时修改；制定预算管理制度，重在落实。企业预算管理制度主要包括基本制度和工作制度。

3.3.1　现代企业预算管理制度的制定

企业预算管理制度制定得合理与否，关系到预算工作效率和效果，一般经过以下几个步骤：组建编制机构；制定制度草案；征求意见；修改完善；审议通过；发布实施。

3.3.2　现代企业预算管理基本制度

企业预算管理基本制度是企业在国家法律法规规定的范围内，依据公司章程和企业实际情况而制定的，内容涵盖总则、组织体系、预算编制、预算审批、预算执行、预算控制、预算调整、预算核算、预算分析和预算考评与奖惩等，是企业在预算管理领域的最高"宪法"。

下面是江苏鳝龘集团公司的预算管理制度范本：

范例3-1　江苏鳝龘集团公司预算管理制度

第一章　总则

第一条　为促进企业建立、健全内部约束机制，进一步规范企业预算管理行为，推动企业加强预算管理，根据财政部《关于企业实行预算管理的指导意见》和公司实施全面预算管理的要求，结合企业实际情况，制定本制度。

第二条　本办法适用于公司本部及所属公司、控股公司及其所属单位。

第二章　预算管理基本内容

第三条　预算管理是利用预算对企业内部各部门、各单位的各种财务及非财务资源进行分配、考核、控制，以便有效地组织和协调企业的生产经营活动，完成既定的经营目标。

第四条　企业预算管理是在预测和决策的基础上，围绕企业战略目标，对一定时期内企业资金取得和投放、各项收入和支出、企业经营成果及其分配等资金运动所作的具体安排。业务预算、资本预算、筹资预算、财务预算共同构成企业的全面预算。

第五条　企业预算应当围绕企业的战略要求和发展规划，以业务预算、资本预算、筹资预算为基础，以经营利润为目标，以现金流为核心进行编制，并主要以预算报表形式予以充分反映。

第六条　企业预算一般按年度编制，业务预算、资本预算、筹资预算、财务预算分季度、月份落实。

第三章　预算组织分工

第七条　企业法定代表人对企业预算的管理工作负总责，各企业应设立预算委员会或指定企业财务管理部门负责预算管理事宜，并对企业法定代表人负责。

第八条　预算委员会主要拟定预算的目标、政策，制定预算管理的具体措施和办法，审议、平衡预算方案，组织下达预算，协调解决预算编制和执行中的问题，组织审计、考核预算的执行情况，督促企业完成预算目标。

第九条　预算编制在企业预算委员会领导下进行，企业财务管理部门具体负责组织编制、审查、汇总、上报、下达；负责预算执行和日常流程控制；负责预算执行情况的分析和报告；负责预算执行情况的考核等。

第十条　企业内部生产、投资、物资、人力资源、市场营销等职能部门具体负责本部门业务所涉及的预算的编制、执行、分析、控制等工作，并配合预算委员会做好企业总预算的综合平衡、协调、分析、控制、考核等工作。其主要负责人参与企业预算委员会的工作，并对本部门预算执行结果承担责任。

第十一条　企业是预算执行单位，在公司董事会或公司经营层的指导下，负责本单位现金流量、经营成果和各项成本费用预算的编制、控制、分析工作，接受企业董事会的检查、考核。企业主要负责人对本单位预算的执行结果承担责任。公司对公司所属企业实施预算管理，各企业预算方案必须上报公司总部审核批准。

第四章　预算的编制

第十二条　预算编制是实现全面预算管理的关键环节，编制质量的高低直接影响预算执行结果。预算编制要在企业全面预算管理委员会制定的编制方针指引下进行。

第十三条　企业编制预算要按照内部经济活动的责任权限进行，并遵循以下基本原则和要求：

（一）坚持效益优先原则，实行总量平衡，进行全面预算管理；

（二）坚持积极稳健原则，确保以收定支，加强财务风险控制；

（三）坚持权责对等原则，确保切实可行，围绕经营战略实施。

第十四条　企业编制预算要按照先业务预算、资本预算、筹资预算，后财务预算的流程进行，并按照各预算执行单位所承担经济业务的类型及其责任权限，编制不同形式的预算。

第十五条　业务预算是反映预算期内企业可能形成现金收付的生产经营活动的预算，一般包括销售或营业预算、生产预算、制造费用预算、产品成本预算、营业成本预算、采购预算、期间费用预算等，企业可根据实际情况并参照公司具体要求编制。

第十六条　资本预算是企业在预算期内进行资本性投资活动的预算，主要包括固定资产投资预算、权益性资本投资预算和债券投资预算。

第十七条　筹资预算是企业在预算期内需要新借入的长短期借款、经批准发行的债券以及对原有借款、债券还本付息的预算，主要依据企业有关资金需求决策资料、发行债券审批文件、期初借款余额及利率等编制。

企业经批准发行股票、配股和增发股票，应当根据股票发行计划、配股计划和增发股票计划等资料单独编制预算。股票发行费用，也应当在筹资预算中分项做出安排。

第十八条　财务预算主要以现金预算、预计资产负债表和预计利润表等形式反映。企业应当按照公司制定的预算编制基础表格和预算指标计算口径进行编制。

第十九条　企业预算可以根据不同的预算项目，分别采用固定预算、弹性预算、滚动预算、零基预算、概率预算等方法进行编制。同时，在编制时，为确保预算的可执行性，可设立一定的预备费用作为预算外支出。

第二十条　编制企业预算，应按照"上下结合、分级编制、逐级汇总"的程序进行。按照下达目标、编制上报、审查平衡、审议批准、下达执行等编制程序进行编制，并制定详细的预算编制政策。

预算编制结束后，于当年11月底前将预算方案上报集团公司，经审查、汇总、平衡后批复各企业执行。

第二十一条　预算的编制日程：年度预算的编制，自预算年度上一年的10月1日开始至11月25日全部编制完成，并在次年1月底前分解落实预算指标。各企业要依照企业全面预算管理要求编排预算，并制定详细的编制日程和要求，确保预算的顺利编制。

第五章 预算的执行、控制与差异分析

第二十二条 企业预算一经批复下达，各预算执行单位必须认真组织实施，并将预算指标层层分解，从横向和纵向落实到内部各部门、各单位、各环节和各岗位，形成全方位的预算执行责任体系。控制方法原则上依据金额进行管理，同时运用项目管理、数量管理等方法。

第二十三条 企业应当将预算作为预算期内组织、协调各项经营活动的基本依据，将年度预算细分为月份和季度预算，以分期预算控制确保年度预算目标的实现。

第二十四条 企业应强化现金流量的预算管理，按时组织预算资金的收入，严格控制预算资金的支付，调节资金收付平衡，控制支付风险。对于预算内的资金拨付，应当按照授权审批程序执行。对于预算外的项目支出，应当按照预算管理制度规范支付程序。对于无合同、无凭证、无手续的项目支出，不予支付。

第二十五条 企业应当严格执行销售或营业、生产和成本费用预算，努力完成利润指标。一般情况下，没有预算的，要坚决控制其发生。对费用预算实行不可突破法，节约奖励，且预算项目之间原则上不得挪用。

第二十六条 在日常控制中，企业应当健全凭证记录，完善各项管理规章制度，严格执行生产经营月度计划和成本费用的定额、定率标准，加强适时的监控。各预算管理职能部门都要相应建立预算管理簿，按预算的项目详细记录预算额、实际发生额、差异额、累计预算额、累计实际发生额、累计差异额。

第二十七条 在管理过程中，对纳入预算范围的项目由预算执行部门负责人进行控制，预算管理职能部门负责监督，并逐步借助计算机系统进行管理。预算外的支出，由企业预算委员会直接控制。

第二十八条 企业必须建立预算报告制度，要求各预算执行部门定期报告预算的执行情况。对于预算执行中发生的新情况、新问题及出现偏差较大的重大项目，预算委员会应当责成有关预算执行部门查找原因，提出改进经营管理的措施和建议。

预算差异分析报告应包括以下内容：

（一）本期预算额、本期实际发生额、本期差异额、累计预算额、累计实际发生额、累计差异额；

（二）对差异额进行的分析；

（三）产生不利差异的原因、责任归属、改进措施，以及形成有利差异的原因和今后进行巩固、推广的建议。

第二十九条 企业财务管理部门应当利用财务报表监控预算的执行情况，及时向预算执行部门、企业预算委员会乃至董事会或经理办公会提供预算的执行进度、执行差异及其对企业预算目标的影响等财务信息，促进企业完成预算目标。

第六章 预算的调整

第三十条 下达执行的年度预算，一般不予调整。预算执行单位在执行中出现以下情形之一，导致预算不能完成的，可予以调整：

（一）自然灾害等不可抗力因素；

（二）市场环境发生重大变化；

（三）国家经济政策发生重大调整；

（四）企业发生分立、合并等重大资产重组行为。

第三十一条　提出预算修正的前提。当某一项或几项因素向着劣势方向变化，影响预算目标的实现时，应首先挖掘与预算目标相关的其他因素的潜力，或采取其他措施来弥补，只有在无法弥补的情况下，才能提出预算修正申请。

第三十二条　确需调整的预算，应当由预算执行部门逐级向企业预算委员会提出书面报告，阐述预算执行的具体情况、客观因素的变化情况及其对预算执行造成的影响程度，提出预算的调整幅度。

企业财务管理部门应对预算执行单位的预算调整报告进行审核分析，集中编制企业年度预算调整方案，提交预算委员会申报公司总部确认后方可下达执行。其内容包括：

（一）主要财务指标的调整情况；

（二）调整的原因；

（三）预计执行情况及保障措施。

第七章　预算的考评与激励

第三十三条　预算年度终了，预算委员会应当向董事会或者经理办公会报告预算执行情况，并依据预算完成情况和预算审计情况对预算执行部门进行考核。

第三十四条　预算的考评具有两层含义：一是对整个企业预算管理系统进行考核评价，即对经营业绩进行评价；二是对预算执行者的考核与评价。预算考评是发挥预算约束与激励作用的必要措施，通过预算目标的细化分解与激励措施的付诸实施，达到"人人肩上有指标，项项指标连收入"。

第三十五条　预算考评是对预算执行效果的一个认可过程，要结合企业经济责任制考评要求，制定考评细则，考评应遵循以下原则：

（一）目标原则：以预算目标为基准，按预算完成情况评价预算执行者的业绩；

（二）激励原则：预算目标是对预算执行者业绩评价的主要依据，考评必须与激励制度相配合；

（三）时效原则：预算考评是动态考评，每期预算执行完毕应及时进行；

（四）例外原则：对于一些影响预算执行的重大因素，如产业环境的变化、市场的变化、重大意外灾害等，考评时应作为特殊情况处理；

（五）分级考评原则：企业预算考评要根据组织结构层次或预算目标的分解层次进行。

第三十六条　为调动预算执行者的积极性，企业可以制定激励政策，设立经营者奖、效益奖、节约奖、改善提案奖等奖项。

第三十七条　预算委员会应当定期组织预算审计，重大的调整应提交企业董事会或经理办公会审议批准。对预算执行中存在的问题，应充分发挥内部审计的监督作用，维护预算管理的严肃性。

预算审计可以全面审计或者抽样审计，在特殊情况下，也可组织不定期的专项审计。

审计工作结束后，审计管理部门应当形成审计报告，直接提交预算委员会乃至董事会或者经理办公会，作为预算调整、改进内部经营管理和财务考评的一项重要参考。

第八章　附则

第三十八条　本制度自20×1年1月1日起执行。以前制度与本制度相抵触的，以本制度为准。

第三十九条　企业可以根据本制度及本企业管理需要拟定相应的实施细则，并组织实施。

第四十条　本制度由集团公司预算管理委员会负责解释。

江苏鳕鳝集团公司
20×0年9月30日

3.3.3　现代企业预算管理工作制度

企业预算管理工作制度是对企业预算管理基本制度的细化，也是落实预算责任，保证预算有效执行，确保预算执行结果的真实性、合规性，以及绩效评价与奖惩公平、公正、有效的重要措施。

企业预算管理工作制度主要包括预算编制大纲、预算执行制度、预算核算制度、预算分析制度、预算控制制度、预算调整制度、预算报告制度、预算审计制度、预算考评制度和预算责任制度。由于企业类型、规模、所在行业等差异的存在，各个企业预算管理工作制度也不尽相同。常见的通用制度内容构成见表3-1。

表3-1　　　　　　　　　　现代企业预算管理工作制度分类表

预算管理工作制度类型	责任部门	主要内容
预算编制大纲	预算管理委员会	预算编制的组织领导；预算编制的种类与时间；预算目的分解与落实；各项预算编制的责任部门；预算编制方法；预算编制程序和时间要求；各项预算的审批程序和权限；预算表格的填写指南和有关项目之间的勾稽关系；预算编制的注意事项；预算表格式样等
预算执行制度	预算管理工作机构和各责任中心	明确各项预算执行的程序和方法；明确预算支出及报销审批程序；明确各层级领导在预算执行方面的权利和责任；有关授权书等
预算核算制度	财务部与各责任中心	责任会计核算的基本程序；责任会计核算遵循的基本原则；责任会计核算的组织体系；责任会计的核算流程；各责任中心的核算方法与内容；责任中心的内部结算；责任会计核算的内部仲裁等
预算分析制度	预算管理工作机构和各责任中心	预算分析的内容；预算分析的方法；预算分析的程序；预算分析的责任分工；预算分析的质量与时间要求
预算控制制度	各责任中心	预算控制的责任部门与职责；预算控制的方法；预算控制的内容；预算控制的程序；预算控制的权限
预算调整制度	预算管理工作机构和各责任中心	预算调整的原则；预算调整的程序；预算调整的权限与责任；预算调整的时间；预算调整的具体办法
预算报告制度	各责任中心	反馈报告的形式与种类；反馈报告的内容与编报时间；反馈报告的编制要求；反馈报告的责任部门；反馈报告的上报等
预算审计制度	企业内部审计部门	预算审计的内容与形式；预算审计的原则与程序；预算审计的责任部门；预算制度审计；预算编制审计；预算执行审计；预算报告审计；预算考核审计；预算奖惩审计
预算考评制度	人力资源部门牵头	预算考评的组织与责任部门；预算考评的原则与要求；预算考评的形式与内容；预算考评方法、步骤和程序；预算考评的时间等
预算责任制度	预算管理委员会和各责任中心	制定和落实目标责任书；预算管理的主体和执行主体；预算执行部门在预算期内的预算目标；预算管理主体和预算执行主体的权利与义务；预算执行过程及结果的奖惩方案

本章练习题

一、单项选择题

1.我国资本市场基本形成的标志是（   ）。

A.1950年3月原政务院发布了《关于统一国家财政经济工作的决定》

B.1954年我国《宪法》的诞生

C.1978年党的十一届三中全会制定对内改革、对外开放的基本政策

D.1990年上海证券交易所和1991年深圳证券交易所的正式成立

2.对企业全面预算负总责的是（   ）。

A.财务总监　　　　B.董事长　　　　　C.总经理　　　　　D.企业法人

3.一般适用于与预算执行单位业务量有关的成本（费用）、利润等项目的预算是（   ）。

A.固定预算　　　　B.弹性预算　　　　C.滚动预算　　　　D.概率预算

二、多项选择题

1.企业全面预算由（   ）组成。

A.预算　　　　　　B.业务预算　　　　C.资本预算　　　　D.筹资预算

2.进行期间费用编制时，应重点列示的项目有（   ）。

A.科技开发费　　　B.业务招待费　　　C.会议费　　　　　D.宣传广告费

3.预算的执行制度包括（   ）。

A.预算目的分解与落实

B.明确各项预算执行的程序和方法

C.预算表格的填写指南和有关项目之间的勾稽关系

D.明确预算支出及报销审批程序

三、判断题

1.企业的财务部门负责预算的执行工作。　　　　　　　　　　　　　　（   ）

2.企业正式下达执行的预算一般应根据经营情况及时调整。　　　　　　（   ）

四、简答题

1.传统计划经济体制下企业管理的缺陷有哪些？

2.企业编制全面预算的基本原则有哪些？

3.预算调整的要求有哪些？

4.预算调整的条件有哪些？

5.请简述全面预算管理制度体系构成。

6.预算管理工作制度有哪些？

第3章练习题参考答案

第4章　现代企业预算编制的流程与方法

【学习目标】

通过对本章内容的学习，了解企业"上下结合"的预算编制程序，掌握和应用企业层面预算编制方法，熟练应用弹性预算法、零基预算法进行预算编制。

【学习重点】

弹性预算法和零基预算法的内容及应用。

4.1　现代企业预算编制流程

4.1.1　"自上而下"方式

"自上而下"方式是指企业的最高管理层或预算管理委员会根据企业的总体发展目标和下一年度发展的预期，结合企业所处行业的市场环境等，确定预算目标，编制年度预算的总额和标准，然后按照一定的比例分解并分配给企业各个职能部门或责任中心的年度预算编制程序。

作为一种传统的预算方式，"自上而下"是集权制管理思想的体现，其主要特征是具有强制性和权威性，更适用于集权制的企业。

"自上而下"预算方式下，管理层确定预算目标，可以更准确地将企业的战略发展目标直接体现到预算之中，有利于保证企业整体利益的实现。但是，由于企业的各个职能部门或责任中心只是预算的被动执行者，难以充分发挥其参与预算管理的积极性，在信息沟通存在缺陷，管理层对基层信息掌握有限的情况下，预算的编制就会脱离企业的实际，最终导致预算难以发挥其计划、协调、控制、考核的重要功能。

4.1.2　"自下而上"方式

"自下而上"方式是指企业的最高管理层或预算管理委员会明确预算编制指标和要求，各职能部门或责任中心编报本部门或本责任中心的年度预算方案，然后按照一定的层级关系自下而上逐级汇总，最终形成企业年度预算的预算编制程序。

与"自上而下"预算流程方式相对称，"自下而上"方式是现代分权管理思想的体现，其主要特征是具有诱导性和参与性，更适用于分权制的企业。

"自下而上"预算方式下，强化基层管理者及职工的参与，给予各职能部门或责任中心一定的决策权。一方面，预算依据企业基层直接参与生产经营的管理或工作的人员提供的信息资料，预算的编制更加切合实际；另一方面，通过充分发挥基层各职能部门或责任单位的积极性、认同感，有利于预算目标的实现。但是，各职能部门或责任中心在过多考虑自身利益且与企业战略发展目标出现不一致的情况下，编制的预算会影响企业整体战略发展目标，并增加企业资金管理失控的可能性。

4.1.3 "上下结合"方式

"上下结合"方式是"自上而下"与"自下而上"方式的有机结合，并兼具两种方式的优势特征。在预算编制过程中，企业的最高管理层或预算管理委员会拟定年度预算的目标、原则和要求，各职能部门或责任中心在此指导下编报本单位预算，经自上而下和自下而上的上下沟通、汇总平衡之后，形成企业年度预算。

根据财政部《关于企业实行财务预算管理的指导意见》（以下简称《指导意见》），"上下结合"方式的全面预算编制程序包括下达目标、编制上报、审查平衡、审议批准以及下达执行等。

1）下达目标

企业董事会或经理办公会根据企业发展战略和预算期经济形势的初步预测，在决策的基础上，一般于每年9月底前提出下一年度企业财务预算目标，包括销售或营业目标、成本费用目标、利润目标和现金流量目标，并确定财务预算编制的政策，由预算管理委员会下达各预算执行单位。预算编制程序如图4-1所示。

图4-1 预算编制程序图

2）编制上报

各预算执行单位按照企业预算管理委员会下达的财务预算目标和政策，结合自身特点以及预测的执行条件，提出详细的本单位财务预算方案，于每年10月底前上报企业财务管理部门。

3）审查平衡

企业财务管理部门对各预算执行单位上报的财务预算方案进行审查、汇总，提出综合平衡的建议。在审查、平衡过程中，预算管理委员会应当进行充分协调，对发现的问题提出初步调整的意见，并反馈给有关预算执行单位予以修正。

4）审议批准

企业财务管理部门在有关预算执行单位修正调整的基础上，编制出企业财务预算方案，报预算管理委员会讨论。对于不符合企业发展战略或者财务预算目标的事项，企业预算管理委员会应当责成有关预算执行单位进一步修订、调整。在讨论、调整的基础上，企业财务管理部门正式编制企业年度财务预算草案，提交董事会或经理办公会审议批准。

5）下达执行

企业财务管理部门对董事会或经理办公会审议批准的年度总预算，一般在次年3月底前分解成一系列的指标体系，由预算管理委员会逐级下达各预算执行单位执行。在下达后15日内，母公司应当将企业财务预算报送主管财政机关备案。

4.2　现代企业预算编制方法

企业全面预算的构成内容比较复杂，编制预算需要采用适当的方法。常见的预算方法主要包括增量预算法与零基预算法、固定预算法与弹性预算法、定期预算法与滚动预算法，这些方法广泛应用于营业活动有关预算的编制。

财政部会计司解读《企业内部控制应用指引第15号——全面预算》关于编制方法控制指出，企业应当本着遵循经济活动规律，充分考虑符合企业自身经济业务特点、基础数据管理水平、生产经营周期和管理需要的原则，选择或综合运用固定预算、弹性预算、滚动预算、零基预算等方法编制预算。

4.2.1　固定预算法与弹性预算法

1）固定预算法

（1）定义

固定预算法又称静态预算法，是以预算期内正常的、可能实现的某一业务量（如生产量、销售量）水平为固定基础，不考虑可能发生的变动因素而编制预算的方法。它是最传统的，也是最基本的预算编制方法。固定预算法是按照预算期内可能实现的经营活动水平，确定相应的固定预算数来编制预算的方法。

（2）适用范围及优缺点

固定预算法适用于业务量比较稳定的项目或企业、非营利组织编制预算。

固定预算法的优点是：固定预算法是以事先假定的某一业务量作为编制预算的业务量基础，不论预算期内业务量水平可能发生哪些变动，都只按事先确定的业务量水平作为编制预算的基础，因此，其简便易行。

固定预算法的缺点是：第一，过于机械呆板。因为编制预算的业务量基础是事先假定的某一业务量，不论预算期内业务量水平可能发生哪些变动，都只按事先确定的某一业务量水平作为编制预算的基础。第二，可比性差。这是固定预算法的主要缺点。当实际的业务量与编制预算所根据的预计业务量发生较大差异时，有关预算指标的实际数与预算数就会因业务量基础不同而失去可比性。因此，按照固定预算法编制的预算不利于正确地控制、考核和评价企业预算的执行情况。

（3）固定预算法的应用

【例4-1】江苏鳝矗集团公司20×1年编制预算时，预计20×2年销售产品180 000件，单价为1 000元/件，产品单位变动成本为800元，固定成本总额为24 000 000元。

要求：采用固定预算法编制公司20×2年度销售利润预算表。

20×2年度销售利润预算见表4-1。

表4-1　　　　　　　　　　　20×2年度销售利润预算表

项目	固定预算法
销售数量（件）	180 000
单价（元/件）	1 000
销售收入（万元）	18 000
单位变动成本（元/件）	800
变动成本（万元）	14 400
边际贡献（万元）	3 600
单位边际贡献（元/件）	200
固定成本（万元）	2 400
销售利润（万元）	1 200

假设上例中，预算执行期间实际销售产品186 000件，并追加固定成本1 200 000元，固定成本总额为25 200 000元，其他条件不变，则预算执行期末编制销售利润预算分析见表4-2。

表4-2　　　　　　　　　　　20×2年度销售利润预算分析表

项目	固定预算法	实际发生	差异
销售数量（件）	180 000	186 000	+6 000
单价（元/件）	1 000	1 000	0
销售收入（万元）	18 000	18 600	+600
单位变动成本（元/件）	800	800	0
变动成本（万元）	14 400	14 880	+480
边际贡献（万元）	3 600	3 720	+120
单位边际贡献（元/件）	200	200	0
固定成本（万元）	2 400	2 520	+120
销售利润（万元）	1 200	1 200	0

固定预算法适用于编制相对稳定的预算，一般在计划和实际不会有较大出入的情况下，可采用固定预算法。固定预算法的计算比较直接，也比较简单。由于企业生产经营状况受主观条件影响很大，不确定的因素很多，经常发生变动，因此，固定预算法所发挥的

作用受到了一定限制。

2）弹性预算法

（1）定义

弹性预算法又称变动预算法、滑动预算法，是在变动成本法的基础上，以未来不同业务水平为基础编制预算的方法，是固定预算法的对称。弹性预算法是指以预算期间可能发生的多种业务量水平为基础，分别确定与之相应的费用数额而编制的，能够适应多种业务量水平的费用预算，能够分别反映在各业务量的情况下所应开支（或取得）的费用（或利润）水平。弹性预算法编制程序如图4-2所示。

```
┌─────────────────────┐      ┌─────────────────────┐
│  选择业务量的计量单位  │─────▶│  确定适用的业务量范围  │
└─────────────────────┘      └─────────────────────┘
                                        │
                                        ▼
┌───────────────────────────────────────────────────┐
│      逐项研究并确定各项成本和业务量之间的数量关系      │
└───────────────────────────────────────────────────┘
                                        │
                                        ▼
┌───────────────────────────────────────────────────┐
│        计算各项预算成本，并采用一定的方式来表达         │
└───────────────────────────────────────────────────┘
```

图4-2　弹性预算法编制程序图

（2）适用范围及优缺点

弹性预算法适用于各项随业务量变化而变化的项目支出，因此，弹性预算法主要用于与业务量有关的各种预算。目前应用较多的预算是成本费用预算和利润预算等。

弹性预算法的优点是：一方面，能够适应不同经营活动情况的变化，扩大了预算的范围，能够更好地发挥预算的控制作用，避免了在实际情况发生变化时，对预算做出频繁的修改；另一方面，能够使预算对实际执行情况的评价与考核建立在更加客观可比的基础之上。

弹性预算法的缺点是：采用多水平法弹性预算评价和考核实际成本时，往往需要使用插补法来计算"实际业务量的预算成本"，过程比较烦琐。

（3）弹性预算法的应用

弹性预算法的具体编制方法又可以具体分为多水平法和公式法两种。

①多水平法

多水平法（又称列表法）是在确定的业务量范围内，划分出若干不同水平，然后分别计算各项预算成本，经汇总后列入一个预算表格。

应用多水平法时，业务量之间的间隔应根据实际情况确定。间隔越大，水平级别就越少，可简化编制工作，但间隔过大就会丧失弹性预算的优点；间隔越小，用以控制成本费用的标准就越准确，但又会增加编制预算的工作量。一般情况下，业务量的间隔以5%～10%为宜。

【例4-2】根据市场预测，江苏鳍鱻集团公司20×2年预计A产品的销售量为5 000～6 000吨，销售单价（不考虑税费因素）为每吨产品1万元，产品单位变动成本为0.6万元，固定成本总额为1 000万元。

要求：根据上述资料，采用弹性预算法的多水平法，按照5%的间隔编制该公司20×2年度收入、成本和利润预算。

收入、成本和利润多水平法预算见表4-3。

表4-3　　　　　　　　20×2年度收入、成本和利润多水平法预算表　　　　金额单位：万元

项目	方案1	方案2	方案3	方案4	方案5
销售量（吨）	5 000	5 250	5 500	5 750	6 000
销售收入	5 000	5 250	5 500	5 750	6 000
变动成本	3 000	3 150	3 300	3 450	3 600
边际贡献	2 000	2 100	2 200	2 300	2 400
固定成本	1 000	1 000	1 000	1 000	1 000
利润	1 000	1 100	1 200	1 300	1 400

该公司的实际执行结果为销售量5 500吨，变动成本总额为3 200万元，固定成本总额为1 020万元，则弹性预算与实际执行结果的差异分析计算见表4-4。

表4-4　　　　　　　　　弹性预算与实际执行结果差异分析表　　　　　　金额单位：万元

项目	弹性预算	实际结果	成本差异
栏次	②	③	④=③-②
销售量（吨）	5 500	5 500	0
销售收入	5 500	5 500	0
变动成本	3 300	3 200	−100
边际贡献	2 200	2 300	+100
固定成本	1 000	1 020	+20
利润	1 200	1 280	+80

②公式法

公式法是基于公式"$Y=a+bx$"计算任一业务量（x）预算成本总额（Y）的方法。公式法运用总成本性态模型，测算预算期的成本费用数额，进而编制成本费用预算。公式中，Y表示预算成本总额，a表示汇总的预算固定成本额，b表示预算的单位变动成本额，x表示预计业务量。

【例4-3】以【例4-2】资料为依据，采用公式法编制总成本预算。

依据上例题意，可以建立收入预算函数$S=10\ 000x$，成本预算函数$Y=1\ 000+0.6x$。

收入、成本和利润公式法预算见表4-5。

表4-5　　　　　　　　20×2年度收入、成本和利润公式法预算表　　　　金额单位：万元

序号	销售量（x）	总成本（Y）	销售收入（S）	利润（S−Y）
栏次	①	②=1 000+0.6x	③=10 000x	④=③-②
1	5 000吨	4 000.0	5 000.0	1 000.0
2	5 001吨	4 000.6	5 001.0	1 000.4
3	5 002吨	4 001.2	5 002.0	1 000.8
4	5 003吨	4 001.8	5 003.0	1 001.2
5	5 004吨	4 002.4	5 004.0	1 001.6
6	5 005吨	4 003.0	5 005.0	1 002.0
7	5 006吨	4 003.6	5 006.0	1 002.4
8	5 007吨	4 004.2	5 007.0	1 002.8
9	5 008吨	4 004.8	5 008.0	1 003.2
10	5 009吨	4 005.4	5 009.0	1 003.6
⋮	⋮	⋮	⋮	⋮
101	6 000吨	4 600.0	6 000.0	1 400.0

4.2.2　增量预算法和零基预算法

按照编制所依据的基础不同，预算方法可分为增量预算法和零基预算法。

1）增量预算法

（1）定义

增量预算法又称调整预算法，是指以基期成本费用水平为基础，结合预算期业务量水平及有关影响成本因素的未来变动情况，通过调整有关原有费用项目而编制预算的一种方法。这是一种传统的预算方法。增量预算法的假设前提为现有的业务活动是企业必需的，原有的各项开支都是合理的，增加费用预算是值得的。

（2）适用范围及优缺点

增量预算法适用于以前年度预算基本合理、受外界影响较小的企业，经营活动变动比较大的企业，与收入成正比变动的成本费用支出项目。

增量预算法的优点是：第一，简便易行。增量预算法的编制方法简便，容易操作。第二，便于理解、易于认同。由于增量预算法考虑了基期预算的实际执行情况，因此所编制的预算易于得到企业各层级领导、员工的理解和认同。

增量预算法的缺点是：当预算期的情况发生变化时，预算数额受到基期不合理因素的干扰，可能导致预算的不准确；由于受原有费用项目限制，不利于调动各部门不断节约成本费用实现预算目标的积极性。

（3）增量预算法的应用

【例4-4】江苏鱛鱻集团公司生产销售A产品，20×1年产品销量5 500吨，销售单价10 000元/吨。产品成本费用资料为：单位变动生产成本5 000元，其中：直接材料4 000元，直接人工750元，变动制造费用250元；固定制造费用总额8 000 000元；单位变动销售及管理费用1 000元；固定销售及管理费用总额2 000 000元。

20×2年预计产销量增加25%，直接材料降低10%，直接人工增加8%，变动制造费用降低10%，固定制造费用节约880 000元，单位变动销售及管理费用减少100元，固定销售及管理费用节约200 000元。

要求：根据上述资料，采用增量预算法编制20×2年度A产品"成本预算表"和"利润预算表"。

20×2年度A产品"成本预算表"和"利润预算表"分别见表4-6和表4-7。

表4-6　　　　　　　　　　　　　　20×2年度产品成本预算表　　　　　　　　　　　金额单位：元

	成本项目	单位成本	总成本
产销量 6 875吨	直接材料	3 600	24 750 000
	直接人工	810	5 568 750
	变动制造费用	225	1 546 875
	固定制造费用	1 035.64	7 120 000
	合　计	5 670.64	38 985 625

表4-7　　　　　　　　　　　　　20×2年度产品利润预算表　　　　　　　　　　单位：元

项目	金额
销售收入（6 875×10 000）	68 750 000
减：变动成本（6 875×5 535）	38 053 125
其中：变动生产成本（6 875×4 635）	31 865 625
变动销售及管理费用（6 875×900）	6 187 500
边际贡献	30 696 875
减：固定成本	8 920 000
其中：固定制造费用	7 120 000
固定销售及管理费用	1 800 000
税前利润	21 776 875

2）零基预算法

（1）定义

零基预算法是指在编制成本费用预算时，不考虑以往会计期间所发生的费用项目或费用数额，而是以所有的预算支出为零作为出发点，一切从实际需要与可能出发，逐项审议预算期内各项费用的内容及其开支标准是否合理，在综合平衡的基础上编制费用预算的一种方法。

零基预算法的思想源于1952年，美国学者维恩·刘易斯在其文章《预算编制理论新解》中提出了一个预算编制的新论点，即编制公共支出预算时，根据什么标准或方法来确定将一定数额的资金分配给部门A而不是部门B，分配给部门A而不分配给部门B可能产生什么不一样的结果。他认为，只有通过"非传统的编制方法"才能解决这一问题，而这种"非传统的编制方法"就是后来形成的零基预算编制方法。

零基预算法因为有利于提高企业的科学管理水平，并符合企业会计制度的要求，因而备受企业青睐。1970年，美国得克萨斯仪器公司人事研究部门在部门预算编制中成功利用了零基预算编制方法，此后该公司的所有部门在编制预算时都成功采用了零基预算法。随后，零基预算法在美国的私营企业界广泛推广。不久，美国联邦政府决定在公共部门全面使用零基预算法，佐治亚州成为美国第一个采用零基预算编制方法的州政府。1976年卡特当选美国总统，联邦政府全面推行按零基预算方式编制公共部门预算，许多州政府纷纷效法，零基预算编制方法异军突起，在美国迅速传播开来。之后，世界上其他一些国家的政府也陆续采用该方法。

（2）零基预算法的编制

零基预算法的编制有以下五个步骤：

①划分和确定基层预算单位

企业各基层业务单位通常被视为能够独立编制预算的基层单位。所谓的"预算单位"，并不等同于日常生活意义上的单位，它指的是需要"钱"的地方、部门、项目、活动等。预算单位到底如何确定，零基预算法的设计者并没有做出硬性规定，其关键是在哪一层次上编制预算。预算单位确定后，接下来就是制定"一揽子"决策。

②编制本单位的费用预算方案

由企业提出总体目标，然后各基层预算单位从企业的总目标和自身的责任目标出发，编制本单位为实现上述目标的费用预算方案，方案中必须详细说明提出项目的目的、性质、作用，以及需要开支的费用数额。

③进行成本–效益分析

基层预算单位按下达的"预算年度业务活动计划"，确认预算期内需要进行的业务项目及其费用开支后，管理层对每一个项目的所需费用和所得收益进行比较分析，权衡轻重，区分层次，划出等级，确定先后。基层预算单位的业务项目一般分为三个层次：第一层次是必要项目，即必须进行的项目；第二层次是需要项目，即有助于提高质量、效益的项目；第三层次是改善工作条件的项目。成本–效益分析的目的是判断基层预算单位各个项目费用开支的合理程度、先后顺序以及对本单位业务活动的影响。

④审核分配资金

根据预算项目的层次、等级和次序，按照预算期可动用的资金及其来源，依据项目的轻重缓急次序，分配资金，落实预算。

⑤编制并执行预算

资金分配方案确定后，就应制定零基预算正式稿，经批准后下达执行。执行中遇有偏离预算的要及时纠正，遇有特殊情况的要及时修正，遇有预算本身问题的要找出原因，并总结经验加以提高。

（3）适用范围及优缺点

零基预算法主要适用于销售费用、管理费用等间接费用的预算，尤其是各职能部门的费用预算。

零基预算法的优点是：

第一，有利于提高员工的投入–产出意识。传统的预算编制方法，主要是由专业人员完成的。零基预算法是以"零"为起点观察和分析所有业务活动，并且不考虑过去的支出水平，因此，需要动员企业的全体员工参与预算编制，使得不合理的因素无法继续保留，从投入开始减少浪费，通过成本–效益分析，提高产出水平，从而增强员工的投入–产出意识。

第二，有利于合理分配资金。经过成本–效益分析，对每一个业务项目是否应该存在、支出金额多少进行权衡，从而使有限的资金流向富有成效的项目，所分配的资金能够更加合理。

第三，有利于发挥基层单位参与预算编制的创造性。零基预算法的编制过程，能够使企业内部情况更易于沟通和协调，企业整体目标更趋明确，多业务项目的轻重缓急更容易达成共识，有助于调动基层单位参与预算编制的主动性、积极性和创造性。

第四，有利于提高预算管理水平。零基预算法极大地增加了预算的透明度。预算支出中的人头经费和专项经费一目了然，各部门之间的矛盾可能得到缓解，预算会更加切合实际，会更好地起到控制作用，整个预算的编制和执行也能逐步规范，预算管理水平将得以提高。

零基预算法的缺点是：尽管零基预算法和传统的预算方法相比有许多的创新之处，但在实际运用中，其仍存在一些"瓶颈"。由于一切工作从"零"做起，因此，采用零基预算法编制的工作量较大、费用相对较高；分层、排序和资金分配时，可能有主观的影响，容易引起部门之间的矛盾；任何单位工作项目的"轻重缓急"都是相对的，过分强调项目，可能会使有关人员只注重短期利益，而忽视本单位作为一个整体的长远利益。

（4）零基预算法的应用

【例4-5】江苏鳝鱲集团公司采用零基预算法编制20×2年度管理费用资金支出预算。根据公司经营目标和总体预算安排，20×2年用于管理费用资金支出的总额为602万元。

采用零基预算法编制管理费用资金支出预算的基本程序是：

①汇总各部门提出的管理费用资金支出预算方案，具体项目金额及测算依据见表4-8。

表4-8　　　　　　　　　　20×2年度管理费用资金支出预算方案　　　　　　　金额单位：万元

序号	项目	支出金额	测算依据
1	工资	400	管理人员80名，年均工资5万元/人
2	办公费	8	管理人员80名，年办公费定额1 000元/人
3	差旅费	160	管理人员80名，年均差旅费2万元/人
4	保险费	100	管理用固定资产原值10 000万元，年保险费率1%
5	培训费	90	内部培训费30万元，外派培训费60万元
6	业务招待费	24	每月招待费2万元
	合　计	782	

②经分析认为，工资、办公费、保险费三项属于约束性费用，约束性费用必须全额满足，约束性费用所需资金总额为：工资400万元、办公费8万元、保险费100万元，共计508万元（400+8+100）。

③将剩余的资金94万元（602-508）在差旅费、培训费和业务招待费等酌量性项目上分配，按照其对企业收益的影响程度（重要性程度）来择优分配，具体分析计算见表4-9。

表4-9　　　　　　　　　　　　　　成本-效益分析表　　　　　　　　　　　金额单位：万元

项目	前三年平均发生额	各期平均收益额	平均收益率（%）	重要性程度（%）
差旅费	180	540	300	33.33
培训费	50	200	400	44.45
业务招待费	20	40	200	22.22
合　计	250	780	—	100.00

按照三者的重要性程度，将剩余资金94万元在差旅费、培训费和业务招待费上进行分配，各自分得金额为：差旅费31.33万元（94×33.33%）；培训费41.78万元（94×44.45%）；业务招待费20.89万元（94×22.22%）。

最后，编制20×2年度管理费用资金支出预算，具体见表4-10。

表4-10	20×2年度管理费用资金支出预算表	单位：万元
序号	项目	金额
一	约束性费用支出	508
1	工资	400
2	办公费	8
3	保险费	100
二	酌量性费用支出	94
1	差旅费	31.33
2	培训费	41.78
3	业务招待费	20.89
合　计		602

4.2.3　定期预算法和滚动预算法

按照编制的时间不同，预算方法可分为定期预算法和滚动预算法。特别提示，定期预算法和滚动预算法不是编制预算的具体方法，只是强调预算编制的时间，可以和前面的四种方法配合使用。

1）定期预算法

（1）定义

定期预算法是指每年以固定不变的会计期间（如年度、季度、月份）作为预算期间编制预算的方法。

（2）定期预算法优缺点

定期预算法的优点是：简便易行，能够使预算期间与会计期间相对应，便于将实际数与预算数进行对比，也有利于对预算执行情况进行分析和评价。

定期预算法的缺点是：固定以1年为预算期，在执行一段时期之后，往往使管理人员只考虑剩余几个月的业务量，缺乏长远打算，导致一些短期行为的出现，同时市场适应性较差。

2）滚动预算法

（1）定义

滚动预算法又称连续预算法或永续预算法，是指在编制预算时，将预算期与会计年度脱离开，随着预算的执行不断延伸补充预算，逐期向后滚动，使预算期始终保持为一个固定期间的一种预算编制方法。按照滚动的时间单位不同，可以分为逐月滚动、逐季滚动和混合滚动。

滚动预算法的基本原理是使预算期始终保持一个固定期间（12个月或1个季度、1个月），通常以12个月为预算的固定期间。当基期年度预算编制完成后，每过去1个月或1个季度，便补充下一个月或下一个季度的预算，逐期向后滚动，使整个预算处于一种永续滚动状态，从而在任何一个时期都能使预算保持12个月的时间跨度。

滚动预算法按照"近细远粗"的原则，采用长计划、短安排的方法，即在编制年度预算时，先将首个季度按月划分，编制各月份的明细预算指标，以方便预算的执行与控制；其他各季度的预算则可以粗一点，只列各季度的预算总数，等到临近首季度结束之前，再将次季度的预算按月细分，依次循环编制。

按照滚动的时间单位不同，滚动预算法可分为逐月滚动、逐季滚动和混合滚动。逐月滚动、逐季滚动和混合滚动的具体流程如图4-3所示。

图4-3 滚动预算法编制图

（2）滚动预算法适用范围和优缺点

滚动预算法适用于管理基础比较好的企业，生产经营活动与市场紧密接轨的企业，产品销售预算及生产预算的编制、规模较大以及时间较长的工程类项目预算。

滚动预算法的优点是：能够保持预算的完整性、连续性，从动态预算中把握企业的未来；能够使各级管理人员始终对未来一定时期的生产经营活动做出周详的考虑和全盘的规划，保证企业的各项工作有条不紊地进行；由于预算能随时间的推进而不断加以调整和修订，预算与实际情况更相适应，有利于充分发挥预算的指导和控制作用；有利于管理人员对预算资料做出经常性的分析研究，并根据当前的执行情况及时修订，保证企业的经营管理工作稳定而有序地进行。

滚动预算法的缺点是：工作量较大，由于预算的自动延伸工作比较耗时，因此会加大预算管理的工作量；编制成本较高，企业一般需要配备数量较多的专职预算人员负责预算的编制、调控与考核，这就导致了预算管理直接成本的增加。为了适当简化滚动预算法的编制工作，也可采用按季度滚动编制预算。

本章练习题

一、单项选择题

1.在审查、平衡过程中，应当进行充分的协调，对发现的问题提出初步调整意见，并反馈给有关预算执行单位予以修正的是（　　　）。

A.董事会　　　　　　B.财务管理部门　　　　C.预算管理委员会　　D.经理办公会

2.采用弹性预算法的多水平法时，业务量的间隔应以（　　　）为宜。

A.1%～5%　　　　　　B.5%～10%　　　　　　C.10%～15%　　　　　　D.15%～20%

3.管理基础比较好的企业适用的预算方法是（　　　）。

A.固定预算法　　　　B.弹性预算法　　　　　C.滚动预算法　　　　D.零基预算法

4.“自下而上”编制预算的优点是（　　　）。

A.企业决策的集中度较高

B.各职能部门可以进行充分的沟通和交流，提高积极性

C.编制过程耗时较少

D.编制过程耗时较长

5.可以保持预算的连续性和完整性，并能克服传统定期预算法缺点的预算方法是（　　　）。

A.零基预算法　　　　B.滚动预算法　　　　　C.固定预算法　　　　D.弹性预算法

6.下列预算方法中，能够按照业务量水平，并能克服固定预算方法缺点的是（　　　）。

A.固定预算法　　　　B.弹性预算法　　　　　C.零基预算法　　　　D.滚动预算法

二、多项选择题

1.下列有关预算编制程序的说法中，不正确的有（　　　）。

A.企业编制预算，一般应按照“上下结合、分级编制、统一汇总”的程序进行

B.企业财务管理部门对各预算执行单位上报的财务预算方案进行审查、汇总，提出综合平衡的建议

C.各预算执行单位提出详细的本单位预算方案，上报企业预算管理委员会

D.审议批准的年度总预算，一般在年底前分解成一系列的指标体系，由预算管理委员会逐级下达各预算执行单位执行

2.下列各项中，构成预算工作组织的有（　　　）。

A.决策层　　　　　　B.管理层　　　　　　　C.考核层　　　　　　　D.执行层

3.下列关于增量预算法的说法中，正确的有（　　　）。

A.增量预算法又称调整预算法，以基期成本费用水平为基础

B.增量预算法的假设前提为现有的业务活动是企业必需的

C.增量预算法的假设前提为原有的各项开支都是合理的，增加费用预算是值得的

D.采用增量预算法编制预算时，要结合预算期业务量水平及有关影响成本因素的未来变动情况

E.单位变动成本具有不变性

4.相较于固定预算法，弹性预算法的主要优点有（　　　）。

A.可比性强　　　　　B.稳定性强　　　　　　C.连续性强　　　　　　D.预算范围宽

5.预算的编制程序包括（　　　）。

A.下达目标　　　　　　　　　　　B.编制上报

C.审查平衡、审议批准　　　　　　D.下达执行

三、判断题

1.固定预算法主要用于与业务量有关的各种预算，目前应用较多的是成本费用预算和利润预算等。　　　　　　　　　　　　　　　　　　　　　　　　　（　　）

2.弹性预算法的缺点是可比性差。　　　　　　　　　　　　　　　　　（　　）

3.按照编制所依据的基础不同，预算方法可分为固定预算法和弹性预算法。（　　）

4.弹性预算法可以克服零基预算法的缺点，保持预算的连续性和完整性。（　　）

5.企业财务管理部门对董事会或经理办公会审议批准的年度总预算，一般在次年 5 月底前分解成一系列的指标体系，由预算管理委员会逐级下达各预算执行单位执行。

（　　）

四、简答题

1.预算采取"上下结合"的方式进行编制有什么优点？

2.零基预算编制的五个步骤是什么？

3.固定预算法和定期预算法有什么区别？

4.请简述预算编制的"上下结合"方式由哪些程序构成。

5.什么是固定预算法和弹性预算法？

6.什么是增量预算法和零基预算法？

7.什么是滚动预算法？

第 4 章练习题参考答案

第 2 篇
现代企业预算编制

第2篇

现代企业管理论中

第5章　现代企业预算管理指标体系

【学习目标】
　　通过对本章内容的学习，了解企业预算目标的制定过程，掌握企业预算目标的分解落实，熟练掌握预算编制大纲的内容。

【学习重点】
　　预算目标的制定与分解；预算编制大纲与指标体系的关系。

　　以企业战略目标为基础，制订企业年度经营计划，将战略目标与企业年度预算联系起来，在空间上将总目标分解成不同方面的具体指标，在时间上将总目标分解成不同阶段的具体指标，战略目标最终才能成为可操作的具体任务和要求，并得以实现。因此，构建科学的预算指标体系，是资源分配的重要依据，是确保企业战略目标和年度经营计划实现的关键。

5.1　现代企业预算管理目标概述

　　预算指标体系的确定为预算编制工作奠定了基础，但预算依据如何制定、预算标准如何确定，一直是预算管理工作的"瓶颈"问题。定额、定率标准的确定，既要考虑所在地区的经济发展状况，又要结合行业实际；既要满足企业日常经营管理活动的需要，又要对预算管理有价值导向作用。

5.1.1　现代企业预算目标

　　预算目标是预算管理工作的起点，是预算机制发挥作用的关键。预算目标是预算编制的指导目标，其确保企业战略通过预算得到贯彻和实施。预算目标实际上就是对企业战略和战略目标的具体化、精确化和数字化。

　　1）现代企业预算目标在全面预算管理中的作用

　　（1）保证战略实施的作用

　　预算目标可作为预算编制的指导目标。预算目标的下达，具体化、精确化和数字化表达了战略目标，实际上为各级责任主体预算编制指引了方向。企业年度预算目标按一定预算周期分解到各级责任主体，构成了各级责任主体的预算目标责任书。该责任书将被作为标准来衡量责任主体所编制的预算，以保证企业战略在各责任主体得到贯彻与实施。

　　（2）平衡不同职能部门战略的作用

　　在预算编制过程中，通过对所编制的预算进行分析，特别是对预算目标模拟达成情况的分析，可以评价不同职能部门战略的合理性与所编制预算的合理性。在预算的审核、平衡过程中，一般会将总体战略和总体预算目标作为平衡点，通过调整相关职能部门的战略和预算，使所编制的预算满足总体战略和预算目标的要求。

（3）过程监控的作用

在预算执行过程中，通过对预算实际发生情况进行分析，可进行预算目标达成情况差异分析。通过差异分析，可随时发现执行过程中的问题，并通过对问题根源的分析，及时进行调整。

2）确定企业预算目标的原则

预算管理目标科学与否，直接决定预算管理的效果。由于预算管理在公司管理体系中的核心地位，预算管理目标的好坏有可能决定公司的发展方向和成败。具体而言，预算管理目标的确定有以下几种原则：

（1）战略目标与现实目标相结合

公司预算管理的目标是公司战略目标的具体体现和阶段性目标，预算管理的目标必须反映战略目标的要求，并将战略管理的目标精神贯穿于预算管理的始终。确定预算管理的目标时，也要考虑现实性和可能性，根据战略目标的方向和精神，灵活地、创造性地制定预算目标，不能机械地照搬，不能完全违背现实条件和环境的变化，更不能认为预算管理的目标就是战略目标的年度目标，要注重战略目标与现实目标的结合。

（2）理想性与现实性相结合

战略目标的制定、预算管理目标的确定，都要注重理想性和现实性的结合。管理者均希望自己的预算管理目标是最先进的、最理想的，但必须考虑到企业所拥有资源的条件、可能和现实的手段，预算管理目标要与企业自身的管理水平现状、技术条件、市场条件、发展现状、员工素质等相结合。当然，企业确定的预算管理目标也必须高于现有能力和水平，要通过大家的共同努力去实现，这样，企业的预算管理水平才能有所提高。

（3）定性与定量相结合

预算管理的最大特征是量化，所以，有人也认为预算管理是预算数字的表格化和量化。由于量化，目标更清楚，责任更具体，执行更有效。但预算管理的定量管理也必须与定性管理相结合，预算目标的确定、管理、实施，必须建立在定性分析和定性判断的基础上。没有科学的定性判断和定性分析，定量分析和决策就是盲目的；而缺乏定量目标，定性分析和判断则是粗放的，不具体的。只有实现定性与定量的结合，预算管理的目标才能实现。

（4）整体性与具体性相结合

预算管理的目标特别强调整体性。整体性包括预算管理指标的全面性、参与对象的全面性、战略的全局性，以及机制建设和预算组织的整体性。整体意识和全局意识是预算管理的内在要求。但与此同时，预算管理又是具体的，不能笼而统之，更不能过于强调战略性而忽视具体性。预算管理的目标必须是具体的，并便于实施、控制、考评和监督的，是可分解的。通过分解，每个部门、岗位都有明确的目标，所以，确定企业预算目标必须注重整体性与具体性的有机结合。

（5）内部与外部相结合

预算管理的目标是以企业内在条件为前提的，忽视自身条件的目标是不切合实际的；同时，预算管理的目标还要考虑市场竞争风险、资本要求、市场发展状况、市场价格状况及趋势，在充分的市场预测的前提下，制定切实可行的预算管理目标。离开市场预测这一现实基础，预算目标的制定将是盲目的，对实际工作和企业发展难以发挥指导作用。

（6）财务与非财务指标相结合

预算作为实现企业战略和优化资源配置的重要手段，制定预算目标时，既要充分考虑偿债能力指标（包括资产负债率、流动比率、速动比率）、营运能力指标（包括应收账款周转率、存货周转率）、盈利能力指标（包括资本金利润率、销售利税率或营业收入利税率、成本费用利润率）等财务指标，又要考虑顾客满意度、产品和服务质量、战略目标、公司潜在发展能力、创新能力、技术目标、市场份额等非财务指标，并将二者有机地结合起来。

5.1.2 现代企业预算目标制定过程中的冲突与协调

预算目标的制定与企业计划的制订有着不可分割的联系，而且随着企业战略管理思想的发展，从战略角度出发，制订企业战略发展计划进行战略决策，并在此基础上与日常管理结合逐步细化已经在实践中广泛运用。因此，预算目标的制定必然受到企业战略决策的影响，战略决策决定了战略成本的控制，也决定了预算目标的制定，当然，预算控制过程也对战略决策产生影响。所以，制定预算目标应从企业战略开始，通过战略决策逐步深入细化，以实现企业战略发展。

预算管理的首要任务是预算编制，在编制过程中最重要的前置工作是如何确定预算目标。预算目标确定及分解作为预算管理工作的起点，是预算机制作用发挥的关键。准确的预算目标有利于预算管理工作的顺利推进，有利于日常管理的有序和协调，有利于战略意图的最终落实；反之，不准确的预算目标会使预算管理效率与效益大打折扣，使企业日常管理工作处于无序的境地。

预算目标是企业目标或战略意图的体现。按照现代企业制度的要求，任何预算目标的确定，从根本上来说都是公司股东、董事会、经营者等利益主体相互协调的过程，其符合财务分层管理思想，同时体现了现代企业制度下决策、执行与监督三权分立的原则。具体到预算目标的确定，事实上，它是不同利益集团之间讨价还价的一个过程。

1）股东期望"底线"与企业预算目标

股东是企业所有者，拥有企业剩余索取权与部分剩余控制权。股东在没有成为实际投资者前，只是潜在的资本提供者，可以将其所拥有的资本投资于自己创办的企业，从而成为业主；也可以投资于债权，成为食利者，以取得固定合同收益；还可以投资于其他企业或公司，成为被投资公司的股东并由此分享剩余收益。作为潜在的资本提供者，股东选择的角色（如业主、债权人或者股东）取决于多种变量。

从主观上看，它主要取决于投资者的资本实力（自然禀赋）、管理能力、对投资的风险态度等。

从客观上看，它取决于不同的被投资企业之间的制度成本与规模效益的比较优势。具体地讲，就是业主之所以成为业主，是因为其具有承担投资风险的能力。

从收益或成本的角度来看，业主充分享有业主制的制度优势（无代理成本），但以失去规模收益为代价。

而潜在投资者之所以选择债权投资，要么是因为投资者没有能力来管理公司，要么是因为这类投资者相对而言更惧怕风险。公司制下的股东，可以充分享受公司规模所带来的规模化优势，但却以高昂的制度成本为代价。

资本提供者一旦成为公司股东，事实上就已经完成了业主、债权人或股东三者的利弊权衡。通常认为，股东期望从被投资公司中所分得的收益总是要大于业主制下的所得或债权固定收益，这就是股东之所以成为股东的理由，是股东投资于企业的最基本的经济逻辑和法则，它构成了企业预算目标的"底线"。

2）董事会期望与企业预算目标

股东的期望必须通过其代理机构——董事会来落实。在股权结构单一、股权高度集中的情况下，股东收益期望也就是董事会收益期望，其中家族式公司即为典型代表。

但是，在现代企业制度下，股权结构是如此分散的，所有权与控制权是如此彻底分离的，以至于公司内部控制权拥有者与外部股东之间存在无法回避的利益冲突。这里的内部控制权拥有者包括董事会和高级管理人员两部分。这就表明，传统管理理论所假定的股东与董事会之间的利益一致性、股东与董事会之间的诚信受托责任关系在事实上并不存在。董事会作为一个利益团体，有其自身的效用函数。

董事会与股东之间的关系，实质上是一种典型的委托代理关系，同样存在代理成本。董事会期望与股东期望并不完全一致，这是因为，董事会成员一般由控股大股东组成，董事会与股东之间的利益矛盾直接表现为控股大股东与众多中小股东之间的利益冲突。在利益导向与管理目标上，大股东可能会更多地考虑公司战略和未来生存与可持续发展，从投资中取得长期回报，而中小股东则更具短期化。

因此，现代企业在机制上采取一系列手段来保证二者之间的一致性，如中小股东退市机制、法律对中小股东的利益保护、独立董事制等。也就是说，独立董事的介入在一定程度上会减轻这类利益冲突，而完善的资本市场为中小股东的股权流动提供了极大便利，各类股东各取所需，自由共存。

董事会在制定预算目标时，除了全体股东利益期望对董事会确定预算目标的约束因素以外，更重要的约束因素还包括公司战略。没有战略规划，就没有战略性预算，预算机制的效用就会大打折扣。如果说股东期望是以量化方式表达的预算目标（其直接体现为预算目标的最低要求，即基础预算目标），那么，董事会对战略导向的考虑则直接表现为对基础预算目标的调整。在进行战略导向及目标调整时，需要重点考虑的因素包括所处行业特征、企业生命周期、公司发展速度、公司市场规划与导向等，这些因素会从不同角度对预算目标进行不同程度的调整。

3）总经理期望与企业预算目标

如果说股东及董事会的目标期望都带有些许主观色彩，那么，总经理在确定预算目标时，考虑更多的是其实现的可行性及客观限制，包括市场潜力、现有各种可利用资源以及预算行为的经济后果等。

对市场潜力而言，其涉及公司战略问题，可分为以下两种情形：

（1）如果董事会与经营者对公司未来发展方向的想法一致，则二者之间需要协调的只是对市场潜力认识程度的差异，董事会可能会过于主观激进，而总经理则可能过于保守；

（2）如果董事会与经营者对公司未来发展方向的意见不一致，则总经理会采用更加保守的估计来看待董事会对市场做出的预期。

对各种可利用的资源而言，总经理会从预算目标完成的角度来估量其所需要的各种资源，包括财务与非财务资源两部分。其中，财务资源最为根本，其涉及筹资与投资权限问题，还涉及对现有财务资源可用性的评估问题；对于非财务资源，其主要涉及人力配置与调动等。因此，总经理行为预期可以概括为在尽可能多地占有各种资源的条件下，完成其预期尽可能低的目标，"宽打窄用"即为其预算行为的最好体现。总经理的上述行为与预算约束软硬程度及预算经济后果有关。

（1）如果企业预算约束较硬，则经营者会在目标确定之前夸大费用预算，收紧收入或利润预算，"宽打窄用"心理动机更为强烈；反之，如果预算约束较软、预算调整程序不严，则经营者在确定预算目标时不会过于保守，因为其有机会在事中或事后通过各种方法弥补对自身的不利影响。

（2）从对预算执行的预算经济后果来看，已经确定的预算目标事实上成为总经理的受托责任。因此，在确定预算目标之前，总经理会自觉不自觉地考虑目标实现程度对自身预期后果的影响，并将这种行为预期后果反映到目标确定之中。

4）三者协调与讨价还价机制

股东及股东大会对预算目标确定合理性与否的关注，主要借助于两种机制：一是董事会机制，这是一种内部治理机制；二是外部市场机制，也就是说，股东通过市场反应形式来表达对预算目标的肯定或否定。合理的预算目标会被当作"好消息"而被市场消化；反之，不合理的预算目标会被当作"坏消息"而引起市场的不良反应。在外部市场并不完全有效的情况下，董事会机制被认为是最有效的股东代理机制。

董事会被认为是预算目标的决策机构，尽管其并不具体从事预算编制，但负责预算的审批与下达，因此，其历来被认为是预算目标确定的主导力量。

总经理出于主观与客观等多方面条件与因素的考虑，在预算目标形成中起着重要作用，其从目标的现实性、可操作性方面对预算目标的主观性提出修正，并从个人利益与个人行为角度来看待预算目标。

综上所述，预算目标的确定事实上是一个讨价还价的过程，是涉及各方面权利和利益调整的过程。

5.2　现代企业预算目标制定

实施全面预算管理的首要环节是编制全面预算，而编制全面预算的重要前置工作是确定预算目标。确定预算目标时，除了应当考虑确定预算目标的一般原则外，通常还应考虑以下因素：出资人对预算目标的预期、以前年度的实际经营情况、预算期内重大事项的影响、企业所处发展阶段的特点。常见的企业预算目标的确定方法有利润增长率法、比例预算法、上加法、标杆法和本量利分析法等。

5.2.1　利润增长率法

利润增长率法是根据上期实际利润总额和过去连续若干期间的几何平均利润增长率（增长幅度），全面考虑影响利润的有关因素的预期变动而确定企业目标利润的方法。

【例5-1】江苏鳕麤集团公司根据过往年份的利润总额进行利润预测，近五年的利润总额见表5-1。

表 5-1   **江苏鳝蠹集团公司近五年利润统计表**   金额单位：万元

期间数	年份	利润总额
0	20×1	150 000
1	20×2	192 000
2	20×3	206 000
3	20×4	245 000
4	20×5	262 350

要求：采用利润增长率法预测该公司 20×6 年利润总额。

其中，0 为基期，n 为报告期。则有：

$$利润总额几何平均增长率 = (\sqrt[4]{\frac{262\,350}{150\,000}} - 1) \times 100\% = 15\%$$

20×6 年目标利润总额 = 262 350 × (1 + 15%) = 301 702.50（万元）

【例 5-2】江苏鳝蠹集团公司为大型集团，实施多元化经营。为进一步加强全面预算管理工作，该集团正在稳步推进以"计划—预算—考核"一体化管理为核心的管理提升活动，旨在"以计划落实战略，以预算保障计划，以考核促进预算"，实现业务与财务的高度融合。

20×1 年 10 月召开的 20×2 年度全面预算管理工作启动会议上，董事长提出：明年经济形势将更加复杂多变，"稳增长"是国有企业的重要责任之一。结合集团发展战略，董事会对集团公司 20×2 年经营业绩预算的总体要求是营业收入增长 10%，利润总额增长 8%。

要求：根据 20×1 年营业收入、利润总额预算指标预计实际可完成值及董事会要求的 76 500 万元、7 200 万元，计算该公司 20×2 年营业收入及利润总额的预算目标值。

20×2 年营业收入预算目标值 = 76 500 × (1+10%) = 84 150（万元）

20×2 年利润总额预算目标值 = 7 200 × (1+8%) = 7 776（万元）

5.2.2 比例预算法

比例预算法是通过利润指标与其他相关经济指标的比例关系来确定目标利润的方法。销售利润率、成本利润率、投资报酬率等财务指标均可用于测定企业的目标利润。

常见的比例预算法指标见表 5-2。

表 5-2   **比例预算法相关指标**

销售利润率	目标利润=预计销售收入×测算的销售利润率 （测算的销售利润率可以选取以前几个会计期间的平均销售利润率）
成本利润率	目标利润=预计营业成本费用×核定的成本费用利润率 （核定的成本费用利润率可以选取同行业平均或先进水平来确定）
投资报酬率	目标利润=预计投资资本平均总额×核定的投资资本回报率

【例 5-3】江苏鳝蠹集团公司 20×1 年的营业收入为 2 850 亿元，利润总额为 114 亿元。根据预测，20×2 年的营业收入预计较 20×1 年增长 8%，营业收入利润率预计较 20×1 年提高 0.2%。根据销售利润率，对 20×2 年的利润预算目标进行如下测算：

预计 20×2 年营业收入＝2 850×（1+8%）＝3 078（亿元）

预计 20×2 年营业收入利润率＝114÷2 850×100%+0.2%＝4.2%

预计 20×2 年利润总额＝3 078×4.2%＝129.28（亿元）

5.2.3 上加法

上加法是企业根据自身发展并不断积累，提高股东分红水平等需要，匡算企业净利润，再倒算利润总额（目标利润）的方法。其计算公式如下：

企业留存收益 ＝ 盈余公积 ＋ 未分配利润

净利润 ＝ 本年新增留存收益 ÷（1 － 股利分配比率）

或

净利润 ＝ 本年新增留存收益 ＋ 股利分配额

目标利润 ＝ 净利润 ÷（1 － 所得税税率）

【例 5-4】江苏鳝麤集团公司 20×2 年计划以股本的 10% 向投资者分配利润，并新增留存收益 800 万元。企业股本 8 000 万元，假设企业所得税税率为 20%，则采用上加法预测目标利润额如下：

目标股利分配额 ＝ 8 000 × 10% ＝ 800（万元）

净利润 ＝ 800 ＋ 800 ＝ 1 600（万元）

目标利润 ＝ 1 600 ÷（1 － 20%）＝ 2 000（万元）

5.2.4 标杆法

标杆法是以企业历史最高水平或同行业领先企业的盈利水平为基准来确定利润预算目标的一种方法。在实务中，通常存在企业内部基准和外部基准两种标杆。内部基准是以本企业历史最高水平为标准；外部基准是以同行业先进企业的水平为标准。利用标杆法确认预算目标，很容易发现本企业的问题与不足，具有较为广泛的适用性。

5.2.5 本量利分析法

本量利分析法是在成本性态研究和盈亏平衡分析的基础上，利用成本、销售量（额）、利润三者之间的关系和相互影响确定预算期内目标利润的一种方法，主要通过以下公式来确定目标利润：

利润总额 ＝ 营业利润 ＋ 营业外收入 － 营业外支出

营业利润＝产品销售利润＋其他业务利润－期间费用－资产减值损失＋公允价值变动收益＋投资收益

产品销售利润 ＝ 产品销售收入 － 产品销售成本

   ＝ 产品销售数量 ×(销售单价 － 单位产品销售成本)

   ＝ 产品销售数量 ×(销售单价 － 单位产品变动成本) － 固定成本总额

利润总额组成中的期间费用、投资收益、营业外收支、资产减值损失、公允价值变动收益与销售量、产品销售收入及产品销售成本没有必然的比例关系，需要根据企业的具体情况单独测算。因此，采用本量利分析法确定的目标利润主要是产品销售利润。

【例 5-5】江苏鳝麤集团公司预计 20×2 年销售甲产品 5 000 件，单价为 100 万元/件，单位变动成本为 50 万元，固定成本为 130 000 万元，则盈亏平衡点与目标利润如下：

盈亏平衡点(保本销售量) = 130 000 ÷ (100 − 50) = 2 600（件）

盈亏平衡点(保本销售额) = 2 600 × 100 = 260 000（万元）

目标利润 = 5 000 × (100 − 50) − 130 000 = 120 000（万元）

5.3　现代企业预算目标分解

企业预算目标的分解是公司股东、董事会、经营者等利益主体相互协调和相互博弈的过程。全面预算管理系统是建立在企业发展战略基础之上的重要运行机制，它不仅是现代企业保证其战略目标得以实现的重要控制系统，而且是现代企业（尤其是多级法人企业）实现内部资源优化配置的管理系统。

5.3.1　单一法人利润预算目标确定及目标分解

单一法人制是企业集团多级法人制的对称。这类企业利润预算目标确定与分解主要涉及四个问题，具体分析如下：

1）采用倒推法确定利润预算目标

利润预算目标的确定是一个讨价还价的过程。作为委托代理的各方，董事会处于委托方地位，具有对最终预算目标的决策权，而作为代理方的经营者，在取得对全部法人资产的经营责任之后，行使对资产的使用权。这是一种典型的资产经营责任。

在单一法人制下，利润预算目标的确定一般采用倒推法。一方面，根据股东期望收益率（如12%），在考虑各种准备与积累之后（《公司法》规定的法定分配程序与分配比例），来倒推出税前经营利润。另一方面，董事会及总经理会按市场状况与利润预测得出另一种结果，经过讨价还价之后，最终确定利润预算目标。

2）利润预算目标分解的前期工作

利润预算目标确定之后，如何按照经营与管理业务分工分解到各个责任中心，是董事会下达预算目标之后由总经理控制的管理事务，与董事会决策无关。总经理如何分解落实利润预算目标，主要依据责任中心的定位，而责任中心的定位又取决于对现存企业组织框架的职责定义与岗位说明。总经理在分解利润预算目标时，需要进行以下两项基本工作：

第一，按照作业类型，将现有组织所完成的作业分为两部分，即增值性作业和非增值性作业。为避免有限资源的浪费，需要对内部的非增值性作业及其涉及的部门、组织、资源进行适当调整；同时，对增值性作业部门或组织按照效益最大化原则进行必要的安排。前者称之为组织再造，而后者称之为流程再造，其目标都是充分发挥现有资源的潜力。

第二，经过组织再造与流程再造之后，对保留下来的组织，按照功能、属性等进行责任中心定位。有些组织被归为成本费用中心，而有些组织则被定位为利润中心（有些属于自然利润中心，而有些属于人为利润中心）。

上述方案中，为何不提及收入中心？其原因是责任过于单一，只对收入负责的单位对公司总体而言并没有好处，其容易造成为收入而收入的倾向。只对收入负责而不对利润负责，使这些收入中心大量占用资产而降低了公司整体的资产使用效能。

3）预算目标分解的依据及对利息的处理

在确定目标与完成再造之后，如何给不同责任中心确定与分解不同的责任预算，自然也就成为下一步的工作重点。从方法来说，各责任中心的责任预算因性质不同而各异。

（1）对于费用中心或成本中心，建议采用零基预算法，按照其工作职责和应完成作业量来确定其预算费用目标；

（2）对于经营单位，建议将其定义为利润中心，并按一定的标准来分解可控利润。其分解标准或依据，可以是该利润中心所占有的资产总额，或者是人力资本总额，或者是营业使用面积等。在这里，可控利润定义为可控收入减可控成本、费用，总部的各项管理费用不属于二级责任中心的可控范围，可不纳入利润中心的费用预算之中。

总部利息主要体现为业务经营单位的资产占用费，因此，依据资产占用额来分解可控利润，必须将利润中心的资产占用费（利息）纳入二级责任中心的可控费用之中，由总部统一核定资产占用额，并以资产占用额度的方式来确定利息额。一种方法是额度之内的资产不计息，作为总部财务费用统一核算考核，对超出额定的部分加息处理，计入可控费用之中；另一种方法是将所有的资产占用额统一计息，纳入利润中心可控费用范围。

4）正确处理利润中心与分权的关系

对各责任中心的责任人而言，不能混淆利润中心与分权的关系。事实上，利润中心并不必然导致分权，成本中心所拥有的权限有时可能比利润中心大，因此，这是两个不同的概念。"决定一个责任中心是采用成本中心还是采用利润中心的关键问题不是是否存在高度的分权，而应是与成本中心相比，利润中心是否将更好地解决目标一致和管理努力问题"，也就是说，利润中心的设置要达到有利于经理人做出一套从组织整体角度看更为有效的决策的目的。

5.3.2　多级法人制与企业集团利润预算目标确定与分解

多级法人制是企业集团的一个重要特征。在企业集团内部，集团母公司与其成员企业（控股子公司或参股公司）各自为独立法人，但在很多政策选择上，成员企业要受到母公司的控制与引导。就预算管理而言，多级法人制下的母公司预算管理主要包括以下两方面：一是集团公司总部的预算管理；二是母公司对子公司的预算控制。从预算目标的确定看，其相应地也包括两方面，即母公司总部预算目标确定和子公司分部预算目标分解。

1）母公司总部预算目标的确定

集团公司总部预算目标的确定，视不同集团公司类型而定。集团母公司可以作为纯粹控股式的母公司，专门从事对子公司的买入、持有和卖出。这类母公司习惯上被称为控股公司，总部职能大多表现为对子公司的选择与买卖，其属于纯粹的投资管理职能。与此相对应的另一类母公司，则兼具投资管理与生产经营职能，也就是说，总部不单纯从事投资管理活动，而更多的是作为生产或经营总部的角色出现，因此，其属于经营型母公司。正确区分这两种类型的公司非常重要。母公司性质不同，预算目标确定结果不同，其确定的复杂程度也不同。

（1）控股型母公司

母公司的收益完全来源于子公司所分得的红利，母公司股东收益或目标利润主要由母公司股东确定，其同样存在着母公司董事会与总经理之间的讨价还价机制。母公司的股东收益期望通过税率和母公司管理费等方式，转换为对各子公司的收益目标，其用公式表示为：

$$\begin{array}{c}\text{母公司对各子公司}\\\text{的预算利润目标}\end{array} = \text{母公司股东期望收益率} \div (1 - \text{所得税税率}) + \begin{array}{c}\text{母公司管理费用}\\\text{预算总额}\end{array}$$

因此，母公司预算目标的确定其实包括两方面：一是母公司股东期望收益率的确定；二是母公司总部管理费用预算总额的确定。

（2）经营型母公司

与控股型母公司相反，经营型母公司的预算目标确定有一定的难度，主要表现在母公司的功能定位上。

第一，定位因企业集团性质和战略发展需要的不同而不同。比如有些母公司将生产中的材料采购、最终产品销售的权限都集中在母公司，而视子公司为一个法律上独立的经济实体，充当母公司总部"加工厂"或"生产车间"的作用。

第二，转移定价问题。如果生产经营型的母公司视子公司为其车间，则无论是材料采购还是产品销售，都存在着母子公司之间的转移定价问题。事实上，这类组织的转移定价权限都不同程度地集中在总部，并在生产计划、采购供应、产品销售等各环节，母公司都充当"保护神"的角色。而转移定价问题本身就是一个难点，母公司从子公司所取得的收入包括两部分：一是通过转移定价赚取子公司的利润；二是通过对子公司的投资取得子公司的税后收益。这两种收入来源，都最终体现在母公司的预算目标之中。

2）子公司或分部预算目标的分解

（1）控股型母公司

控股型母公司对子公司预算目标的分解，主要有两种基本方法：

①目标资产报酬率法，即ROA法。其是将母公司对各子公司的预算利润目标（按上述公式测算）除以各子公司所占用的总资产，求得ROA比率，然后根据各子公司所占用的资产总额分别乘以ROA，得出各子公司所分摊的预算目标。

②目标资本报酬率法，即ROE法。其是将母公司对各子公司的预算利润目标，分别除以各子公司所占用的净资产，求得ROE比率，然后用这一期望比率分别乘以各子公司所占用的净资产，确定各自的预算目标。

按照这两种方法所确定的子公司预算目标都表现为各自的税后利润目标，至于子公司的税后利润目标如何实现，与母公司预算目标的分解无关。

从表面上看，这两种方法在计算中并没有本质的差别。但是，如果考虑母公司对子公司的筹资权限，就会发现这两种方法体现着两种不同的筹资战略，也就是母公司对子公司的管理战略是集权还是分权。

ROA法适用于母公司对子公司采用集权管理方式的公司。在这类公司中，子公司本质上并没有对外筹资特别是负债融资的权限。因此，子公司的总经理不对其负债融资及子公司的资本结构负责，事实上，其是一个利润中心而非投资中心，在分解利润目标时按其所占用的总资产而不是总资本来考虑。

如果子公司是一个真正意义上的投资中心，母公司不对子公司的融资战略负责，子公司的资本结构由子公司董事会或总经理来安排，则母公司对子公司的利润分解也必然以所投入的资本额来考核其回报。表现在目标预算分解上，即分解依据母公司对子公司的投资额或子公司的净资产，而非子公司的总资产，即采用ROE法。

（2）经营型母公司

这类集团母公司从子公司所取得的收入由两方面组成，即转移定价收入和投资收益。对于转移定价收入，其不体现为投资收益，因此，在总部目标利润中，当分解子公司预算目标时，应当将这一部分收入从总预算目标收益中剔除，剩余部分即为按投资比重确定分解的预算目标。其预算目标分解方式可以直接采用 ROE 法，也可以采用 ROA 法。

3）预算目标分解时应考虑的其他事项

在实际工作中，预算目标分解时需要考虑以下三个因素：

（1）战略问题

在确定分解方法时，强调统一性是可取的，但是"一刀切"的做法有时不符合公司战略意图。例如，公司拟对某一子公司或经营部采用扶持方式，使其尽快成为利润增长点，在这种情况下，就必须考虑预算目标分解时的"偏心"情绪，这是一种战略安排。

（2）生命周期问题

与战略问题相近，生命周期旨在考虑子公司或分部的阶段性来安排其预算。有些子公司处于成熟期，而有些则处于起步阶段，因此，二者是不可比的。利润目标的分解必须考虑这一因素。

（3）非财务资源问题

在分解预算目标时，一直强调用财务资本（如总资产或净资产）来确定利润目标分解依据。但是，对某些子公司而言，其所占有的总部资源并不完全是财务资源，还包括非财务资源，如较好的地理位置、素质较高的员工队伍、较好的市场状况以及特有资源等。在这种情况下，必须对利润目标分解依据进行再调整。通常的做法是，将财务资源的分解依据权数设定为小于100%的百分比（如70%），而将非财务资源占用权重设定为另一权重（如30%），然后对非财务资源占用所应分解部分进行量化处理。

预算管理是企业落实战略规划、强化内部控制的重要管理机制。预算目标作为整个预算管理的起点，是企业预算管理体系有效运转的基石。只有制定正确的预算目标并将其合理分解到相应的责任主体，才能保证企业预算管理计划和控制功能的有效发挥，才能使企业战略真正地落到实处，实现企业价值的提升。

5.3.3 预算管理目标常见的分解方法

预算管理目标确定以后，只有将目标分解到具体的执行部门和具体产品之中，才能便于执行、控制、考评和监督，才能缩小预算管理目标主体，明确责任和权利，以便及时分析对比，寻找差异，制定措施，解决问题。在分解目标时，应该遵守整体一致性原则，兼顾长期利益和当期利益，兼顾长期目标和当期目标，兼顾效率和公平，提高整体的盈利水平和盈利能力。其具体分解方法有：

1）自主申报方法

根据整体目标，各预算责任主体根据实际能力和市场环境，自主申报自己的预算目标。经有关部门汇总分析后，各责任主体的预算目标被统筹安排或修正，据以进行分解。这一方法的优点是有利于调动各预算责任主体的积极性，更贴近于预算管理责任主体的实际状况；其缺点是有可能鞭打快牛，并保护落后，也有可能使各预算责任主体的申报量远低于整体目标值，从而使整体目标难以落实。

2）比例分配法

根据各责任主体的历史状况、内外部环境的变化，确定一个相对固定的分配比例，按照这一比例，将公司整体预算管理目标分解到各预算责任主体。这一比例既要有科学的测算方法支撑，也要与各责任主体进行充分沟通，一旦确定，要保持相对的固定和稳定。这一方法的优点是考虑了历史和现实，既没有鞭打快牛，也没有保护落后；其缺点是难以充分考虑未来的发展因素，且由于相对固定，对发展格局的变化并不敏感。

例如，某企业预定预算期内管理费用指标的可控项目比基期降低10%，然后将降低10%的任务分解落实到各职能管理部门。

3）基数法

基数法是以各预算责任主体上年或前几年实际完成的数据为基数，或以前几年的平均数为基数，再考虑预算期的发展速度，分解确定预算目标。

基数法的优点是简便易行，应用面广；其缺点是不规范，由于固化了历史基数，对历史上不合理的因素难以考虑，有许多不合理性存在。

例如，业务招待费项目在各责任中心的分解，可以不考虑基期的发生数额，而是由各责任中心采取单笔算账的方法进行申报。

4）固定发展速度法

这一方法是根据各预算责任主体的上年实际数或计划数作为基数，固定一个共同的或平均的发展速度，确定本年的预算实际目标值。这一方法相对简单，适合于各预算主体差异因素较小的情况。

5）因素分析法

这一方法是将影响各预算责任主体的主要因素汇总起来，经过一定的分析测算，确定各预算责任主体的预算目标。这一方法的好处是考虑了各预算责任主体的实际情况，比较合理；其缺点是助长了各预算责任主体讨价还价和强调客观因素的现象，同时，由于影响因素较多，给预算分解带来较大的难度。

例如，生产部门由于工人薪金提高导致的人工成本增加，由于采用新技术工艺导致的材料消耗降低，都可以通过因素分析测算出来。

6）倒推法

这一方法是将可以预见和考虑的主要因素对预算的影响确定下来，根据总的预算管理目标，倒推出各预算责任主体的预算目标。最常用的方法是确定两头指标，然后倒推出中间指标。

例如，企业可以根据市场预测和战略规划，首先确定销售收入和利润总额，然后倒推出成本、费用等指标。倒推法的原理可用公式表示如下：

市场价格 − 利润目标 = 成本目标

以上几种方法都不是各自独立的，可以单独使用，也可以结合使用。

5.4　现代企业预算指标体系

预算管理工作的核心任务之一是根据预算目标和预算大纲构建预算指标体系，以科学、全面地体现企业战略目标的要求。预算指标既是预算目标实现的核心手段，又是预算目标的细化和量化，也是对预算执行单位考核的重要依据。

所谓预算指标体系，是指在体现企业预算管理导向的基础上对预算内容的表达。因此，全面预算指标体系要与企业战略管理、经营责任等密切相关，以保证企业战略目标的实现。

5.4.1 预算指标体系设计内容

企业预算指标的设计包括三方面的内容：

1）构建预算指标体系

通过构建预算指标体系，解决企业应选择何种预算指标体系来表达其预算导向的问题，确定核心预算指标。

2）确定预算指标水平

通过确定预算指标水平解决指标的高度问题，采用哪些方法确定指标值，以保证企业战略目标的实现。

3）落实各预算责任中心的预算指标

通过预算指标在各责任中心的分解，约束责任主体的经营行为，促进各责任中心的资源合理配置、协调一致。

5.4.2 预算指标体系构建

企业预算指标可以有多种划分，通常可划分为财务预算指标和非财务预算指标以及综合指标体系。

1）财务预算指标

财务预算指标是指依据企业财务方面的信息，以货币形式反映资金活动、企业生产经营过程和成果的预算指标。财务预算指标是传统的预算指标，是企业预算指标体系的主体。财务预算指标可以通过企业财务报告的数据计算确定，易于操作。但财务预算指标是基于过去的财务信息形成的，不能反映未来，且基于货币计量的财务信息，大多都不包含影响企业竞争能力的因素，如产品质量、员工的素质和顾客的满意程度等。

财务预算指标一般包括企业发展规模指标（年销售收入、利税总额、员工总数等），盈利能力指标（销售利润率、总资产报酬率等），营运能力指标（应收账款周转率、存货周转率等），获取现金能力指标（销售现金比率、全部资产现金回收率等）和发展趋势指标（销售收入增长率、利润增长率等）。

2）非财务预算指标

在企业预算指标体系中，财务预算指标以外的指标均可被称为非财务预算指标。现代企业发展是以企业战略为核心，实行企业内部资源整合基础上的战略管理。非财务预算指标是面向未来的，强调企业为获得长期持续发展而应当采取的必要措施，如市场开拓、客户服务、开发和研制新产品等。非财务预算指标解决了财务预算指标关注企业经营的短期效果的局限性问题，对提高企业预算效能具有重要的意义。但非财务预算指标也存在着受主观因素影响以及计量困难等问题，应用过程中还只是作为财务预算指标的补充配合，以使企业预算指标体系能够更加全面、准确地表达企业发展战略和经营目标的要求。

非财务预算指标一般包括市场控制能力指标（市场占有率、市场应变能力、客户满意度等），组织管理能力指标（生产能力有效利用率、组织结构合理性等），技术创新能力指标（人均技术装备水平、设备先进程度、新产品开发成功率等）和社会生态环保指标（原料可回收率、环保投入资金率等）。

3）综合指标体系

综合指标体系是指预算期内根据企业的整体目标以及企业所面临的内外部经营环境等构建的通过财务预算指标与非财务预算指标相互配合而组成的预算指标体系。该指标体系通常包括基本指标、辅助指标、修正指标和否决指标四部分。

（1）基本指标

基本指标也称核心指标，是企业的经营目标和发展战略的具体体现。按照责任中心的不同，基本指标的设置也不相同，通常包括营业收入、营业利润、营业利润净现金率。营业收入反映了公司发展和保持竞争优势对规模的要求，营业利润反映了经营效益的最终成果，而营业利润净现金率作为现金流量指标，进一步反映了财务效益的质量。

（2）辅助指标

辅助指标通常包括不良资产处理率、资产周转率和成本费用收益率，是基本指标内容的扩展与延伸，以完整反映经营活动过程的全貌。

（3）修正指标

修正指标是为了突出企业经营和预算管理的特别关注点，对战略关键因素进行补充，对影响基本指标的客观因素进行校正的指标，通常包括顾客投诉率、主要产品市场占有率和预算准确率等。

（4）否决指标

否决指标是"戒律性"指标，是基于对企业的经营效益、竞争地位和发展战略有重大影响的特别责任事项发生而"一票否决"的指标，如安全生产指标，未完成该指标将会对前述综合考核结果进行全部否决。

现代企业综合指标体系框架如图5-1所示。

图5-1　现代企业综合指标体系框架图

5.4.3　预算指标水平的确定

预算指标水平确定是否可行，会导致不同的预算管理行为和不同的结果。基于企业的股东、董事会、经营者等在各自利益基础上对预算指标水平预期的不同，以及企业在不同发展阶段的战略重点的不同，使得兼顾各方利益、准确定位企业所处的发展阶段、明确企业在预算期的战略重点和预算目标确定的出发点，是确定可行性预算指标水平的前提。

企业在实际确定预算指标水平时，还受到宏观经济政策、市场变化、企业资源条件及管理能力等多种因素的影响。因此，选择和使用不同的方法加以确定，也是非常重要的。常用的方法包括基数加成法、目标导向法、作业预算法等，可供应用中参考或选择。

范例 5-1　江苏鳝矗集团公司 20×2 年度预算编制大纲

20×2 年度预算编制大纲

一、编制基础

本预算的编制是在遵照江苏鳝矗集团公司（简称"鳝矗公司"）预算管理制度，并结合 20×1 年度实际经营业绩的基础上，依据 20×2 年度主要产品销售目标、新业务拓展计划、期间费用计划、其他收益预期编制。

本预算报告的前提是公司所处地区及业务涉及地区的社会经济环境无重大变化；宏观经济无重大不可预期因素、事件发生；公司经营无重大不可预期因素、事件发生，产品所处行业、市场、原材料、能源电力、生产组织结构、劳动安全、信贷利率市场、税收政策、汇率走向可预期。

二、20×2 年度预算核心指标

20×2 年度，公司将不断优化精密结构件产品结构，进一步提升自动化生产效率，同时加强精密结构件业务的协同效应，充分发挥融合仓储物流服务体系、线上线下交易服务体系、在线金融服务体系为一体的供应链金融，实现公司的转型升级，增强公司的抗风险能力、盈利能力和市场竞争力。

同时，公司将持续以增强技术研发推动产业升级，未来研发重心继续向新产品、新工艺、生产自动化及智能化倾斜，加快推进 A、B 产品在更多领域的技术研发和储备，通过自主研发、联合研发、科研合作，以及外部购置等方式加快先进技术的引进吸收和产业化。

根据行业竞争情况，公司将大力推行供给侧结构性改革，采取有效措施节能、降成本、减费用，力争做到营业收入增加，成本费用下降，扩大利润空间；加速资金回流，确保公司资金流安全、连续、稳定。

根据公司 20×2 年度生产经营发展计划所确定的经营目标，编制公司 20×2 年度预算规划（见表 5-3）。

表 5-3　　　　　**江苏鳝矗集团公司 20×2 年度预算利润表**　　　　　单位：万元

项目	20×2 年预算（估算指标）	20×1 年实际
一、营业收入	55 000.00	50 000.00
二、营业成本	42 140.00	39 500.00

项目	20×2年预算（估算指标）	20×1年实际
三、营业毛利	12 860.00	10 500.00
减：税金及附加	481.00	350.00
销售费用	1 485.00	1 418.00
管理费用	390.00	405.00
财务费用	−29.00	400.00
加：投资收益	2.00	0.00
四、营业利润	10 535.00	7 927.00
加：营业外收入		20.00
减：营业外支出		20.00
五、利润总额	10 535.00	7 927.00
减：所得税费用	2 587.75	1 981.75
六、净利润	7 947.25	5 945.25

三、特别提示

公司 20×2 年度财务预算指标不代表公司 20×2 年度盈利预测，受宏观经济运行、市场需求变化、经营管理等多方面因素的综合影响，能否实现预算指标，存在不确定性，请投资者特别注意。

公司各种单项预算的编制按照公司预算管理制度执行。

江苏鳍蟲集团公司

20×1 年 9 月 30 日

本章练习题

一、单项选择题

1.对于费用中心或成本中心，建议采用（　　　）。

A.增量预算法　　　　B.固定预算法　　　　C.零基预算法　　　　D.滚动预算法

2.预算目标分解方法的目标资本报酬率法，即 ROE 法的计算公式是（　　　）。

A.各子公司预算目标利润÷各子公司所占用总资产

B.各子公司预算目标利润÷各子公司所占用总资产×各子公司所占用资产总额

C.各子公司预算目标利润÷各子公司所占用净资产×各子公司所占用净资产总额

D.各子公司预算目标收入÷各子公司所占用总资产×各子公司所占用资产总额

3.预算目标分解方法的目标资产报酬率法，即 ROA 法的计算公式是（　　　）。

A.各子公司预算目标利润÷各子公司所占用总资产

B.各子公司预算目标利润÷各子公司所占用总资产×各子公司所占用资产总额

C.各子公司预算目标利润÷各子公司所占用净资产×各子公司所占用净资产总额

D.各子公司预算目标收入÷各子公司所占用总资产×各子公司所占用资产总额

二、多项选择题

1.常见的非财务指标有（　　）。

A.速动比率　　　　　　B.市场占有率　　　　　C.存货周转率　　　　　D.顾客满意度

2.股东尚未成为实际投资者之前，它的潜在角色一般情况下可能有（　　）。

A.创业者　　　　　　B.债权人　　　　　　C.股东　　　　　　　D.债务人

3.除了应当考虑确定预算目标的一般原则外，通常还应考虑的因素包括（　　）。

A.出资人对预算目标的预期　　　　　　　B.以前年度的实际经营情况

C.预算期内重大事项的影响　　　　　　　D.企业所处发展阶段的特点

E.固定成本总额的变动性

4.常见的企业预算目标的确定方法有（　　）。

A.利润增长率法　　　　　　B.比例预算法　　　　　　　C.上加法

D.标杆法　　　　　　E.本量利分析法

5.因素分析法的缺点有（　　）。

A.难以充分考虑未来的发展因素，且由于其相对固定，对发展格局的变化并不敏感

B.各预算责任主体的申报量可能远低于整体目标值，从而使整体目标难以落实

C.助长了各预算责任主体讨价还价和强调客观因素现象

D.给预算分解带来较大的难度

6.财务预算指标的盈利能力指标包括（　　）。

A.销售利润率　　　　　B.销售收入　　　　　C.利税总额　　　　　D.总资产报酬率

7.发展趋势指标包括（　　）。

A.销售利润率　　　　　B.销售收入增长率　　　C.利润增长率　　　　D.总资产报酬率

8.修正指标包括（　　）。

A.不良资产处理率　　　　　　　　　B.顾客投诉率

C.主要产品市场占有率　　　　　　　D.预算准确率

三、判断题

1.集团母公司可以作为纯粹控股式的母公司，专门从事对子公司的买入、持有和卖出业务。这类母公司习惯上被称为经营型母公司。　　　　　　　　　　　　　　　　（　　）

2.控股型母公司对子公司预算目标的分解，主要有两种基本方法：一是目标资产报酬率法，二是目标资本报酬率法。按照这两种方法确定的子公司预算目标，均表现为各自的税前利润目标。　　　　　　　　　　　　　　　　　　　　　　　　　　　　　　（　　）

3.对于转移定价收入，其体现为投资收益。　　　　　　　　　　　　　　　　（　　）

四、简答题

1.企业预算目标在全面预算管理中的作用有哪些？

2.确定企业预算目标的原则有哪些？

3.企业预算目标的实质是什么？

4.现代企业制度下，董事会与股东以及大股东与小股东之间存在着怎样的关系？如何理解现代企业制度下的代理制度？如何缓解代理制度引发的矛盾？

5.企业预算目标分解的前期工作应该以收入为中心吗？请简述理由。

6.确定一个责任中心是采用成本中心还是采用利润中心的关键问题是什么？

7.请比较预算目标分解方法中的目标资本报酬率法和目标资产报酬率法的异同。

8.企业预算目标的制定过程存在哪些冲突？该如何协调？

9.企业预算目标的确定方法常见的有哪些？

10.如何分解预算管理目标？你最喜欢哪种方法？请简单陈述理由。

11.预算指标体系由哪些内容构成？

第5章练习题参考答案

第6章 现代企业经营预算编制（上）

【学习目标】

通过对本章内容的学习，了解企业经营预算的构成体系，掌握企业各单项预算的编制，熟练掌握销售预算、生产预算、采购预算、直接人工预算、制造费用预算、产品成本预算编制的应用。

【学习重点】

企业各单项预算的编制；各单项预算之间的关系。

6.1 现代企业经营预算概述

经营预算也称业务预算，是与企业日常经营活动直接相关的各项经营业务的预算，主要包括销售预算、生产预算、直接材料及采购预算、直接人工预算、制造费用预算、产品成本预算、期末存货预算、销售及管理费用预算等。

经营预算中最基本和最关键的是销售预算，其是销售预测正式的、详细的说明。由于销售预测是计划的基础，加之企业主要是依靠销售产品和劳务所提供的收入维持经营费用的支出和获利的，因而，销售预算也就成为预算控制的基础。

生产预算是根据销售预算中的预计销售量，按产品品种、数量分别编制的。生产预算编制完成后，还应根据分季度的预计销售量，通过对生产能力的平衡安排分季度的生产进度日程表（也称生产计划大纲），在生产预算和生产进度日程表的基础上，编制直接材料采购预算、直接人工预算和制造费用预算。这三项预算构成了对企业生产成本的统计。

销售及管理费用预算包括制造业务范围以外预计发生的各种费用明细项目，例如，销售费用、广告费、运输费等。对于实行标准成本控制的企业，还需要编制单位生产成本预算。

本章主要内容包括销售预算、生产预算、采购预算、直接人工预算、制造费用预算、成本预算的编制等内容。期间费用预算、应交税费预算、固定资产变动预算和折旧预算的编制等内容将在第7章讲述。

6.2 现代企业销售预算编制

销售预算是在公司战略和市场预测的基础上，客观详细地分析公司内部资源和外部市场的优势和劣势，确定新产品在新市场和总体市场中的份额目标值，研究竞争策略，确定下一年度的资源计划，同时参照各种产品的历史销量分析，结合市场预测，按照产品、地区、目标客户群等因素形成下一年度的销售预算。

6.2.1 编制基础

销售预算是其他各项预算的起点，是企业获取利润的重要保障，是企业现金流入的主要渠道。企业根据以销定产的原则，在市场预测的基础上，制订销售计划，安排生产经营活动。销售预算成为企业全面预算的起点，是生产预算、直接材料预算、期末存货预算等其他预算的基础。

销售预算编制的前提是销售部门根据市场状况、竞争对手情况和产品市场竞争力做出科学预测，并将全年预测销售量等相关信息按照预算要求细化，同时还需要掌握价格趋势、信用政策、客户分布等信息。

6.2.2 编制责任部门

销售预算的执行者是销售部门，与企业销售活动相关的部门和人员都应参与销售预算的编制、审议与对接。涉及成本方面的销售预算，还需要以财务部门为主进行编制。

6.2.3 编制程序

编制销售预算从销售量预算开始，依次为不含税销售额、销项税额、价税总额、期初期末应收账款及各期现金收款等。

6.2.4 编制方法

企业可采用弹性预算或固定预算的编制方法，在编制时间上可采用定期预算或滚动预算的编制方法。

6.2.5 预算表格设计

根据销售预算的特点，其主要表格设计见表6-1、表6-2和表6-3（企业可以根据实际的产品种类对这些表格进行扩展）。

表6-1　　　　　　　　　　××公司××年度销售量预算表　　　　　　　　　金额单位：元

编制部门		年度											
销售部门		第一季度			第二季度			第三季度			第四季度			全年
		1	2	3	4	5	6	7	8	9	10	11	12	
A产品	规格													
	预计销售数量													
	销售单价													
B产品	规格													
	预计销售数量													
	销售单价													

表6-2   ××公司××年度销售收入预算表   单位：元

编制部门		年度											
销售部门		第一季度			第二季度			第三季度			第四季度			全年
		1	2	3	4	5	6	7	8	9	10	11	12	
A产品	不含税销售收入													
	销项税额													
	含税销售收入													
B产品	不含税销售收入													
	销项税额													
	含税销售收入													
不含税销售收入合计														
销项税额合计														
含税销售收入合计														
期初应收账款														
1月经营现金收入														
2月经营现金收入														
3月经营现金收入														
4月经营现金收入														
5月经营现金收入														
6月经营现金收入														
7月经营现金收入														
8月经营现金收入														
9月经营现金收入														
10月经营现金收入														
11月经营现金收入														
12月经营现金收入														
经营现金收入合计														
期末应收账款														

表6-3   ××公司××年度客户分产品销售额排序表   金额单位：元

序号	销售客户名称	A产品销售额	B产品销售额	累计销售额	累计销售额比重
1	甲公司				
2	乙公司				
	…				
10	庚公司				
11	申公司				
	…				
30	戊公司				
31	巳公司				
32	辛公司				
	…				
36	壬公司				
	合 计				

6.2.6　编制案例

【例6-1】江苏鳝矗集团公司设有甲、乙两个生产分厂和销售部、综合管理部、财务部、采购部、储运部、人力资源部、制造部、技术部、工程部九个职能部室。其中：销售部负责公司的产品销售及货款回收；采购部负责公司的物资采购；甲分厂生产A产品，乙分厂生产B产品。公司要求销售部按照20×2年度实现销售收入55 000万元的预算目标，结合销售预测情况，编制20×2年度销售收入预算。假定公司产品销售的增值税税率为16%。根据产品供求关系、资金状况和市场情况制定的20×2年度产品销售货款回收政策为：每季度含税销售收入的70%在本季度收回现金，剩余的30%于下一季度收回。

要求：编制江苏鳝矗集团公司20×2年度销售预算、现金收款预算和应收账款预算。

预算编制过程和编制方法如下：

（1）编制销售预算基础资料表和发货数量统计表

根据公司下达的预算目标草案，销售部门与财务部门共同测算、核定20×2年度各种产品的销售价格和增值税税率，然后归集编制20×2年度销售收入预算的相关基础资料，具体见表6-4和表6-5。

表6-4　　　　　　江苏鳝矗集团公司20×2年度销售预算基础资料表

产品名称	计量单位	不含税销售单价	含税销售单价	增值税税率
A产品	元/套	10 000.00	11 600.00	16%
B产品	元/套	60 000.00	69 600.00	16%

表6-5　　　　　　江苏鳝矗集团公司20×2年度发货数量统计表

序号	客户名称	产品名称	计量单位	20×2年度发货数量	各季度发货数量			
					第一季度	第二季度	第三季度	第四季度
一		A产品	套	25 000	5 450	6 050	6 600	6 900
1	宏达公司		套	3 600	1 000	900	900	800
2	华龙公司		套	3 000	700	800	800	700
	…							
二		B产品	套	5 000	1 100	1 300	1 400	1 200
1	宏达公司		套	1 000	250	250	250	250
2	华龙公司		套	800	150	200	250	200
	…							

（2）编制销售收入测算表和销售量统计表

在编制销售预算基础资料表和发货数量统计表的基础上，按照客户测算20×2年度销售收入和20×2年度销售量统计，具体测算结果见表6-6和表6-7。

表6-6

江苏鬣鳢集团公司20×2年度销售收入测算表

序号	客户名称	20×2年度			第一季度		第二季度		第三季度		第四季度	
		数量（套）	单价（元/套）	销售额（元）	数量（套）	销售额（元）	数量（套）	销售额（元）	数量（套）	销售额（元）	数量（套）	销售额（元）
一	A产品	25 000	10 000.00	250 000 000.00	5 450	54 500 000.00	6 050	60 500 000.00	6 600	66 000 000.00	6 900	69 000 000.00
1	宏达公司	3 600	10 000.00	36 000 000.00	1 000	10 000 000.00	900	9 000 000.00	900	9 000 000.00	800	8 000 000.00
2	华龙公司	3 000	10 000.00	30 000 000.00	700	7 000 000.00	800	8 000 000.00	800	8 000 000.00	700	7 000 000.00
…	…											
10	…											
30	中远公司	200	10 000.00	2 000 000.00	60	600 000.00	60	600 000.00	40	400 000.00	40	400 000.00
二	B产品	5 000	60 000.00	300 000 000.00	1 100	66 000 000.00	1 300	78 000 000.00	1 400	84 000 000.00	1 200	72 000 000.00
1	宏达公司	1 000	60 000.00	60 000 000.00	250	15 000 000.00	250	15 000 000.00	250	15 000 000.00	250	15 000 000.00
2	华龙公司	800	60 000.00	48 000 000.00	150	9 000 000.00	200	12 000 000.00	250	15 000 000.00	200	12 000 000.00
…	…											
18	天德公司	100	60 000.00	6 000 000.00	20	1 200 000.00	30	1 800 000.00	30	1 800 000.00	20	1 200 000.00
…	…											
36	大明公司	50	60 000.00	3 000 000.00	10	600 000.00	10	600 000.00	20	1 200 000.00	10	600 000.00
三	合　计	—	—	550 000 000.00	—	120 500 000.00	—	138 500 000.00	—	150 000 000.00	—	141 000 000.00

表6-7　　　　　　　　　　　江苏鳝蠡集团公司 20×2年度销售量统计表

编制部门		20×2年度				
销售部门		第一季度	第二季度	第三季度	第四季度	全年
A产品	预计销售数量（套）	5 450	6 050	6 600	6 900	25 000
	不含税销售单价（元/套）	10 000.00	10 000.00	10 000.00	10 000.00	10 000.00
	含税销售单价（元/套）	11 600.00	11 600.00	11 600.00	11 600.00	11 600.00
B产品	预计销售数量（套）	1 100	1 300	1 400	1 200	5 000
	不含税销售单价（元/套）	60 000.00	60 000.00	60 000.00	60 000.00	60 000.00
	含税销售单价（元/套）	69 600.00	69 600.00	69 600.00	69 600.00	69 600.00

（3）编制销售收入预算表

江苏鳝蠡集团公司20×2年度销售收入预算见表6-8。

表6-8　　　　　　　　　江苏鳝蠡集团公司20×2年度销售收入预算表　　　　　　　　金额单位：元

编制部门		20×2年度				
销售部门		第一季度	第二季度	第三季度	第四季度	全年
A产品	预计销售数量（套）	5 450	6 050	6 600	6 900	25 000
	不含税销售收入	54 500 000.00	60 500 000.00	66 000 000.00	69 000 000.00	250 000 000.00
	销项税额	8 720 000.00	9 680 000.00	10 560 000.00	11 040 000.00	40 000 000.00
	含税销售收入	63 220 000.00	70 180 000.00	76 560 000.00	80 040 000.00	290 000 000.00
B产品	预计销售数量（套）	1 100	1 300	1 400	1 200	5 000
	不含税销售收入	66 000 000.00	78 000 000.00	84 000 000.00	72 000 000.00	300 000 000.00
	销项税额	10 560 000.00	12 480 000.00	13 440 000.00	11 520 000.00	48 000 000.00
	含税销售收入	76 560 000.00	90 480 000.00	97 440 000.00	83 520 000.00	348 000 000.00
不含税销售收入合计		120 500 000.00	138 500 000.00	150 000 000.00	141 000 000.00	550 000 000.00
销项税额合计		19 280 000.00	22 160 000.00	24 000 000.00	22 560 000.00	88 000 000.00
含税销售收入合计		139 780 000.00	160 660 000.00	174 000 000.00	163 560 000.00	638 000 000.00
期初应收账款		40 000 000.00				40 000 000.00
第一季度经营现金收入		97 846 000.00	41 934 000.00			139 780 000.00
第二季度经营现金收入			112 462 000.00	48 198 000.00		160 660 000.00
第三季度经营现金收入				121 800 000.00	52 200 000.00	174 000 000.00
第四季度经营现金收入					114 492 000.00	114 492 000.00
经营现金收入合计		137 846 000.00	154 396 000.00	169 998 000.00	166 692 000.00	628 932 000.00
期末应收账款		49 068 000.00（其中应收票据 8 000 000.00）				

（4）编制应收账款预算

应收账款预算是预算期内企业应收账款发生额、回收额及期初余额、期末余额的预算，由销售部门负责编制，财务部门予以协助。

应收账款涉及公司资金链的安全问题，对于累计销售额占企业销售收入总额80%左右的客户，在应收账款预算中按客户名称进行明细填列，重点管理；对于其他小客户群体，在应收账款预算中按销售区域进行汇总填列。

江苏鳝蠡集团公司20×2年度客户汇总销售额汇总排序见表6-9。

表6-9

江苏××集团公司20×2年度客户汇总销售额汇总排序表

单位：万元

序号	客户名称	期初余额	第一季度			第二季度			第三季度			第四季度		
			本期应收	本期收现	期末余额	本期应收	本期收现	期末余额	本期应收	本期收现	期末余额	本期应收	本期收现	期末余额
一	重点客户	3 200.00	11 182.40	11 027.68	3 354.72	12 852.80	12 351.68	3 855.84	13 920.00	13 599.84	4 176.00	13 084.80	13 335.36	3 925.44
1	宏达公司	600.00	2 900.00	2 630.00	870.00	2 784.00	2 818.80	835.20	2 784.00	2 784.00	835.20	2 668.00	2 702.80	800.40
2	华龙公司	500.00	1 856.00	1 799.20	556.80	2 320.00	2 180.80	696.00	2 668.00	2 563.60	800.40	2 204.00	2 343.20	661.20
	…													
8	天德公司	200.00	139.20	297.44	41.76	208.80	187.92	62.64	208.80	208.80	62.64	139.20	160.08	41.76
二	一般客户	800.00	2 795.60	2 756.92	838.68	3 213.20	3 087.92	963.96	3 480.00	3 399.96	1 044.00	3 271.20	3 333.84	981.36
1	东北6户	120.00	348.00	363.60	104.40	232.00	266.80	69.60	580.00	475.60	174.00	696.00	661.20	208.80
2	华北13户	260.00	232.00	422.40	69.60	348.00	313.20	104.40	348.00	348.00	104.40	232.00	266.80	69.60
3	华东17户	100.00	116.00	181.20	34.80	232.00	197.20	69.60	116.00	150.80	34.80	92.80	99.76	27.84
4	华南4户	80.00	58.00	120.60	17.40	232.00	179.80	69.60	58.00	110.20	17.40	46.40	49.88	13.92
	…													
三	合 计	4 000.00	13 978.00	13 784.60	4 193.40	16 066.00	15 439.60	4 819.80	17 400.00	16 999.80	5 220.00	16 356.00	16 669.20	4 906.80

6.3 现代企业生产预算编制

生产预算是以销售预算中的预计销售量和存货预算中的预计产成品存货数量为基础编制的。企业在预算期间为了避免产品生产不足而影响下期销售或产品生产过剩形成积压，除必须有足够的产品以供销售之外，还必须考虑到预算期期初和期末产成品的预计水平。

6.3.1 现代企业生产预算编制基础

生产预算编制的前提是销售部门做出的销售预算，同时还需要期初、期末产品结存等信息。

6.3.2 编制责任部门

生产预算的执行责任部门是生产车间（成本中心），因此，生产预算由生产部门负责编制，其他部门予以配合。

6.3.3 编制程序

生产预算在销售量预算的基础上，结合各期期初、期末结存量编制。生产预算是后续编制采购预算、人工预算、制造费用预算等的基础。

6.3.4 编制方法

企业可采用弹性预算或固定预算的编制方法，在编制时间上可采用定期预算或滚动预算的编制方法。其计算公式为：

预计产量=预计产品销售量+期末库存产成品数量−期初库存产成品数量

6.3.5 预算表格设计

生产预算表是唯一没有价值量的预算表。根据生产预算的特点，其主要表格设计见表6-10（企业可以根据实际的产品种类对该表格进行扩展）。

表6-10 ××公司××年度产品产量预算表 单位：套

编制部门		年度											
生产部门		第一季度			第二季度			第三季度			第四季度		全年
		1	2	3	4	5	6	7	8	9	10	11	12	
A产品	预算销售量													
	加：期末结存量													
	减：期初结存量													
	预计生产量													
B产品	预算销售量													
	加：期末结存量													
	减：期初结存量													
	预计生产量													

6.3.6 编制案例

【例6-2】江苏鳝麒集团公司编制20×2年度生产预算时，预计20×2年度的期初、期末存货等相关资料见表6-11。

表6-11　　　　　　　**江苏鳝麒集团公司20×2年度产成品相关资料表**　　　　　金额单位：元

品种	期初结存量（套）	期末结存量（套）	预计期末结存占下期销量的百分比	期初产成品成本	
				单位额	总额
A产品	5 000	4 000	20%	8 600.00	43 000 000.00
B产品	1 000	2 000	30%	53 500.00	53 500 000.00

要求：编制江苏鳝麒集团公司20×2年度生产预算。

根据题意整理得出江苏鳝麒集团公司20×2年度产品产量预算，具体见表6-12。

表6-12　　　　　　　　**江苏鳝麒集团公司20×2年度产品产量预算表**　　　　　单位：套

编制部门		20×2年度				
生产部门		第一季度	第二季度	第三季度	第四季度	全年
A产品	预算销售量	5 450	6 050	6 600	6 900	25 000
	加：期末结存量	1 210	1 320	1 380	4 000	4 000
	减：期初结存量	5 000	1 210	1 320	1 380	5 000
	预计生产量	1 660	6 160	6 660	9 520	24 000
B产品	预算销售量	1 100	1 300	1 400	1 200	5 000
	加：期末结存量	390	420	360	2 000	2 000
	减：期初结存量	1 000	390	420	360	1 000
	预计生产量	490	1 330	1 340	2 840	6 000

6.4 现代企业采购预算编制

直接材料采购预算，是指预算期内根据生产预算所确定的材料采购数量和材料采购金额的计划。

6.4.1 现代企业采购预算编制基础

直接材料采购预算以生产预算为基础，其编制依据主要有：生产预算的每季度预计生产量；单位产品的材料消耗定额；计划期间的期初、期末存料量；材料的计划单价；采购材料的付款条件等。

6.4.2 编制责任部门

直接材料采购预算由采购部门根据生产预算、消耗定额和计划采购单价等编制，财务部门、仓储部门、生产部门予以配合。

6.4.3 编制程序

直接材料采购预算的编制程序如下：计算某种直接材料的预计购料量；计算预算期某种直接材料的采购成本；计算预算期所有材料采购的总成本；计算预算期发生的与材料采

购总成本相关的增值税进项税额；计算预算期含税采购金额；计算预算期采购现金支出；计算预算期末应付账款余额。其相关计算公式为：

预计购料量 = 生产需要量 + 计划期末预计存料量 − 计划期初预计存料量

材料采购成本 = 该种材料单价 × 该种材料预计购料量（其中：材料单价不含增值税）

预算期增值税进项税额 = 材料采购总成本 × 增值税税率

预算期采购现金支出 = 该期采购材料的现金支出 + 该期支付前期的应付账款

预算期末应付账款余额 = 预算期初应付账款余额 + 该期含税采购金额 − 该期现金支出

6.4.4　编制方法

企业可采用弹性预算或固定预算的编制方法，在编制时间上可采用定期预算或滚动预算的编制方法。其计算公式为：

预计采购量 = 预计生产用量 + 期末库存数量 − 期初库存数量

6.4.5　预算表格设计

根据采购预算的特点，其主要表格设计见表6-3（企业可以根据实际的材料种类对该表格进行扩展）。

表6-13　　　　　　　　　　　　　　**××公司××年度材料采购预算表**　　　　　　　金额单位：元

项目	耗用材料种类	上年实际			本年预算		
		单位产品耗用材料定额	计划单价	目标成本	单位产品耗用材料定额	计划单价	目标成本
A产品	甲材料						
	乙材料						
	丙材料						
	…						
	单位产品耗用材料定额总计						
B产品	甲材料						
	乙材料						
	丙材料						
	…						
	单位产品耗用材料定额总计						

6.4.6　编制案例

【例6-3】江苏鱲龘集团公司甲分厂生产A产品，乙分厂生产B产品。公司采购部门按照20×2年度销售目标和生产预算，结合各期原材料的结存情况，编制20×2年度采购预算。假定各种原材料的增值税税率为16%。根据原材料的供求关系、资金状况，20×2年度原材料的付款政策为：每季度含税采购额的60%在本季度付现，剩余40%于次季度支付。发出原材料采用先进先出法计价，采购部门和生产部门共同提供了采购预算基础资料，具体见表6-14。

表6-14   江苏鳝龘集团公司20×2年度直接材料相关资料表

编制部门		20×2年度					
采购部门		消耗定额（千克/套）	计划单价（元/千克）	期初存量（千克）	期末存量（千克）	预算期各期末存量	期初应付账款
A产品	甲材料	40	50	800	850	预算期各期末存量为下期用量的10%	4 000万元
	乙材料	50	40	600	610		
	丙材料	25	80	250	300		
B产品	甲材料	100	50	1 000	1 100		
	乙材料	90	40	900	1 000		
	丁材料	70	350	700	800		

要求：编制江苏鳝龘集团公司20×2年度直接材料采购预算。

首先，根据消耗定额和产品产量，计算并整理得出直接材料用量，具体见表6-15。

表6-15   江苏鳝龘集团公司20×2年度直接材料用量计算表

材料名称			第一季度	第二季度	第三季度	第四季度	全年
甲材料	A产品	产量（套）	1 660	6 160	6 660	9 520	24 000
		消耗定额（千克/套）	40	40	40	40	40
		耗用量（千克）	66 400	246 400	266 400	380 800	960 000
	B产品	产量（套）	490	1 330	1 340	2 840	6 000
		消耗定额（千克/套）	100	100	100	100	100
		耗用量（千克）	49 000	133 000	134 000	284 000	600 000
	合计用量（千克）		115 400	379 400	400 400	664 800	1 560 000
乙材料	A产品	产量（套）	1 660	6 160	6 660	9 520	24 000
		消耗定额（千克/套）	50	50	50	50	50
		耗用量（千克）	83 000	308 000	333 000	476 000	1 200 000
	B产品	产量（套）	490	1 330	1 340	2 840	6 000
		消耗定额（千克/套）	90	90	90	90	90
		耗用量（千克）	44 100	119 700	120 600	255 600	540 000
	合计用量（千克）		127 100	427 700	453 600	731 600	1 740 000
丙材料	A产品	产量（套）	1 660	6 160	6 660	9 520	24 000
		消耗定额（千克/套）	25	25	25	25	25
		耗用量（千克）	41 500	154 000	166 500	238 000	600 000
丁材料	B产品	产量（套）	490	1 330	1 340	2 840	6 000
		消耗定额（千克/套）	70	70	70	70	70
		耗用量（千克）	34 300	93 100	93 800	198 800	420 000

其次，结合期初、期末结存量，计算采购数量，具体见表6-16。

表6-16　　　　　　　　**江苏鳝矗集团公司20×2年度直接材料采购量计算表**　　　　　单位：千克

编制部门		20×2年度				
采购部门		第一季度	第二季度	第三季度	第四季度	全年
甲材料	预算生产用量	115 400	379 400	400 400	664 800	1 560 000
	加：期末结存量	37 940	40 040	66 480	1 950	1 950
	减：期初结存量	1 800	37 940	40 040	66 480	1 800
	预计采购量	151 540	381 500	426 840	600 270	1 560 150
乙材料	预算生产用量	127 100	427 700	453 600	731 600	1 740 000
	加：期末结存量	42 770	45 360	73 160	1 610	1 610
	减：期初结存量	1 500	42 770	45 360	73 160	1 500
	预计采购量	168 370	430 290	481 400	660 050	1 740 110
丙材料	预算生产用量	41 500	154 000	166 500	238 000	600 000
	加：期末结存量	15 400	16 650	23 800	300	300
	减：期初结存量	250	15 400	16 650	23 800	250
	预计采购量	56 650	155 250	173 650	214 500	600 050
丁材料	预算生产用量	34 300	93 100	93 800	198 800	420 000
	加：期末结存量	9 310	9 380	19 880	800	800
	减：期初结存量	700	9 310	9 380	19 880	700
	预计采购量	42 910	93 170	104 300	179 720	420 100

再次，根据上述资料，编制直接材料采购预算，具体结果见表6-17。

表6-17　　　　　　　　**江苏鳝矗集团公司20×2年度直接材料采购预算表**　　　　金额单位：元

材料名称		第一季度	第二季度	第三季度	第四季度	全年
甲材料	采购量（千克）	151 540	381 500	426 840	600 270	1 560 150
	采购单价（元/千克）	50.00	50.00	50.00	50.00	50.00
	采购金额	7 577 000.00	19 075 000.00	21 342 000.00	30 013 500.00	78 007 500.00
乙材料	采购量（千克）	168 370	430 290	481 400	660 050	1 740 110
	采购单价（元/千克）	40.00	40.00	40.00	40.00	40.00
	采购金额	6 734 800.00	17 211 600.00	19 256 000.00	26 402 000.00	69 604 400.00
丙材料	采购量（千克）	56 650	155 250	173 650	214 500	600 050
	采购单价（元/千克）	80.00	80.00	80.00	80.00	80.00
	采购金额	4 532 000.00	12 420 000.00	13 892 000.00	17 160 000.00	48 004 000.00
丁材料	采购量（千克）	42 910	93 170	104 300	179 720	420 100
	采购单价（元/千克）	350.00	350.00	350.00	350.00	350.00
	采购金额	15 018 500.00	32 609 500.00	36 505 000.00	62 902 000.00	147 035 000.00
采购金额（不含税）合计		33 862 300.00	81 316 100.00	90 995 000.00	136 477 500.00	342 650 900.00
进项税额		5 417 968.00	13 010 576.00	14 559 200.00	21 836 400.00	54 824 144.00
采购金额（含税）合计		39 280 268.00	94 326 676.00	105 554 200.00	158 313 900.00	397 475 044.00
期初应付账款		40 000 000.00				40 000 000.00
第一季度采购金额付现		23 568 160.80	15 712 107.20			39 280 268.00
第二季度采购金额付现			56 596 005.60	37 730 670.40		94 326 676.00
第三季度采购金额付现				63 332 520.00	42 221 680.00	105 554 200.00
第四季度采购金额付现					94 988 340.00	94 988 340.00
付现合计		63 568 160.80	72 308 112.80	101 063 190.40	137 210 020.00	374 149 484.00
期末应付账款合计		63 325 560.00				

最后，编制原材料结存预算，具体见表6-18。

表6-18　　　　　　江苏鱶齷集团公司20×2年度原材料结存预算表　　　　　金额单位：元

材料名称	预算期采购单价	期初结存量		预算期需要量		期末结存量	
		数量（千克）	金额	数量（千克）	金额	数量（千克）	金额
甲材料	50.00	1 800	90 000.00	1 560 000	78 000 000.00	1 950	97 500.00
乙材料	40.00	1 500	60 000.00	1 740 000	69 600 000.00	1 610	64 400.00
丙材料	80.00	250	20 000.00	600 000	48 000 000.00	300	24 000.00
丁材料	350.00	700	245 000.00	420 000	147 000 000.00	800	280 000.00
合　计			415 000.00		342 600 000.00		465 900.00

6.5　现代企业直接人工预算编制

直接人工预算是根据已知标准工资率、标准单位直接人工工时、其他直接费用计提标准、生产预算、五险一金、企业工资制度等资料，对预算期内人工工时的消耗和人工成本所作的经营预算。

6.5.1　现代企业直接人工预算编制基础

直接人工预算的编制基础主要有：预计产量、单位产品人工工时定额、工时工资率、福利费等其他直接费用提取标准等。"预计产量"数据来自生产预算；"单位产品人工工时定额"和"工时工资率"数据来自标准成本资料。

1）计时工资制下的直接人工预算编制方法

计时工资制是根据员工的计时工资标准和工作时间来计算工资的制度，是我国工资分配的基本形式。

计时工资制下，直接人工预算的编制过程和编制方法是：首先确定各种产品生产的一线员工名单和工资标准；其次计算各种产品预算期内负担的直接人工工资；最后计算各种产品预算期内负担的，除工资外的其他直接人工成本，主要包括一线生产员工的奖金、津贴、补贴、福利费、社会保险费、住房公积金、工会经费和职工教育经费等直接人工支出。

按照《企业会计准则第9号——职工薪酬》的规定，上述直接人工成本需要按受益对象计入产品成本。因此，编制直接人工预算要根据企业预算期内一线生产员工的奖金、津贴、补贴、福利费发放办法和社会保险费、住房公积金、工会经费、职工教育经费的计提依据、标准逐项计算并分解落实到各种产品成本。

2）计件工资制下的直接人工预算编制方法

计件工资制是按照一线生产员工生产的合格产品的数量（或作业量）和预先规定的计件工资标准来计算报酬的一种工资制度。计件工资有多种具体形式，其关键点在于企业应该根据标准工时制度合理确定劳动定额和计件工资标准。

6.5.2　编制责任部门

直接人工预算是由人力资源管理部门根据生产预算、工时定额、工时工资率等编制的，财务部门、生产部门予以配合。

6.5.3 编制程序

直接人工预算的编制程序如下：

1）计算某产品消耗的直接人工工时

某产品消耗的直接人工工时 = 单位产品工时定额 × 该产品预计产量

2）计算某产品耗用的直接工资

某产品耗用的直接工资 = 单位工时工资 × 该产品消耗的直接人工工时

3）计算某产品计提的福利费等其他直接费用

某产品计提的其他直接费用 = 某产品耗用的直接工资 × 计提标准

4）计算预算期内某产品的直接人工成本

某产品的直接人工成本 = 该产品耗用的直接工资 + 计提的其他直接费用

5）计算预算期内直接人工成本现金支出

直接人工成本现金支出 = 直接工资 + 计提的其他直接费用 × 支付率

6.5.4 编制方法

企业可采用弹性预算或固定预算的编制方法，在编制时间上可采用定期预算或滚动预算的编制方法。

企业执行的工资制度主要有计时工资制和计件工资制两种基本形式，两种制度下的直接人工预算的编制方法不尽相同。其中，计时工资制下直接人工预算的计算公式为：

直接人工预算额 = 预计产量 × 单位产品直接人工小时 × 小时工资率

6.5.5 预算表格设计

根据直接人工预算的特点，其主要表格设计见表6-19。

表6-19　　　　　　　　　　××公司××年度直接人工预算表　　　　　　　金额单位：元

项目	第一季度	第二季度	第三季度	第四季度	全年
A产品：					
预计生产量					
单位产品工时定额					
直接人工工时					
小时工资率					
直接人工成本					
B产品：					
预计生产量					
单位产品工时定额					
直接人工工时					
小时工资率					
直接人工成本					
…					
直接人工成本总额					

6.5.6　编制案例

【例6-4】江苏鳝矗集团公司对一线生产人员实行集体计件工资制，按小时工资率和定额工资计算各种产品应负担的计件工资。计件工资的范围包含基本工资、奖金、津贴和补贴等；社会保险费、住房公积金、职工福利费、工会经费及职工教育经费以计件工资为基数，按公司规定的标准计提。

根据责任分工，直接人工预算草案由各分厂负责编制，人力资源部、财务部、制造部给予配合和审议，人力资源部负责各分厂直接人工预算草案的审核、汇总。按直接人工预算中薪酬全额支付现金，五险一金等的80%支付现金。预算期内各种产品的工时定额、小时工资率以及社会保险费、住房公积金、职工福利费等相关资料见表6-20。

表6-20　　　　　　　江苏鳝矗集团公司20×2年度直接人工预算基础资料表

项目	产品工时定额 （小时/套）	小时工资率 （元/小时）	社会保险费、住房公积金 计提比例	职工福利费 计提比例	工会经费及职工教育经费 计提比例
A产品	40	40	7%	14%	3.5%
B产品	120	50	7%	14%	3.5%

要求：编制江苏鳝矗集团公司20×2年度直接人工预算。

（1）编制直接人工预算计算表

根据20×2年度直接人工预算基础资料表（见表6-20）和20×2年度产品产量预算表（见表6-12），按照各项目之间的逻辑关系和计算公式，计算并编制20×2年度直接人工预算计算表，具体见表6-21。

表6-21　　　　　　　江苏鳝矗集团公司20×2年度直接人工预算计算表

项目	产品产量 （套）	工时定额 （小时/套）	预算产量 定额工时 （小时）	小时工资率 （元/小时）	直接人工工资 （元）	计提保险 费、住房 公积金 （元）	计提职工 福利费 （元）	计提工会 经费及职 工教育经费 （元）	直接人工成本 （元）
计算关系	①	②	③=②×①	④	⑤=④×③	⑥=⑤×7%	⑦=⑤×14%	⑧=⑤×3.5%	⑨=⑤+⑥+⑦+⑧
A产品	24 000	40	960 000	40.00	38 400 000.00	2 688 000.00	5 376 000.00	1 344 000.00	47 808 000.00
B产品	6 000	120	720 000	50.00	36 000 000.00	2 520 000.00	5 040 000.00	1 260 000.00	44 820 000.00
合计	—	—	—	—	74 400 000.00	5 208 000.00	10 416 000.00	2 604 000.00	92 628 000.00

（2）编制直接人工预算

根据直接人工预算计算表及产品产量预算表，编制20×2年度直接人工预算，具体见表6-22。

表6-22　　　　江苏籌韝集团公司 20×2 年度直接人工预算表

金额单位：元

项目	第一季度	第二季度	第三季度	第四季度	全年
A产品：					
预计生产量（套）	1 660	6 160	6 660	9 520	24 000
单位产品工时定额（小时/套）	40.00	40.00	40.00	40.00	40.00
直接人工工时（小时）	66 400.00	246 400.00	266 400.00	380 800.00	960 000.00
小时工资率（元/小时）	40.00	40.00	40.00	40.00	40.00
预计直接工资	2 656 000.00	9 856 000.00	10 656 000.00	15 232 000.00	38 400 000.00
其他间接费用	650 720.00	2 414 720.00	2 610 720.00	3 731 840.00	9 408 000.00
直接人工成本合计	3 306 720.00	12 270 720.00	13 266 720.00	18 963 840.00	47 808 000.00
B产品：					
预计生产量（套）	490	1 330	1 340	2 840	6 000
单位产品工时定额（小时/套）	120.00	120.00	120.00	120.00	120.00
直接人工工时（小时）	58 800.00	159 600.00	160 800.00	340 800.00	720 000.00
小时工资率（元/小时）	50.00	50.00	50.00	50.00	50.00
预计直接工资	2 940 000.00	7 980 000.00	8 040 000.00	17 040 000.00	36 000 000.00
其他间接费用	720 300.00	1 955 100.00	1 969 800.00	4 174 800.00	8 820 000.00
直接人工成本合计	3 660 300.00	9 935 100.00	10 009 800.00	21 214 800.00	44 820 000.00
预计直接工资合计	5 596 000.00	17 836 000.00	18 696 000.00	32 272 000.00	74 400 000.00
预计间接费用合计	1 371 020.00	4 369 820.00	4 580 520.00	7 906 640.00	18 228 000.00
预计间接费用现金支出	1 096 816.00	3 495 856.00	3 664 416.00	6 325 312.00	14 582 400.00
直接人工成本现金支出合计	6 692 816.00	21 331 856.00	22 360 416.00	38 597 312.00	88 982 400.00

6.6　现代企业制造费用预算编制

制造费用预算是预算期内企业各生产单位（分厂、车间）为组织和管理生产活动所发生的费用支出的经营预算。

6.6.1　制造费用预算编制基础

制造费用预算编制的主要依据是预算期的产品产量预算、制造费用定额、基期费用情况、预算编制要求等信息资料。因此，编制时需要归集、整理上述基础资料。

6.6.2　编制责任部门

制造费用预算由生产部门负责编制，财务部门予以协助。

6.6.3　编制程序

首先，按成本习性将制造费用分为固定制造费用、变动制造费用两个部分。

然后，针对不同习性的制造费用采用不同的方法，分析、计算、确定预算期内的各项制造费用数额。

制造费用中的付现项目主要有工资、差旅费、维修费、水电费等，非付现项目主要有固定资产折旧费、从仓库中领用的机物料消耗费等。

6.6.4　编制方法

企业可采用弹性预算、零基预算或增量预算的编制方法，在编制时间上可采用定期预算或滚动预算的编制方法。

6.6.5　预算表格设计

根据制造费用预算的特点，其主要表格设计见表6-23和表6-24。

表6-23　　　　　　　　　　　××公司××年度制造费用预算表　　　　　　　　金额单位：元

成本项目		金额	费用分配率计算
变动制造费用	间接人工		
	间接材料		
	维修费		
	水电费		
	…		
	其他		
	小计		
固定制造费用	折旧费		
	管理费		
	保险费		
	财产税		
	…		
	其他		
	小计		
制造费用合计			

表6-24　　　　　　　　　　　　**××公司××年度制造费用预算表**　　　　　　　金额单位：元

项目	第一季度	第二季度	第三季度	第四季度	全年
直接人工小时总数					
变动制造费用分配率					
变动制造费用现金支出					
加：固定制造费用预算					
减：折旧费					
现金支出合计					

6.6.6　编制案例

【例6-5】根据责任分工，江苏鳝矗集团公司20×2年度制造费用预算由各生产分厂负责编制，财务部门予以指导和审核把关。编制方法要求：将制造费用分为固定制造费用和变动制造费用两大类，固定制造费用按零基预算法编制，变动制造费用按费用定额与预算期产品产量挂钩编制。编制制造费用预算的基础资料见表6-25。

表6-25　　　　　　　**江苏鳝矗集团公司20×2年度制造费用预算基础资料表**

序号	项目	计量单位	费用标准		释义
			A产品	B产品	
一	变动制造费用	元/套	48	55	
1	维修费	元/套	15	17	设备日常维修费
2	检测费	元/套	18	20	材料、半成品、产品检测、化验等费用
3	搬运费	元/套	7	9	材料、半成品、产品搬运等费用
4	劳动保护费	元/套	6	8	与业务量直接相关的劳动保护费
5	其他	元/套	2	1	其他零星变动费用
二	固定制造费用	固定项目：管理人员薪酬、折旧费、财产保险费、办公费、水电费等			

要求：编制江苏鳝矗集团公司20×2年度制造费用预算。

（1）编制变动制造费用预算计算表

根据20×2年度产品产量预算表（见表6-12）和20×2年度制造费用预算基础资料表（见表6-25），计算20×2年度各生产分厂变动制造费用预算数额。其计算公式为：

变动制造费用 = $\sum$ 产品产量 × 单位产品的变动制造费用定额

（2）编制固定制造费用预算计算表

采用零基预算法测算20×2年度各生产分厂的管理及技术人员工资、固定资产折旧费、财产保险费、办公费、水电费等固定制造费用项目数额。甲、乙分厂制造费用预算，分别见表6-26和表6-27。

表6-26

江苏罐罐集团公司甲分厂20×2年度制造费用预算表

A产品20×2年度预算（产量24 000套）

单位：元

性质	费用项目	全年	第一季度	第二季度	第三季度	第四季度
变动费用	维修费	360 000.00	24 900.00	92 400.00	99 900.00	142 800.00
	检测费	432 000.00	29 880.00	110 880.00	119 880.00	171 360.00
	搬运费	168 000.00	11 620.00	43 120.00	46 620.00	66 640.00
	劳动保护费	144 000.00	9 960.00	36 960.00	39 960.00	57 120.00
	其他	48 000.00	3 320.00	12 320.00	13 320.00	19 040.00
	变动制造费用小计	1 152 000.00	79 680.00	295 680.00	319 680.00	456 960.00
固定费用	管理人员薪酬	448 200.00	112 050.00	112 050.00	112 050.00	112 050.00
	1.管理人员基本工资	360 000.00	90 000.00	90 000.00	90 000.00	90 000.00
	2.管理人员间接费用	88 200.00	22 050.00	22 050.00	22 050.00	22 050.00
	折旧费	467 400.00	116 850.00	116 850.00	116 850.00	116 850.00
	财产保险费	270 000.00	67 500.00	67 500.00	67 500.00	67 500.00
	办公费	180 000.00	45 000.00	45 000.00	45 000.00	45 000.00
	水电费	90 000.00	22 500.00	22 500.00	22 500.00	22 500.00
	其他	90 000.00	22 500.00	22 500.00	22 500.00	22 500.00
	固定制造费用小计	1 545 600.00	386 400.00	386 400.00	386 400.00	386 400.00
	制造费用合计	2 697 600.00	466 080.00	682 080.00	706 080.00	843 360.00
	非付现项目	485 040.00	121 260.00	121 260.00	121 260.00	121 260.00
	付现项目	2 212 560.00	344 820.00	560 820.00	584 820.00	722 100.00

表6-27

江苏鳞麟集团公司乙分厂20×2年度制造费用预算表

单位：元

性质	费用项目	B产品20×2年度预算（产量6 000套）				
		全年	第一季度	第二季度	第三季度	第四季度
变动费用	维修费	102 000.00	8 330.00	22 610.00	22 780.00	48 280.00
	检测费	120 000.00	9 800.00	26 600.00	26 800.00	56 800.00
	搬运费	54 000.00	4 410.00	11 970.00	12 060.00	25 560.00
	劳动保护费	48 000.00	3 920.00	10 640.00	10 720.00	22 720.00
	其他	6 000.00	490.00	1 330.00	1 340.00	2 840.00
	变动制造费用小计	330 000.00	26 950.00	73 150.00	73 700.00	156 200.00
固定费用	管理人员薪酬	139 440.00	34 860.00	34 860.00	34 860.00	34 860.00
	1.管理人员基本工资	112 000.00	28 000.00	28 000.00	28 000.00	28 000.00
	2.管理人员间接费用	27 440.00	6 860.00	6 860.00	6 860.00	6 860.00
	折旧费	146 100.00	36 525.00	36 525.00	36 525.00	36 525.00
	财产保险费	84 860.00	21 215.00	21 215.00	21 215.00	21 215.00
	办公费	56 000.00	14 000.00	14 000.00	14 000.00	14 000.00
	水电费	28 000.00	7 000.00	7 000.00	7 000.00	7 000.00
	其他	28 000.00	7 000.00	7 000.00	7 000.00	7 000.00
	固定制造费用小计	482 400.00	120 600.00	120 600.00	120 600.00	120 600.00
	制造费用合计	812 400.00	147 550.00	193 750.00	194 300.00	276 800.00
	非付现项目	151 588.00	37 897.00	37 897.00	37 897.00	37 897.00
	付现项目	660 812.00	109 653.00	155 853.00	156 403.00	238 903.00

6.7　现代企业成本预算编制

成本预算是对生产预算中的直接材料预算、直接人工预算、制造费用预算的汇总，提供各种产品的总成本和单位成本的数额，便于管理者从整个企业供、产、销的各个环节掌握企业的生产经营状况。同时，生产成本预算也是编制预计利润表和预计资产负债表的重要依据。

6.7.1　成本预算编制基础

成本预算编制的主要依据是在预算期的产品产量预算、材料预算、人工预算和制造费用预算的基础上，编制生产成本预算、销货成本预算和产成品存货成本预算。

6.7.2　编制责任部门

成本预算由生产部门、销售部门负责编制，财务部门、采购部门、仓储部门予以协助。

6.7.3　编制程序

1）收集预算基础资料

产品成本预算编制的主要依据是预算期的产品产量预算、直接材料预算、直接人工预算和制造费用预算，因此，需要归集、整理相关基础资料。

2）计算并编制产品成本预算

按照"产品成本＝直接材料成本＋直接人工成本＋制造费用"的基本公式，通过汇总直接材料预算、直接人工预算和制造费用预算中的有关数据、资料，编制产品成本预算。

6.7.4　编制方法

企业可采用弹性预算的编制方法，在编制时间上可采用定期预算或滚动预算的编制方法。

1）生产成本预算

生产成本预算的主要内容是产品的单位成本和总成本。单位成本的有关数据来自前述直接材料预算、直接人工预算和制造费用预算。生产成本、存货成本和销货成本等数据根据单位成本和有关数据计算得出。

2）本期销货成本预算

根据预算期的销售预算，结合期初产品存货成本预算、本期生产成本预算和存货发出的计价方法，编制本期销货成本预算。

3）期末产成品存货预算

期末产成品存货预算一般按照产品品种分别编制，并在变动成本模式或完全成本模式下与存货发出的计价方法相对应，采取不同的预算编制方法。

6.7.5　预算表格设计

根据成本预算的特点，其主要表格设计见表6-28、表6-29和表6-30。

表6-28　　　　　　　　　　**××公司××年度单位成本及期末存货预算表**　　　　金额单位：元

成本项目		单位用量	单位价格	单位成本
直接材料				
直接人工				
变动制造费用				
单位变动生产成本				
单位固定生产成本				
单位生产成本				
期末存货	期末存货数量			
	单位生产成本			
	期末存货成本			

表6-29　　　　　　　　　**××公司××年度生产成本（不考虑在产品）预算表**　　　　金额单位：元

成本项目	单位成本			生产成本	期初结存数量	期末结存数量	销售成本
	单价	单位耗用量	金额				
产品数量							
直接材料							
直接人工							
变动制造费用							
固定制造费用							
合　计							

表6-30　　　　　　　　　**××公司××年度生产成本（考虑在产品）预算表**　　　　金额单位：元

成本项目	单价	单位耗用量	单位成本	预计产量	生产成本
直接材料					
直接人工					
变动制造费用					
固定制造费用					
合　计					
加：在产品本期期初余额					
减：在产品本期期末余额					
预计产品生产成本					
加：产成品期初余额					
减：产成品期末余额					
预计产品销售成本					

6.7.6　编制案例

【例6-6】根据责任分工，江苏鳝鱻集团公司各生产分厂在直接材料预算、直接人工预算和制造费用预算编制完成的基础上，汇总编制各种产品制造成本预算。

（1）收集预算基础资料

归集预算期的产品产量预算、直接材料预算、直接人工预算和制造费用预算，具体资料见前文的各相关预算表。

（2）计算并编制产品成本预算

根据直接材料用量计算表（见表6-15）、直接人工预算表（见表6-22）和制造费用预算表（见表6-26和表6-27）等资料，汇总编制各种产品成本预算。A产品和B产品成本预算，分别见表6-31和表6-32。

表6-31　　　　江苏鳝鱻集团公司甲分厂20×2年度A产品成本预算表　　　　金额单位：元

成本项目	计量单位	总成本			单位成本	
		消耗量	单价	金额	消耗定额	金额
A产品产量	套	24 000				
直接材料	元			144 000 000.00		6 000.00
甲材料	千克	960 000	50.00	48 000 000.00	40	2 000.00
乙材料	千克	1 200 000	40.00	48 000 000.00	50	2 000.00
丙材料	千克	600 000	80.00	48 000 000.00	25	2 000.00
直接人工	元	960 000	49.80	47 808 000.00	40	1 992.00
制造费用	元			2 697 600.00		112.40
变动费用	元			1 152 000.00		48.00
固定费用	元			1 545 600.00		64.40
合　计	元			194 505 600.00		8 104.40

表6-32　　　　江苏鳝鱻集团公司乙分厂20×2年度B产品成本预算表　　　　金额单位：元

成本项目	计量单位	总成本			单位成本	
		消耗量	单价	金额	消耗定额	金额
B产品产量	套	6 000				
直接材料	元			198 600 000.00		33 100.00
甲材料	千克	600 000	50.00	30 000 000.00	100	5 000.00
乙材料	千克	540 000	40.00	21 600 000.00	90	3 600.00
丁材料	千克	420 000	350.00	147 000 000.00	70	24 500.00
直接人工	元	720 000	62.25	44 820 000.00	120	7 470.00
制造费用	元			812 400.00		135.40
变动费用	元			330 000.00		55.00
固定费用	元			482 400.00		80.40
合　计	元			244 232 400.00		40 705.40

（3）计算并编制销货成本预算

根据前文的销售预算、期初产品存货成本预算、本期生产成本预算，编制本期销货成本预算（江苏鳍䲜集团公司存货发出采用先进先出计价方法），具体见表6-33。

表6-33　　　　　　　江苏鳍䲜集团公司20×2年度销货成本预算表　　　　金额单位：元

产品名称	预算期单位成本	预算期总成本		期初结存		期末结存		销售成本	
		数量（套）	金额	数量（套）	金额	数量（套）	金额	数量（套）	金额
A产品	8 104.40	24 000	194 505 600.00	5 000	43 000 000.00	4 000	32 417 600.00	25 000	205 088 000.00
B产品	40 705.40	6 000	244 232 400.00	1 000	53 500 000.00	2 000	81 410 800.00	5 000	216 321 600.00
合　计			438 738 000.00		96 500 000.00		113 828 400.00		421 409 600.00

本章练习题

一、单项选择题

1.经营预算最关键的是（　　　）。

A.生产预算　　　　　　　　　　　　B.销售预算

C.直接材料预算及采购预算　　　　　D.直接人工预算

2.销售预算要求根据（　　　）的原则确定生产预算并考虑所需要的销售费用。

A.以产定销　　　B.以销定产　　　C.以存定销　　　D.以销定存

3.下列关于生产预算编制的说法中，不正确的是（　　　）。

A.生产预算可以作为编制直接材料预算和产品成本预算的依据

B.生产预算的主要内容有销售量、期初和期末产成品存货、生产量

C.在生产预算表中，既涉及实物量指标，又涉及价值量指标

D.预计生产量=预计销售量+预计期末产成品存货−预计期初产成品存货

4.下列关于业务预算编制的表述中，错误的是（　　　）。

A.预算期末应收账款余额=预算期初应收账款余额+该期销售收入−本期经营现金收入

B.预计生产量=预计销售量+预计期末产成品存货−预计期初产成品存货

C.预计采购量=生产需用量+期末材料存量−期初材料存量

D.由于人工工资需用现金支付，所以，需要另外预计现金支出

5.在直接人工预算的编制中，单位产品人工工时和每小时人工成本数据来自（　　　）。

A.生产预算　　　B.标准成本资料　　　C.销售预算　　　D.行业平均水平

二、多项选择题

1.经营预算主要包括（　　　）。

A.销售预算　　　　　　　　　　　　B.生产预算

C.直接材料预算及采购预算　　　　　D.直接人工预算

2.生产预算是（   ）的编制基础。

A.销售预算　　　　　　B.采购预算　　　　　C.人工预算　　　　　　D.制造费用预算

3.含有价值量的预算表有（   ）。

A.销售预算表　　　　　　　　　　　　B.采购预算表

C.人工预算表　　　　　　　　　　　　D.生产预算表

4.直接人工预算的主要内容包括（   ）。

A.预计产量　　　　　　　　　　　　B.单位产品工时定额

C.人工总工时　　　　　　　　　　　D.小时工资率

5.制造费用预算按成本性态，可以分为（   ）。

A.变动制造费用预算　　　　　　　　B.弹性预算

C.固定制造费用预算　　　　　　　　D.固定预算

6.下列关于生产预算编制的表述中，正确的有（   ）。

A.直接材料预算又称直接材料采购预算

B.直接材料预算是在生产预算的基础上编制的

C.为了便于以后编制现金预算，通常需要预计材料采购各季度的现金支出

D.每个季度的现金支出不包括偿还上期应付账款和本期应支付的采购货款

三、判断题

1.销售预算的主要内容包括销量、单价和销售收入。　　　　　　　　　（   ）

2.生产预算编制仅与预计销售量和存货预算中的预计产成品数量有关，与期初、期末产品结存等信息无关。　　　　　　　　　　　　　　　　　　　　　　（   ）

3.预计产量=预计产品销售量+期初库存产成品数量-期末库存产成品数量。　（   ）

4.计时工资制是根据员工的计时工资标准和工作时间来计算工资的制度，是我国工资分配的基本形式。　　　　　　　　　　　　　　　　　　　　　　　　（   ）

四、简答题

1.经营预算主要由哪些项目构成？

2.如何看待销售预算在经营预算体系中的作用？

3.直接材料采购预算编制的依据包括哪些内容？

4.编制产品成本、销货成本、产品存货成本需要哪些基础资料？

五、计算题

1.A公司预算期间20×2年度简略销售情况见表6-34。若销售当季度收回货款60%，次季度收款35%，再下一季度收款5%，则预算年度期初应收账款余额为22 000元，其中包括上一年度第三季度销售的应收账款4 000元、第四季度销售的应收账款18 000元。

表6-34　　　　　　　　　A公司20×2年度预计销售情况表

项目	第一季度	第二季度	第三季度	第四季度	全年
预计销售量（件）	2 500	3 750	4 500	3 000	13 750
销售单价（元/件）	20	20	20	20	20

要求：根据上述资料编制A公司20×2年度销售预算，并填写表6-35。

表6-35　　　　　　　　　　　　A公司20×2年度销售预算表　　　　　　　　金额单位：元

项目	第一季度	第二季度	第三季度	第四季度
预计销售量（件）	2 500	3 750	4 500	3 000
销售单价（元/件）	20	20	20	20
预计销售金额	（1）	（2）	（3）	（4）
本年期初应收账款	（5）	（6）		
第一季度销售收现	（7）	17 500	2 500	
第二季度销售收现		45 000	（8）	3 750
第三季度销售收现			54 000	31 500
第四季度销售收现				36 000

2.某公司生产甲产品，第一季度至第四季度的预计销售量分别为1 000件、800件、900件、850件，生产甲产品每件需用2千克A材料。该公司的政策是每一季度末的产成品存货数量等于下一季度销售量的10%，每一季度末的材料存量等于下一季度生产需用量的20%。

要求：根据上述资料填写表6-36，并计算该公司第二季度的预计材料采购量。

表6-36　　　　　　　　　　　某公司直接材料采购量测算表　　　　　　　　单位：千克

项目	第一季度	第二季度	第三季度	第四季度
销量	1 000	800	900	850
加：期末存货量	（1）	（2）	（6）	
减：期初存货量		（3）	（7）	
生产量		（4）	（8）	
生产需用材料数量		810×2=1 620	895×2=1 790	
加：期末材料存量	（5）	（9）		
减：期初材料存量				
材料采购量		（10）		

六、拓展思考题

1.请查找上市公司经营预算编制案例，并进行研讨。

2.请对教材中的案例进行系统化整理，扎实掌握经营预算系统。

第7章　现代企业经营预算编制（下）

【学习目标】

通过对本章内容的学习，了解企业期间费用、应交税费、固定资产等预算编制的程序，掌握相关各单项预算的编制，熟练掌握销售费用预算、管理费用预算、应交税费预算、固定资产变动预算、累计折旧预算编制的应用。

【学习重点】

销售费用；固定资产变动；累计折旧预算的编制。

在第6章所讲述的销售、生产、采购、人工、制造费用预算的基础上，本章主要涉及期间费用、应交税费、固定资产变动和折旧等预算的编制。

7.1　现代企业期间费用预算编制

期间费用是指企业为组织和管理企业生产经营、筹集生产经营所需资金以及销售商品等而发生的各项费用。期间费用应在发生当期直接计入损益，并在利润表中分项目列示，包括销售费用、管理费用和财务费用等。

期间费用亦称期间成本，是与一定的期间相联系，直接从企业当期销售收入中扣除的费用。从企业的损益情况来看，期间费用与产品销售成本、税金及附加一同从产品销售收入中扣除后，作为企业当期的营业利润。当期的期间费用是全额从当期损益中扣除的，其发生额不影响下一个会计期间。

7.1.1　销售费用预算编制

销售费用是指企业在销售产品、自制半成品和工业性劳务等过程中发生的各项费用，包括由企业负担的包装费、运输费、装卸费、展览费、广告费、租赁费，以及为销售本企业产品而专设的销售机构的费用，包括职工工资、福利费、差旅费、办公费、折旧费、修理费、物料消耗和其他经费。销售费用属于期间费用，在发生当期就计入当期损益。

销售费用预算以销售预算为基础，通过分析销售收入、销售利润和销售费用的关系，力求实现销售费用的最有效使用。在安排销售费用时，利用本量利分析方法，费用的支付应能获取更多的收益。销售费用预算通常是一个公司需要最先确定的预算项目，是公司营运的重要控制工具。

1）销售费用预算编制基础

企业主要依据预算大纲规定销售费用测算方法，在销售预算的基础上，将销售费用划分为变动销售费用和固定销售费用，最终由销售部门编制企业销售费用预算。

2）编制责任部门

销售费用预算是预算期内企业为销售产品或提供劳务所发生的各项费用的预算，由销售部门负责编制，财务部门予以协助。

3）编制程序

（1）根据销售费用与销售收入（量）的依存关系，将销售费用分为变动销售费用和固定销售费用。变动销售费用是指企业在销售产品过程中发生的与销售量成正比例变化的各项经费，如销售佣金、包装费、运输费、装卸费等；固定销售费用是指企业在销售产品过程中不随产品销售量的变化而变化的各项费用，这些费用是相对固定的，如销售人员的薪酬、办公费、培训费、折旧费等。

（2）分析降低酌量性销售费用的路径和幅度。

（3）分析提高约束性销售费用的利用效率。

4）编制方法

企业可采用零基预算的编制方法，在编制时间上企业可采用定期预算或滚动预算的编制方法。

（1）收集预算基础资料

销售费用预算编制的主要依据是预算期的销售收入预算、销售政策、销售内容、费用开支标准、销售费用率、基期销售费用水平等信息资料。因此，编制销售费用预算必须将上述基础资料归集、整理到位。

（2）测算销售费用数额

销售费用与销售收入、销售利润之间具有内在联系，企业要通过分析销售收入、销售费用和销售利润的量本利关系，力求实现销售费用投入产出的最佳效果。测算销售费用数额，通常以销售百分比法和零基预算法为主。

销售百分比法是指采用基期销售费用与基期销售收入的百分比，结合预算期销售收入来测算销售费用预算的方法。其基本计算公式为：

$$\text{预算期销售费用} = \text{预算期销售收入} \times \frac{\text{基期销售费用}}{\text{基期销售收入}}$$

零基预算法是指在测算销售费用时，不以基期销售费用预算和实际开支水平为基础，而是以零为起点逐一分析各项销售费用发生的必要性及其支出规模，并据以测算预算期销售费用的方法。

（3）编制销售费用预算

在测算预算期销售费用数额的基础上编制销售费用预算，并根据预算项目的性质将销售费用划分为付现项目和非付现项目两大类，为编制现金预算提供资料依据。

5）预算表格设计

根据销售费用预算的特点，其主要表格设计见表7-1。

6）编制案例

【例7-1】江苏鳛鱱集团公司根据20×2年度预算编制大纲拟定的预算期销售费用控制目标为1 485万元。其中，20×2年度销售人员的工资总额按销售收入的0.5%计提。20×2年度对销售部管理人员进行人员分流、减员增效，结合公司经营情况和社会物价变化的预计，其工资部分比20×1年度增加50 000元。销售部负责编制20×2年度销售费用预算。

表 7-1　　　　　　　　　　　　**××公司××年度销售费用预算表**　　　　　　　　　金额单位：元

性质	费用项目	20×1年度预计		20×2年度预测		20×2年度预算				
		金额	百分比	金额	校正额	全年	第一季度	第二季度	第三季度	第四季度
变动费用	销售人员薪酬									
	运杂费									
	广告宣传费									
	差旅费									
	业务招待费									
	售后服务费									
	其他									
	小计									
固定费用	管理人员薪酬									
	折旧费									
	财产保险费									
	办公费									
	其他									
	小计									
销售费用合计										
1.非付现项目										
2.付现项目										
销售收入										

编制 20×2 年度销售费用预算程序如下：

（1）划分费用性质

对基期 20×1 年度销售费用进行预计，并将费用项目划分为固定费用和变动费用两大类。

（2）核定变动费用

按照公式"预算期销售费用=预算期销售收入×（基期销售费用÷基期销售收入）"，采用销售百分比法计算预算期变动销售费用项目，计算结果为 11 193 875 元。

根据下列已知原因，将变动费用调增 842 375 元：

一是加大 20×2 年度销售力度，增加广告宣传费支出 500 000 元。

二是根据预算期工资政策，销售人员的工资总额按销售收入的 0.5% 计提，经过计算，工资及附加共计增加 342 375 元。其具体计算如下：

20×2 年度销售收入 550 000 000 元，计提工资 2 750 000 元，比按照销售百分比法测算的 2 475 000 元增加 275 000 元；"五险一金"按照工资总额的 7% 提取，福利费等三项经费按工资总额的 17.5% 提取，共计提取 673 750 元，比按照销售百分比法测算的 606 375 元增加 67 375 元。

经过调整，20×2 年度变动销售费用为 12 036 250 元。

（3）分析固定费用

在 20×1 年度固定销售费用 3 996 500 元的基础上，增加支出 92 250 元。其中，20×2 年度新增财产保险费 30 000 元；销售部管理人员工资比 20×1 年度增加 50 000 元，附加部分增加支出 12 250 元。因此，预算期固定销售费用为：

固定销售费用 = 3 996 500 + 30 000 + 62 250 = 4 088 750（元）

（4）控制费用、落实预算目标的措施

经过匡算，20×2 年度销售费用总额为 16 125 000 元（12 036 250+4 088 750），比公司下达的预算目标 14 850 000 元多出 1 275 000 元。为此，销售部经过分析决定采取调整措施，将销售费用预算控制为 14 850 000 元。其具体调整措施为：

①将部分产品由汽车运输改为内河航运，降低运输成本 974 800 元；

②减少差旅费支出 168 200 元；

③压缩业务招待费支出 132 000 元。

（5）编制销售费用预算

经过指标修正校验，按照达标的预算指标编制销售费用预算。其中，各个季度的预算数值都要按照一定的依据测算安排。

销售费用中的非付现项目主要有：

①固定资产折旧费（955 500 元）属于已在过去支付现金的沉没成本，在销售费用预算中属于非付现项目。

②根据公司的薪酬政策，工资全额支付现金，五险一金等附加部分的 20% 不支付现金，金额为 225 400 元。

将非付现项目（1 180 900 元）剔除后，其他销售费用项目合计为付现项目。

根据上述资料，编制江苏鳝龘集团公司 20×2 年度销售费用预算，具体见表 7-2。

7.1.2　管理费用预算编制

1）管理费用预算编制基础

管理费用预算编制的主要依据是在企业各职能部门在目标责任范围内编制各自费用预

表 7-2　　　　　　　　　　江苏鳝龘集团公司 20×2 年度销售费用预算表　　　　　　　　　金额单位：元

性质	费用项目	20×1年度预计		20×2年度预测		20×2年度预算				
		金额	百分比	金额	校正额	全年	第一季度	第二季度	第三季度	第四季度
变动费用	销售人员薪酬	2 801 250.00	0.5603%	3 081 375.00	342 375.00	3 423 750.00	750 112.50	862 162.50	933 750.00	877 725.00
	1.销售人员基本工资	2 250 000.00	0.4500%	2 475 000.00	275 000.00	2 750 000.00	602 500.00	692 500.00	750 000.00	705 000.00
	2.销售人员间接费用	551 250.00	0.1103%	606 375.00	67 375.00	673 750.00	147 612.50	169 662.50	183 750.00	172 725.00
	运杂费	2 925 000.00	0.5850%	3 217 500.00	-974 800.00	2 242 700.00	488 900.00	529 400.00	670 800.00	553 600.00
	广告宣传费	2 000 000.00	0.4000%	2 200 000.00	500 000.00	2 700 000.00	591 500.00	679 800.00	736 600.00	692 100.00
	差旅费	550 000.00	0.1100%	605 000.00	-168 200.00	436 800.00	83 700.00	102 200.00	134 300.00	116 600.00
	业务招待费	400 000.00	0.0800%	440 000.00	-132 000.00	308 000.00	63 200.00	78 300.00	96 200.00	70 300.00
	售后服务费	1 400 000.00	0.2800%	1 540 000.00	—	1 540 000.00	337 400.00	387 800.00	420 000.00	394 800.00
	其他	100 000.00	0.0200%	110 000.00	—	110 000.00	24 100.00	27 700.00	30 000.00	28 200.00
	小计	10 176 250.00	2.0353%	11 193 875.00	-432 625.00	10 761 250.00	2 338 912.50	2 667 362.50	3 021 650.00	2 733 325.00
固定费用	管理人员薪酬	2 241 000.00		2 241 000.00	62 250.00	2 303 250.00	575 812.50	575 812.50	575 812.50	575 812.50
	1.管理人员基本工资	1 800 000.00		1 800 000.00	50 000.00	1 850 000.00	462 500.00	462 500.00	462 500.00	462 500.00
	2.管理人员间接费用	441 000.00		441 000.00	12 250.00	453 250.00	113 312.50	113 312.50	113 312.50	113 312.50
	折旧费	955 500.00		955 500.00	—	955 500.00	193 500.00	291 000.00	235 500.00	235 500.00
	财产保险费	340 000.00		340 000.00	30 000.00	370 000.00	92 500.00	92 500.00	92 500.00	92 500.00
	办公费	295 000.00		295 000.00	—	295 000.00	73 750.00	73 750.00	73 750.00	73 750.00
	其他	165 000.00		165 000.00	—	165 000.00	41 250.00	41 250.00	41 250.00	41 250.00
	小计	3 996 500.00	0.7993%	3 996 500.00	92 250.00	4 088 750.00	976 812.50	1 074 312.50	1 018 812.50	1 018 812.50
销售费用合计		14 172 750.00	2.8346%	15 190 375.00	-340 375.00	14 850 000.00	3 315 725.00	3 741 675.00	4 040 462.50	3 752 137.50
非付现项目		1 153 950.00		1 164 975.00		1 180 900.00	245 685.00	347 595.00	294 912.50	292 707.50
付现项目		13 018 800.00		14 025 400.00		13 669 100.00	3 070 040.00	3 394 080.00	3 745 550.00	3 459 430.00
销售收入		500 000 000.00		550 000 000.00		550 000 000.00	120 500 000.00	138 500 000.00	150 000 000.00	141 000 000.00

算的基础上，由财务部、预算管理办公室和行政中心汇总编制，最终形成企业管理费用预算。

2）编制责任部门

管理费用预算由企业各职能部门编制本部门预算，财务部、预算管理办公室和行政中心平衡、汇总编制。其具体程序如下：

（1）根据公司费用目标，分解下达到各职能部门；

（2）各职能部门依据目标责任编制本部门预算；

（3）财务部、预算管理办公室和行政中心平衡、汇总编制。

3）编制程序

（1）收集预算基础资料

编制管理费用预算的基础资料包括基期费用情况、预算期费用增减变动因素、预算编制大纲及管理要求等信息资料。

（2）测算各项费用指标

管理费用各项预算指标的测算要因企制宜，从严从细。为了有效管控并充分发挥效能，可以按照下列不同标准对管理费用明细项目进行科学分类：

①按费用项目是否可控，可分为约束性费用和酌量性费用。

约束性费用是指该项费用是否发生、发生多少，不受管理人员决策控制的费用项目。

酌量性费用是指该项费用是否发生、发生多少，可以由管理人员决策控制的费用项目。

②按费用管理归属分类，可分为归口管理费用和自行管理费用。

归口管理费用是指按职能管理要求归口有关职能部门管理的费用，例如，职工薪酬归口人力资源部管理，固定资产折旧费归口财务部管理。

自行管理费用是指由费用发生部门自行管理的费用，如业务招待费、办公费、差旅费、物料消耗等。

③按费用发生归属分类，可分为公共费用和部门费用。

公共费用是指为整个企业经营活动的开展而发生的费用，如绿化费、固定资产折旧费等。

部门费用是指为本部门经营管理活动的开展而发生的费用，如办公费、差旅费、职工薪酬、物料消耗等。

4）编制方法

企业可采用零基预算或增量预算的编制方法，在编制时间上可采用定期预算或滚动预算的编制方法。

5）预算表格设计

根据管理费用预算的特点，其主要表格设计见表7-3。

表7-3　　　　　　　　　　**××公司××年度管理费用预算表**　　　　　　　　　单位：元

项目	上年实际	本年预算	年度分配				
			第一季度	第二季度	第三季度	第四季度	全年
变动管理费用							
小计							
固定管理费用							
小计							
管理费用合计							
减：折旧费							
…							
管理费用现金支出							

6）编制案例

【例7-2】根据江苏鳝龘集团公司20×2年度预算编制大纲要求，预算期酌量性管理费用预算要求比20×1年度降低10%，管理人员工资总额比20×1年度增长5%，其他管理费用预算据实从严控制。按照责任分工，公司管理费用预算由财务部牵头负责编制，其他部门配合。

20×2年度管理费用预算编制程序如下：

（1）收集预算基础资料

按照预算编制大纲要求预计20×2年度管理费用发生额，归集预算期内将导致费用增减的因素，为编制预算做好资料准备。

（2）测算预算指标

财务部根据管理费用明细项目的具体情况，分别采取如下方法测算费用指标：

①将酌量性费用指标分解到各职能部门。

将20×2年度酌量性费用比20×1年度降低10%的要求下达到各职能部门，要求各职能部门按照降低10%的目标，采用零基预算与增量预算相结合的方法逐项测算各项费用支出。其中，固定资产修理费由甲、乙分厂和综合管理部负责测算。

②将约束性费用分解到有关归口管理部门测算。

其中，职工薪酬由人力资源部负责测算；财产保险费、固定资产折旧费、应交税费由财务部负责测算。测算结果如下：根据预算期管理人员工资总额比20×1年度增长5%的政策安排，职工薪酬为1 307 250元，比基期的1 245 000元增加62 250元；预算期计提固定资产折旧费400 200元，比基期的500 000元减少99 800元，其原因是固定资产报废，最终导致折旧费相应减少；财产保险费、无形资产摊销费与基期相比没有变化。

（3）编制管理费用预算

财务部对各部门测算的预算草案进行审核、修订后，基本达到预算编制大纲的要求。然后，汇总编制公司20×2年度管理费用预算，分别见表7-4（按部门）和表7-5（按季度）。

7.1.3　财务费用预算编制

财务费用是指企业为筹集生产经营所需资金等而发生的费用，包括利息支出（减利息收入）、汇兑损失（减汇兑收益）以及相关的手续费等，包括企业生产经营期间发生的利息支出（减利息收入）、汇兑净损失、金融机构手续费，以及筹资发生的其他财务费用（如债券印刷费、国外借款担保费）等。

1）财务费用预算编制基础

财务费用预算编制的主要依据包括：

（1）企业各项生产经营借款金额与借款利率；

（2）企业生产经营应付债券的余额与债券利率；

（3）企业在银行办理承兑汇票贴现的额度与贴现利率；

（4）企业在银行的平均存款余额和存款利率；

（5）企业结汇、购汇、调汇的种类、额度与汇率；

（6）企业外币账户的外币期末余额与折合为人民币的损益率；

表7-4　　　　江苏鳝龘集团公司20×2年度管理费用预算表（按部门）　　　　单位：元

	项目	20×1年度实际	20×2年度预算	20×2年度各部门管理费用										
				管理部	财务部	采购部	储运部	人资部	制造部	技术部	工程部	其他	甲分厂	乙分厂
约束性费用	职工薪酬	1 245 000.00	1 307 250.00	280 125.00	134 460.00	186 750.00	105 825.00	136 950.00	165 585.00	192 975.00	104 580.00			
	1.基本工资	1 000 000.00	1 050 000.00	225 000.00	108 000.00	150 000.00	85 000.00	110 000.00	133 000.00	155 000.00	84 000.00			
	2.间接费用	245 000.00	257 250.00	55 125.00	26 460.00	36 750.00	20 825.00	26 950.00	32 585.00	37 975.00	20 580.00			
	保险费	100 000.00	100 000.00									100 000.00		
	折旧费	500 000.00	400 200.00									400 200.00		
	无形资产摊销费	1 000 000.00	1 000 000.00									1 000 000.00		
	小计	2 845 000.00	2 807 450.00	280 125.00	134 460.00	186 750.00	105 825.00	136 950.00	165 585.00	192 975.00	104 580.00	1 500 200.00	—	—
酌量性费用	修理费	550 000.00	495 000.00									115 000.00	200 000.00	180 000.00
	办公费	240 000.00	216 000.00	66 000.00	30 000.00	10 000.00	10 000.00	20 000.00	10 000.00	30 000.00	40 000.00			
	差旅费	196 000.00	176 400.00	40 000.00	10 000.00	46 400.00	10 000.00	20 000.00	10 000.00	30 000.00	10 000.00			
	业务招待费	134 000.00	120 600.00	30 600.00	15 000.00	10 000.00	5 000.00	10 000.00	10 000.00	20 000.00	10 000.00			
	其他	90 000.00	81 000.00	10 000.00	4 000.00	10 000.00	20 000.00	10 000.00	7 000.00	20 000.00				
	小计	1 210 000.00	1 089 000.00	146 600.00	59 000.00	76 400.00	45 000.00	60 000.00	47 000.00	100 000.00	60 000.00	115 000.00	200 000.00	180 000.00
管理费用合计		4 055 000.00	3 896 450.00	426 725.00	193 460.00	263 150.00	150 825.00	196 950.00	212 585.00	292 975.00	164 580.00	1 615 200.00	200 000.00	180 000.00
非付现项目		1 549 000.00	1 451 650.00	11 025.00	5 292.00	7 350.00	4 165.00	5 390.00	6 517.00	7 595.00	4 116.00	1 400 200.00	—	—
付现项目		2 506 000.00	2 444 800.00	415 700.00	188 168.00	255 800.00	146 660.00	191 560.00	206 068.00	285 380.00	160 464.00	215 000.00	200 000.00	180 000.00

注：非付现项目（1 451 650.00元）的构成说明：固定资产折旧费 400 200.00 元＋无形资产摊销费 1 000 000.00 元＋间接费用 257 250.00 元×20%。

表7-5　　　　江苏鳝龘集团公司20×2年度管理费用预算表（按季度）　　　　单位：元

性质	项目	20×1年度实际	20×2年度预算	20×2年度各季度预算			
				第一季度	第二季度	第三季度	第四季度
约束性费用	职工薪酬	1 245 000.00	1 307 250.00	326 812.50	326 812.50	326 812.50	326 812.50
	1.基本工资	1 000 000.00	1 050 000.00	262 500.00	262 500.00	262 500.00	262 500.00
	2.间接费用	245 000.00	257 250.00	64 312.50	64 312.50	64 312.50	64 312.50
	保险费	100 000.00	100 000.00	25 000.00	25 000.00	25 000.00	25 000.00
	折旧费	500 000.00	400 200.00	103 800.00	103 800.00	103 800.00	88 800.00
	无形资产摊销费	1 000 000.00	1 000 000.00	250 000.00	250 000.00	250 000.00	250 000.00
	小计	2 845 000.00	2 807 450.00	705 612.50	705 612.50	705 612.50	690 612.50
酌量性费用	修理费	550 000.00	495 000.00	123 750.00	123 750.00	123 750.00	123 750.00
	办公费	240 000.00	216 000.00	54 000.00	54 000.00	54 000.00	54 000.00
	差旅费	196 000.00	176 400.00	44 100.00	44 100.00	44 100.00	44 100.00
	业务招待费	134 000.00	120 600.00	30 150.00	30 150.00	30 150.00	30 150.00
	其他	90 000.00	81 000.00	20 250.00	20 250.00	20 250.00	20 250.00
	小计	1 210 000.00	1 089 000.00	272 250.00	272 250.00	272 250.00	272 250.00
管理费用合计		4 055 000.00	3 896 450.00	977 862.50	977 862.50	977 862.50	962 862.50
非付现项目		1 549 000.00	1 451 650.00	366 662.50	366 662.50	366 662.50	351 662.50
付现项目		2 506 000.00	2 444 800.00	611 200.00	611 200.00	611 200.00	611 200.00

（7）企业从银行开具承兑汇票的额度及手续费率；

（8）企业为生产经营筹集资金而发生的手续费；

（9）企业发生的现金折扣；

（10）企业发生的其他财务费用。

2）编制责任部门

财务费用预算是预算期内企业为筹集和使用生产经营活动资金所发生的各项费用预算，由财务部门负责编制。

3）编制程序

（1）收集预算基础资料。

（2）测算财务费用指标。将财务费用预算编制的基础资料收集齐全并确认准确无误后，按照各自的计算公式将财务费用测算出来。对财务费用的计算，要严格按照财务制度的规定，切实分清列支渠道，划分清楚收益性支出和资本性支出。

（3）编制财务费用预算。根据财务费用预算计算表，按照费用项目、费用金额、发生时间的结构，汇总编制财务费用预算。

4）编制方法

企业可采用零基预算的编制方法，在编制时间上可采用定期预算或滚动预算的编制方法。

5）预算表格设计

根据财务费用预算的特点，其主要表格设计见表 7-6。

表 7-6　　　　　　　　　　**××公司××年度财务费用预算表**　　　　　　　　单位：元

项目	上年实际	本年预算	第一季度	第二季度	第三季度	第四季度
一、财务费用						
银行贷款利息						
票据承兑利息						
汇兑损益						
调剂外汇手续费						
金融机构手续费						
…						
合　计						
财务费用总计						
二、现金净流量						
现金收入						
现金支出						
现金净流量						

6）编制案例

【例7-3】根据责任分工，江苏鳝鱲集团公司20×2年度财务费用预算由财务部负责编制。

预算编制过程和编制方法如下：

（1）整理编制预算基础资料表

根据20×2年度融资预算安排的周转借款金额与借款利率，结合预算期银行存款余额等其他基础资料，编制财务费用预算基础资料（见表7-7）。

表7-7 　　　　　　　　江苏鳝鱲集团公司20×2年度财务费用预算基础资料表

序号	项目	计量单位	第一季度	第二季度	第三季度	第四季度
1	银行借款	元	2 000 000.00	—	—	—
2	银行借款月利率	%	0.3	0.3	0.3	0.3
3	银行存款平均余额	元	5 005 000.00	49 457 743.57	94 179 265.48	123 801 370.47
4	银行存款月利率	%	0.05	0.05	0.05	0.05
5	承兑汇票贴现额	元	5 000 000.00	5 000 000.00	5 000 000.00	5 000 000.00
6	承兑汇票贴现天数	天	30	30	30	30
7	承兑汇票月贴现率	%	0.5	0.5	0.5	0.5

（2）计算财务费用数据

根据20×2年度财务费用预算基础资料，计算20×2年度各项财务费用预算金额。有关计算公式如下：

每季度借款利息支出 = 借款金额 × 月利率 × 3

银行存款季度利息收入 = 银行存款平均每月存款额 × 月利率 × 3

贴现利息 = 票面金额 × 贴现天数 × 月贴现率 ÷ 30

（3）编制财务费用预算

根据各项财务费用计算结果，汇总编制20×2年度财务费用预算。因为财务费用全部需要在当期支付现金，所以，财务费用预算为全额付现项目。江苏鳝鱲集团公司20×2年度财务费用预算，具体见表7-8。

表7-8 　　　　　　　　江苏鳝鱲集团公司20×2年度财务费用预算表

序号	项目	计量单位	20×2年度预算	第一季度	第二季度	第三季度	第四季度
1	借款利息支出	元	18 000.00	18 000.00	—	—	—
2	减：利息收入	元	408 665.07	7 507.50	74 186.62	141 268.90	185 702.06
3	汇票贴现利息	元	100 000.00	25 000.00	25 000.00	25 000.00	25 000.00
4	手续费	元	30 000.00	9 000.00	8 000.00	6 000.00	7 000.00
5	合计	元	-260 665.07	44 492.50	-41 186.62	-110 268.90	-153 702.06

注：利息收入因四舍五入，存在尾差。

7.2   应交税费预算编制

7.2.1   应交税费预算的编制

应交税费是指企业按照税法等规定计算应缴纳的各种税费，包括增值税、消费税、所得税、资源税、土地增值税、城市维护建设税、房产税、契税、城镇土地使用税、耕地占用税、车船税、教育费附加、矿产资源补偿费、印花税等。

7.2.2   应交税费预算编制基础

应交税费要依据经营预算、资本预算、财务预算中涉及的上述各种税费，并按照国家税收法规规定的课税对象、税率等计算编制。

7.2.3   编制责任部门

应交税费预算主要由财务部门负责编制。

7.2.4   编制程序

1）收集预算基础资料

编制应交税费预算的主要依据是预算期内企业应交税费的种类、课税对象、计税依据和适用税率，因此，必须将这些基础资料收集齐全。

2）测算应交税费的预算指标

企业主要根据预算期内企业应交税费的种类、课税对象、计税依据和适用税率计算应交税费数额，并根据国家税收政策和企业的具体情况安排应交税费的现金支出。应交税费预算的具体内容包括：期初、期末应交税费余额；预算期应交税费数额；预算期预缴税费数额；预算期上缴税费数额等指标。

3）编制应交税费预算

根据预算期内各项税金及教育费附加的测算结果，汇总编制应交税费预算。为了保持预算编制项目与会计核算科目的一致性，编制应交税费预算时应将所有税费划分为所得税费用类、管理税费类和流转税费类三大类。

4）编制应交税费预算

企业可采用增量预算或弹性预算的编制方法，在编制时间上可采用定期预算或滚动预算的编制方法。

7.2.5   预算表格设计

根据应交税费预算的特点，其主要表格设计见表7-9。

7.2.6   编制案例

【例7-4】根据责任分工，江苏鳡鱲集团公司财务部负责编制20×2年度应交税费预算。其中，增值税、城市维护建设税、所得税和教育费附加的期末余额按预算年度应交税费数额的5%计算，其他税种没有余额。所得税采用预缴方式，前三季度平均预缴625 000.00

表7-9　　　　　　　　　　　××公司××年度应交税费预算表

项目	课税对象	计量单位	计税依据	税费率（额）	全年应交税费	第一季度	第二季度	第三季度	第四季度
一、流转税费		元							
1.增值税	购销业务	元							
（1）销项税额	销售额	元							
（2）进项税额	采购额	元							
2.城市维护建设税	应交增值税、消费税	元							
3.教育费附加	应交增值税、消费税	元							
二、所得税费用		元							
所得税	应纳税所得额	元							
三、税金及附加		元							
1.房产税	房产余值	元							
2.印花税	购销合同	元							
3.城镇土地使用税	土地面积	㎡							
4.车船税	小型客车	辆							
四、应交税费合计		元							

元，第四季度据实计算。

预算编制过程和编制方法如下：

（1）整理编制预算基础资料

预算基础资料包括应交税费的种类、适用税率、课税对象和计税依据。其中，计税依据主要来自销售收入预算、采购预算、利润表预算及企业其他课税对象的数额。

（2）测算应交税费预算指标

根据销售收入预算、采购预算和后面的利润表预算等有关资料中的课税对象、计税依据和适用税率，分析计算预算期内企业应交税费数额，并编制应交税费预算指标计算表，具体见表7-10。

表 7-10　　　　　　　江苏鳍龘集团公司 20×2 年度应交税费预算指标计算表

项目	课税对象	计量单位	计税依据	税费率（额）	全年应交税费
一、流转税费		元			36 493 441.60
1.增值税	购销业务	元	销项税额减进项税额		33 175 856.00
（1）销项税额	销售额	元	550 000 000.00	16%	88 000 000.00
（2）进项税额	采购额	元	342 650 900.00	16%	54 824 144.00
2.城市维护建设税	应交增值税	元	33 175 856.00	7%	2 322 309.92
3.教育费附加	应交增值税	元	33 175 856.00	3%	995 275.68
二、所得税费用		元			26 329 158.55
所得税	应税利润	元	105 316 634.20	25%	26 329 158.55
三、税金及附加		元			1 490 395.27
1.房产税	房产余值	元	26 550 000.00	1.2%	318 600.00
2.印花税	购销合同	元	892 650 900.00	0.03%	267 795.27
3.城镇土地使用税	土地面积	㎡	150 000.00	6元/㎡	900 000.00
4.车船税	小型客车	辆	8.00	500元/辆	4 000.00
四、应交税费合计		元			64 312 995.42

（3）编制应交税费预算

根据预算基础资料和表 7-10 所示的测算指标，编制江苏鳍龘集团公司 20×2 年度应交税费预算，具体见表 7-11。

表 7-11　　　　　　　江苏鳍龘集团公司 20×2 年度应交税费预算表

项目	课税对象	计量单位	计税依据	税费率（额）	期初余额	全年应交税费	全年已交	第一季度	第二季度	第三季度	第四季度	期末余额
一、流转税费		元			1 182 292.00	36 493 441.60	35 851 061.52	15 248 235.20	10 064 366.40	10 384 880.00	795 960.00	1 824 672.08
1.增值税	购销业务	元	销项税额减进项税额		1 074 810.91	33 175 856.00	32 591 874.11	13 862 032.00	9 149 424.00	9 440 800.00	723 600.00	1 658 792.80
（1）销项税额	销售额	元	550 000 000.00	16%		88 000 000.00		19 280 000.00	22 160 000.00	24 000 000.00	22 560 000.00	
（2）进项税额	采购额	元	342 650 900.00	16%		54 824 144.00		5 417 968.00	13 010 576.00	14 559 200.00	21 836 400.00	
2.城市维护建设税	应交增值税	元	33 175 856.00	7%	75 236.76	2 322 309.92	2 281 431.18	970 342.24	640 459.68	660 856.00	50 652.00	116 115.50
3.教育费附加	应交增值税	元	33 175 856.00	3%	32 244.33	995 275.68	977 756.23	415 860.96	274 482.72	283 224.00	21 708.00	49 763.78
二、所得税费用		元			228 500.00	26 329 158.55	25 241 200.62	853 500.00	625 000.00	625 000.00	23 137 700.62	1 316 457.93
所得税	应税利润	元	105 316 634.20	25%	228 500.00	26 329 158.55	25 241 200.62	853 500.00	625 000.00	625 000.00	23 137 700.62	1 316 457.93
三、税金及附加		元				1 490 395.27	1 490 395.27	354 958.69	370 594.83	376 948.50	387 893.25	
1.房产税	房产余值	元	26 550 000.00	1.2%		318 600.00	318 600.00	79 650.00	79 650.00	79 650.00	79 650.00	
2.印花税	购销合同	元	892 650 900.00	0.03%		267 795.27	267 795.27	46 308.69	65 944.83	72 298.50	83 243.25	
3.城镇土地使用税	土地面积	㎡	150 000.00	6元/㎡		900 000.00	900 000.00	225 000.00	225 000.00	225 000.00	225 000.00	
4.车船税	小型客车	辆	8.00	500元/辆		4 000.00	4 000.00	4 000.00				
四、应交税费合计		元			1 410 792.00	64 312 995.42	62 582 657.41	16 876 574.13	10 556 742.91	10 867 584.50	24 281 755.87	3 141 130.01

注：①各季度应交税费为实际现金支付；②各季度应交税费现金支付计算如下：

第一季度：16 876 574.13＝1 182 292.00＋15 248 235.20×0.95＋853 500.00＋354 958.69

第二季度：10 556 742.91＝10 064 366.40×0.95＋625 000.00＋370 594.83

第三季度：10 867 584.50＝10 384 880.00×0.95＋625 000.00＋376 948.50

第四季度：24 281 755.87＝795 960.00×0.95＋23 137 700.62＋387 893.25

7.3 固定资产变动预算编制

固定资产是指企业为生产产品、提供劳务、出租或者经营管理而持有的，使用时间超过12个月的，价值达到一定标准的非货币性资产，包括房屋、建筑物、机器、机械、运输工具，以及其他与生产经营活动有关的设备、器具、工具等。固定资产是企业的劳动手段，也是企业赖以生产经营的主要资产。从会计的角度划分，固定资产一般分为生产用固定资产、非生产用固定资产、租出固定资产、未使用固定资产、不需用固定资产、租赁固定资产、接受捐赠固定资产等。

7.3.1 固定资产变动预算编制基础

固定资产变动预算是预算期内企业固定资产增减变动情况的预算，固定资产变动预算编制的主要依据是基期固定资产使用状况，预算期内在建工程竣工计划、固定资产投资计划，以及固定资产出售、转让、报废计划等信息资料。编制固定资产变动预算应将上述资料收集齐全。

7.3.2 编制责任部门

固定资产预算由财务部门负责编制，装备及工程部门予以协助。

7.3.3 编制程序

1）收集预算基础资料

收集预算期内固定资产的购置，在建工程竣工，固定资产的调拨，固定资产的出售、转让、对外投资和报废等基础资料。

2）编制固定资产变动预算的基本恒等式

固定资产期初余额 + 预算期固定资产增加 = 预算期固定资产减少 + 固定资产期末余额

3）编制固定资产变动预算

根据预算期固定资产增减变动测算结果，汇总编制固定资产变动预算。

7.3.4 编制方法

企业可采用增量预算的编制方法，在编制时间上可采用定期预算或滚动预算的编制方法。

7.3.5 预算表格设计

根据固定资产预算的特点，其主要表格设计见表7-12。

7.3.6 编制案例

【例7-5】根据责任分工，江苏鳝矗集团公司20×2年度固定资产变动预算由财务部负责编制，工程部、制造部等部门予以配合。

表 7-12   ××公司××年度固定资产变动预算表   单位：元

项目	固定资产原值			
	期初余额	增加	减少	期末余额
	①	②	③	④=①+②-③
一、生产用固定资产				
1.甲分厂				
（1）房屋、建筑物				
（2）设备				
2.乙分厂				
（1）房屋、建筑物				
（2）设备				
二、非生产用固定资产				
1.销售部				
（1）房屋、建筑物				
（2）设备				
2.管理部门				
（1）房屋、建筑物				
（2）设备				
合　计				

预算编制过程和编制方法如下：

（1）整理并编制固定资产变动预算基础资料表

固定资产变动预算主要涉及固定资产期初余额、预算期固定资产增加额、预算期固定资产减少额和固定资产期末余额四项指标。因此，财务部首先测算固定资产期初余额；然后与装备部、工程部、制造部、销售部等固定资产施工、使用部门分析研究，取得预算期固定资产增减变动情况数据资料，具体见表 7-13。

表 7-13   江苏鳝黼集团公司 20×2 年度固定资产变动预算基础资料表   单位：元

项目	固定资产类别	20×2年度固定资产增加额			20×2年度固定资产减少额			
		原因	时间	金额	原因	时间	金额	已提折旧
1.甲分厂	设备	新购	20×2年12月	800 000.00				
2.甲分厂	厂房	竣工	20×2年12月	1 740 000.00				
3.乙分厂	设备	新购	20×2年12月	1 600 000.00	报废	20×2年12月	200 000.00	188 000.00
4.乙分厂	厂房				报废	20×2年12月	320 000.00	307 200.00
5.销售部	办公楼	竣工	20×2年3月	13 000 000.00	报废	20×2年6月	7 400 000.00	7 104 000.00
6.管理部门	设备				报废	20×2年10月	500 000.00	480 000.00
合　计				17 140 000.00			8 420 000.00	8 079 200.00

（2）计算并编制固定资产变动预算表

根据测算的固定资产期初余额和固定资产变动预算基础资料，编制20×2年度固定资产变动预算和固定资产清理预算，具体见表7-14和表7-15。

表7-14　　　　　　　　　江苏鳝齇集团公司20×2年度固定资产变动预算表　　　　　　　单位：元

项目	固定资产原值			
	期初余额	增加	减少	期末余额
	①	②	③	④=①+②-③
一、生产用固定资产				
1.甲分厂	5 320 000.00	2 540 000.00		7 860 000.00
（1）房屋、建筑物	1 900 000.00	1 740 000.00		3 640 000.00
（2）设备	3 420 000.00	800 000.00		4 220 000.00
2.乙分厂	2 350 000.00	1 600 000.00	520 000.00	3 430 000.00
（1）房屋、建筑物	1 510 000.00		320 000.00	1 190 000.00
（2）设备	840 000.00	1 600 000.00	200 000.00	2 240 000.00
二、非生产用固定资产				
1.销售部	16 200 000.00	13 000 000.00	7 400 000.00	21 800 000.00
（1）房屋、建筑物	13 000 000.00	13 000 000.00	7 400 000.00	18 600 000.00
（2）设备	3 200 000.00			3 200 000.00
2.管理部门	5 200 000.00		500 000.00	4 700 000.00
（1）房屋、建筑物	3 120 000.00			3 120 000.00
（2）设备	1 080 000.00		500 000.00	580 000.00
（3）运输工具	1 000 000.00			1 000 000.00
合 计	29 070 000.00	17 140 000.00	8 420 000.00	37 790 000.00

表7-15　　　　　　　　　江苏鳝齇集团公司20×2年度固定资产清理预算表　　　　　　　单位：元

清理时间	清理原因	固定资产类别	固定资产原值	已提折旧	清理净损益
20×2年12月	报废	设备	200 000.00	188 000.00	12 000.00
20×2年12月	报废	厂房	320 000.00	307 200.00	12 800.00
20×2年6月	报废	办公楼	7 400 000.00	7 104 000.00	296 000.00
20×2年10月	报废	设备	500 000.00	480 000.00	20 000.00
合 计			8 420 000.00	8 079 200.00	340 800.00

7.4   固定资产折旧预算编制

固定资产在使用过程中会逐渐产生实物上的有形磨损和时间上的无形损耗，作为一种补偿，其价值采用逐月计提折旧的方法转移到产品制造成本或相关费用中，最后通过产品的销售来实现。

编制固定资产折旧预算的目的是正确测算企业各环节、各部门预算期内应承担的固定资产折旧数额，以便正确核算预算期的成本、费用和利润。

7.4.1   固定资产折旧预算编制基础

固定资产折旧预算是预算期内企业对固定资产损耗价值的预算，其编制的主要依据是基期固定资产使用状况、预算期固定资产增减变动情况、不同类型固定资产的使用寿命、净残值率和折旧计提方法等信息资料。

7.4.2   编制责任部门

固定资产折旧预算由财务部门负责编制，生产和职能部门予以协助。

7.4.3   编制程序

1）确定计提折旧的固定资产范围

企业应当对所有的固定资产按月计提折旧，但是，已提足折旧仍继续使用的固定资产和单独计价入账的土地除外。在确定计提折旧的范围时，必须注意以下几点：

（1）固定资产应当按月计提折旧。固定资产应自达到预定可使用状态时开始计提折旧，终止确认时或划分为持有待售非流动资产时停止计提折旧。当月增加的固定资产，当月不计提折旧，从下月起计提折旧；当月减少的固定资产，当月仍计提折旧，从下月起不计提折旧。

（2）固定资产提足折旧后，不论能否继续使用，均不再计提折旧，提前报废的固定资产也不再补提折旧。所谓提足折旧，是指已经提足该项固定资产的应计折旧额。

（3）已达到预定可使用状态但尚未办理竣工决算的固定资产，应当按照估计价值确定其成本，并计提折旧；待办理竣工决算后，再按实际成本调整原来的暂估价值，但不需要调整原已计提的折旧额。

（4）处于更新改造过程中停止使用的固定资产，应将其账面价值转入在建工程，不再计提折旧。更新改造项目达到预定可使用状态转为固定资产后，再按重新确定的折旧方法和该项固定资产尚可使用寿命计提折旧。

2）确定计提折旧的固定资产原值增减额

编制预算时，企业应按月测算计提折旧的固定资产原值增减额。

3）确定计提折旧的方法

计提固定资产折旧的方法主要有平均年限法、工作量法、双倍余额递减法和年数总和法，企业一般采用平均年限法计提折旧。

企业编制计提折旧预算时，应当对固定资产的使用寿命、预计净残值和折旧方法进行复核：使用寿命预计数与原先估计数有差异的，应当调整固定资产使用寿命；预计净残值预计数与原先估计数有差异的，应当调整预计净残值；与固定资产有关的经济利益预期实现方式有重大改变的，应当改变固定资产折旧方法。

4）编制计提折旧预算

根据计提折旧的方法，正确计算预算期固定资产折旧数额，编制计提折旧预算。

7.4.4　编制方法

企业可采用增量预算的编制方法，在编制时间上可采用定期预算或滚动预算的编制方法。

7.4.5　预算表格设计

根据累计折旧预算的特点，其主要表格设计见表7-16。

表7-16　　　　　　　　　××公司××年度累计折旧预算表　　　　　　　　　单位：元

项目	固定资产原值	累计折旧期初余额	预算期折旧增加额												预算期折旧减少额	累计折旧期末余额
			全年	1月	2月	3月	4月	5月	6月	7月	8月	9月	10月	11月	12月		
		①	②													③	④=①+②-③
一、生产用固定资产																	
1.甲分厂																	
（1）房屋、建筑物																	
（2）设备																	
2.乙分厂																	
（1）房屋、建筑物																	
（2）设备																	
二、非生产用固定资产																	
1.销售部																	
（1）房屋、建筑物																	
（2）设备																	
2.管理部门																	
（1）房屋、建筑物																	
（2）设备																	
（3）运输工具																	
合　计																	

7.4.6　编制案例

【例7-6】根据责任分工，江苏鳝麤集团公司20×2年度计提折旧预算由财务部负责编制，计提折旧的方法为平均年限法。

要求：根据固定资产变动预算基础资料表（见表7-13）和固定资产变动预算表（见表7-14），编制公司20×2年度计提折旧预算（由于篇幅限制，本例简化为按照季度编制，具体实践中必须按月编制）。

（1）收集预算基础资料

编制计提折旧预算需要两方面的基础资料：一是确定计提折旧的固定资产范围，期初余额、期末余额和预算期内的增减变动情况，固定资产变动预算（见表7-14）已将上述资料全部列明；二是确定计提折旧的方法、折旧年限及预计净残值率。计提折旧预算基础资料，具体见表7-17。

表7-17　　　　　　江苏鳝鼍集团公司20×2年度计提折旧预算基础资料表

固定资产类别	折旧方法	折旧年限	预计净残值率	年折旧率	月折旧率
1.房屋、建筑物	平均年限法	32年	4%	3%	0.25%
2.设备	平均年限法	8年	4%	12%	1%
3.运输工具	平均年限法	5年	4%	19.2%	1.6%

（2）计算预算期的折旧数额

因为固定资产折旧是按月计提的，所以，需要按月测算计提折旧的数额。首先，根据预算期固定资产变动预算基础资料（见表7-13），按照"当月增加的固定资产，当月不提折旧，从下月起计提折旧；当月减少的固定资产，当月照提折旧，从下月起不提折旧"的规定，逐月测算计提折旧的固定资产原值。然后，根据公式"月折旧额=固定资产原值×月折旧率"逐月计算固定资产折旧数额。累计折旧预算，具体见表7-18。

表7-18　　　　　　江苏鳝鼍集团公司20×2年度累计折旧预算表　　　　　　单位：元

项目	固定资产原值	累计折旧期初余额 ①	预算期折旧增加额 全年 ②	第一季度	第二季度	第三季度	第四季度	预算期折旧减少额 ③	累计折旧期末余额 ④=①+②-③
一、生产用固定资产									
1.甲分厂	5 320 000.00	3 202 000.00	467 400.00	116 850.00	116 850.00	116 850.00	116 850.00		3 669 400.00
(1) 房屋、建筑物	1 900 000.00	1 232 000.00	57 000.00	14 250.00	14 250.00	14 250.00	14 250.00		1 289 000.00
(2) 设备	3 420 000.00	1 970 000.00	410 400.00	102 600.00	102 600.00	102 600.00	102 600.00		2 380 400.00
2.乙分厂	2 350 000.00	1 355 000.00	146 100.00	36 525.00	36 525.00	36 525.00	36 525.00	495 200.00	1 005 900.00
(1) 房屋、建筑物	1 510 000.00	870 000.00	45 300.00	11 325.00	11 325.00	11 325.00	11 325.00	188 000.00	727 300.00
(2) 设备	840 000.00	485 000.00	100 800.00	25 200.00	25 200.00	25 200.00	25 200.00	307 200.00	278 600.00
二、非生产用固定资产									
1.销售部	16 200 000.00	9 776 000.00	955 500.00	193 500.00	291 000.00	235 500.00	235 500.00	7 104 000.00	3 627 500.00
(1) 房屋、建筑物	13 000 000.00	7 520 000.00	571 500.00	97 500.00	195 000.00	139 500.00	139 500.00	7 104 000.00	987 500.00
(2) 设备	3 200 000.00	2 256 000.00	384 000.00	96 000.00	96 000.00	96 000.00	96 000.00		2 640 000.00
2.管理部门	5 200 000.00	3 380 000.00	400 200.00	103 800.00	103 800.00	103 800.00	88 800.00	480 000.00	3 300 200.00
(1) 房屋、建筑物	3 120 000.00	2 250 000.00	93 600.00	23 400.00	23 400.00	23 400.00	23 400.00		2 343 600.00
(2) 设备	1 080 000.00	750 000.00	114 600.00	32 400.00	32 400.00	32 400.00	17 400.00	480 000.00	384 600.00
(3) 运输工具	1 000 000.00	380 000.00	192 000.00	48 000.00	48 000.00	48 000.00	48 000.00		572 000.00
合 计	29 070 000.00	17 713 000.00	1 969 200.00	450 675.00	548 175.00	492 675.00	477 675.00	8 079 200.00	11 603 000.00

（3）编制计提折旧预算

编制计提折旧预算的基本恒等式为：

累计折旧期初余额+预算期折旧增加额=预算期折旧减少额+累计折旧期末余额

式中，累计折旧期初余额根据编制预算时的累计折旧账面余额，加减基期剩余时间累计折旧变动情况测算；预算期折旧增加数额根据固定资产累计折旧预算（见表7-18）测算；预算期折旧减少数额根据预算期固定资产退出后的已提折旧额测算；累计折旧期末余额可以通过其他三项指标计算得出。江苏鳝龘集团公司20×2年度计提折旧预算见表7-19。

表7-19　　　　　　　　　　江苏鳝龘集团公司20×2年度计提折旧预算表　　　　　　　单位：元

项目	累计折旧期初余额	预算期折旧增加额	预算期折旧减少额	累计折旧期末余额
	①	②	③	④=①+②-③
一、生产用固定资产				
1.甲分厂	3 202 000.00	467 400.00		3 669 400.00
（1）房屋、建筑物	1 232 000.00	57 000.00		1 289 000.00
（2）设备	1 970 000.00	410 400.00		2 380 400.00
2.乙分厂	1 355 000.00	146 100.00	495 200.00	1 005 900.00
（1）房屋、建筑物	870 000.00	45 300.00	188 000.00	727 300.00
（2）设备	485 000.00	100 800.00	307 200.00	278 600.00
二、非生产用固定资产				
1.销售部	9 776 000.00	955 500.00	7 104 000.00	3 627 500.00
（1）房屋、建筑物	7 520 000.00	571 500.00	7 104 000.00	987 500.00
（2）设备	2 256 000.00	384 000.00		2 640 000.00
2.管理部门	3 380 000.00	400 200.00	480 000.00	3 300 200.00
（1）房屋、建筑物	2 250 000.00	93 600.00		2 343 600.00
（2）设备	750 000.00	114 600.00	480 000.00	384 600.00
（3）运输工具	380 000.00	192 000.00		572 000.00
合　计	17 713 000.00	1 969 200.00	8 079 200.00	11 603 000.00

本章练习题

一、单项选择题

1.不考虑以往会计期间所发生的费用项目或费用数额的预算是（　　　）。

A.增量预算　　　　　B.零基预算　　　　　C.固定预算　　　　　D.弹性预算

2.根据全面预算体系的分类，下列预算属于财务预算的是（　　　）。

A.销售预算　　　　　B.现金预算　　　　　C.材料采购预算　　　　D.直接人工预算

二、多项选择题

1.销售费用预算要分析（　　　）的关系，力求实现销售费用的最有效使用。

A.销售收入　　　　　B.销售利润　　　　　C.管理费用　　　　　D.销售费用

2.下列关于销售及管理费用预算的表述中，正确的有（　　）。

A.管理费用是做好一般管理业务所必需的费用

B.编制管理费用预算时，要分析企业的业务成绩和一般经济状况，做到费用合理化

C.销售费用预算以销售预算为基础

D.必须充分考察每项管理费用是否必要，以便提高费用效率

3.现金预算中"现金支出"的主要来源有（　　）。

A.直接材料支出　　　B.直接人工支出　　　C.制造费用支出　　　D.购买设备支出

4.下列各部门中，需要具体负责各部门业务涉及的预算编制、执行、分析等工作的有（　　）。

A.生产部门　　　　　B.人力资源部门　　　C.销售部门　　　　　D.财务部门

三、简答题

1.企业销售费用预算适宜采用哪种预算编制方法？为什么？

2.针对企业累计折旧预算的计提依据和范围有什么特别规定？

3.应交税费预算编制的基础是什么？

四、计算题

星海公司预计下月月初现金余额为10 000元；下月月初应收账款为5 000元，预计下月可收回80%；下月销货62 500元，当期收到现金的50%；采购材料10 000元，当期付款70%，当月应付账款余额为6 250元，须于月内付清；下月支付工资现金10 500元，间接费用62 500元，其中折旧费5 000元；预缴所得税1 125元，购买设备支付现金25 000元，现金不足时可向银行借款，金额为1 000元的倍数，现金余额最低为3 750元。

要求：填写星海公司现金收支预算简表（见表7-20）。

表7-20　　　　　　　　　　　　**星海公司现金收支预算简表**　　　　　　　　　　单位：元

项目	金额
期初现金余额	10 000
加：现销收入	（1）
可供使用现金	（2）
减：各项支出现金合计	（3）
材料采购支出	（4）
工资支出	（5）
间接费用支出	（6）
所得税支出	（7）
设备支出	25 000
现金多余或不足	（8）
向银行借款	（9）
期末现金余额	（10）

五、拓展思考题

1.请查找上市公司期间费用预算编制案例,并进行研讨。

2.请围绕企业经营预算体系写一篇课程论文,题目自拟。

第7章练习题参考答案

第8章　现代企业投资预算编制

【学习目标】

【学习目标】

　　通过对本章内容的学习，了解企业投资预算编制的程序，熟练掌握企业投资预算编制的应用。

【学习重点】

　　企业投资预算编制的应用。

　　一个企业无论是以何种组织形式存在，都要由企业的管理者进行经营和决策，其共同的管理目标就是不断提高股东权益的价值。为了实现企业的管理目标，管理者要有卓越的眼光并抓住机会，最关键的是做出正确和适当的投资决策。这个决策的基础就是企业投资预算。

8.1　现代企业投资预算编制概述

　　企业投资预算也被称为资本预算或专门决策预算，是预算期内企业有关资本性投资活动的预算。资本性投资活动主要是为了获得或增加以后各期收益而进行的投资活动。因为投资预算规划安排的是企业的资本性投资活动，投资主要是为了企业发展的长远需要，投资支出主要依靠以后预算期的经营收入来补偿，所以其被称为投资预算；又因为投资预算不涉及企业的日常生产经营活动，是企业不经常发生的、一次性的资本性投资业务，是在投资项目可行性研究基础上编制的预算，往往需要进行专门决策，所以其又被称为专门决策预算。

8.1.1　投资预算的分类

　　投资预算用于规划如何为具有长远意义的重大项目投资提供资源支持，预算的具体内容按照分类的不同，其构成也不同。

　　1）投资预算按照投资对象分类

　　投资预算按照投资对象分类，可以分为固定资产投资预算、无形资产投资预算、权益性资本投资预算、债券投资预算和项目筹资预算等。

　　（1）固定资产投资预算是预算期内企业为购建、改建、扩建、更新固定资产而进行资本投资的预算，主要根据预算期内建筑安装工程费、设备及工器具购置费、工程建设其他费用、基本预备费、涨价预备费、建设期利息等计划编制。

　　（2）无形资产投资预算是预算期内企业为取得专利权、非专利技术、商标权、著作权、土地使用权等无形资产而进行资本投资的预算，主要根据预算期无形资产投资计划编制。

（3）权益性资本投资预算是预算期内企业为获得其他企业的股权及收益分配权而进行资本投资的预算，主要根据企业有关投资决策资料和预算期权益性资本投资计划编制。

（4）债券投资预算是预算期内企业购买国债、企业债券、金融债券等的预算，主要根据企业有关投资决策资料和证券市场行情编制。

（5）项目筹资预算是预算期内企业根据投资项目的需要，新借入的长期借款、短期借款、经批准使用的债券以及对原有借款、债券还本付息的预算。从逻辑上分析，项目投资总额并不等于对外筹资总额，对外筹资总额是项目投资总额减去部分内源性资金（如其他营业性现金流入量、项目折旧或利润再投资等）后的净额，因此，预算的作用就在于事先明确项目的对外筹资总量，从而使筹资行为在事先规划的过程中为投资服务。

2）投资预算按照投资的目的划分

（1）扩充型项目投资预算。扩充型项目是指使企业能够扩充已有的产品和项目或进入一个新的市场生产新产品的项目。当企业决定扩展其产品和市场时，经常需要开拓新的销售或者分销渠道，在这种情况下，企业必须设法准确评估对于产品和服务的需求。扩充型项目从某种意义上讲风险是最大的，因为其要进入一个从未涉足的领域。正因为如此，一般情况下，扩充型项目的评估往往使用一个相对较高的、要求最低的收益率，同时也会取得高于其他项目的回报。

（2）调整型项目投资预算。调整型项目就是与法律法规相一致的项目。社会责任的约束与调整型项目的决策有很大的关系。调整型项目并不是简单地追求股东权益的最大化，而是要首先遵守政府部门制定的行为标准。这样，一般的追求股东权益最大化的现金流分析方法和追求企业长期生存发展的方法在调整型项目中的适用性就会大大降低。

（3）研发型项目投资预算。研发投资是指企业投入一定的人力、物力、财力，以期获得新技术、新产品，从而提高企业效益，促进企业生存和发展的经济活动。根据研发项目情况，企业需要做出研发过程中预计使用资产的折旧、消耗的原材料、直接参与开发人员的工资及福利费、开发过程中发生的租金以及借款费用等预算。由于研发型项目投资的现金流入量有很大的不确定性，所以，研发型项目被列入最具风险性的资本项目。

3）投资预算按照投资项目之间的关系划分

（1）独立投资方案投资预算。独立投资方案是指两个或两个以上项目互不依赖，可以同时并存，各方案的决策也是独立的。独立投资方案的决策属于筛分决策，评价各方案本身是否可行，即方案本身是否达到某种预期的可行性标准。各独立投资方案之间比较时，决策要解决的问题是如何确定各种可行方案的投资顺序，即各独立方案之间的优先次序。进行排序分析时，以各独立方案的获利程度作为评价标准，一般采用内含报酬率法进行比较决策。

（2）互斥投资方案投资预算。互斥投资方案是指决策方案之间互相排斥，不能并存。因此，决策的实质在于选择最优方案，属于选择决策。选择决策要解决的问题是应该淘汰哪个方案，即选择最优方案。从经济效益最大化的要求出发，决策以方案的获利数额作为评价标准。因此，一般采用净现值法和年现金净流量法进行选优决策。但由于净现值指标受投资项目寿命期的影响，因而，年现金净流量法是最恰当的决策方法。

（3）相互关联的项目投资预算。相互关联的项目处于以上两者之间，因为它们之间既存在某些相互的影响，又不能完全排斥对方。相互关联的项目是一个项目的市场份额会影响到其他项目的市场份额。例如，如果项目 A 是生产一种新型的小型汽车，而项目 B 是生产中型汽车，那么，两个项目都可以被接受并进行生产，而小型汽车的一部分潜在顾客可能会被吸引而购买中型汽车。这两个项目是相互关联的，因为一个项目收入的增加会使得另外一个项目收入的减少。

4）投资预算按照编制流程分类

（1）投资决策预算。投资决策预算是一个复杂的系统，涉及企业进行规划、评价、选择、决策以及实施长期投资活动的全过程。其主要内容包括投资项目经济评价预算和投资项目执行预算两个环节。投资决策预算一般在"财务管理"等学科的教材中有专门的介绍，本教材不再赘述。

（2）投资项目资本支出预算。投资项目执行预算是在投资项目决策之后，对确定的投资项目可行方案或最优方案实施预算期资金支出的预算，也就是将跨多个年度的投资预算按年分解，反映预算年度的现金支出情况，其他年份发生的现金支出应当在其他年度的预算——也就是编制的年度投资预算——中予以反映。

（3）筹资预算。筹资预算的作用就在于事先规划项目的对外筹资总额，以合理选择资本筹集方式、合理确定资本需要总量、合理安排时间，防止筹资预算不合理造成资本闲置浪费或资本不能按期筹集而延误投资项目的进程等问题。

因此，资本预算的要点是准确反映项目资金支出与筹资计划，其同时也是编制现金预算和预计资产负债表的依据。

8.1.2 投资预算的特点

投资预算具有以下特点：投资额度大、占用资源多，会对企业的当期现金流量和财务状况产生重大影响；投资预算回收时间长，尤其是那些要经过几年现金流出后才可能产生现金流入的项目，将给企业带来很大的财务压力；投资预算不确定性强，投资存在风险；投资决策一旦做出，中途很难退出，或者说中途退出代价极大；资本预算对企业的生存发展具有至关重要的影响等。

8.1.3 投资预算的基本原则

投资预算的特点是涉及金额大、周期长、风险高和时效性强，它们决定了企业在进行投资预算的过程中应该坚持以下原则：

1）有效配置企业资源原则

资源有效配置原则，强调以有利于企业价值最大化为基本标准。资源有效配置的判别标准具有以下特征：

（1）超过资本成本（或投资必要报酬率）的项目净现值大于零；

（2）项目收益以现金净流量方式来表达，其是未来现金净流量的现在价值，不直接等同于会计利润；

（3）项目净现值具有可加性，即不同项目不论其收益状况如何，价值均可以直接相加，从而对企业价值产生直接影响；

（4）项目收益是在投资期初对项目未来价值做出的判断，是一种预测收益，因此具有很大的风险性。

2）企业战略目标导向原则

投资预算必须依据企业发展战略和长期生产经营计划制定。在投资预算中，预算目标应该以战略目标为导向，将战略目标落实到财务目标，再将财务目标分解到投资项目的投资预算目标，从而使预算目标成为指导投资项目评价和投资预算全过程的基本目标。

3）风险与收益匹配原则

坚持风险与收益匹配原则，一方面旨在防止因投资预算投向和融资渠道选择所冒风险过大而造成企业财务危机；另一方面旨在防止企业因不敢冒风险而失去发展机会。风险与收益匹配原则要求投资项目具有较强的盈利能力，要求企业在投资预算决策中进行必要的不利事件出现概率分析，并相应进行全面的风险管理和防范。

8.1.4 投资预算编制依据

1）企业中长期经营规划

中长期经营规划是企业5年至10年的规划。它的任务是建立企业的经营结构，为实现企业战略目标确定设备、人员、资金等的结构，以达到企业的经营能力和综合素质的提高。中长期经营规划起着承上启下的重要纽带作用。

2）投资项目的评价

投资项目的选择，必须在可行性研究报告的基础上进行。可行性研究报告的核心是投资项目的评价，它是对投资决策的合理性、技术的先进性和适用性，以及建设条件的可能性和可行性进行调研、分析和论证，从而为投资决策提供科学依据。其主要通过对项目的市场需求、资源供应、建设规模、工艺路线、设备选型、环境影响、资金筹措、盈利能力等，从技术、经济、工程等方面进行调查研究和分析比较，并对项目建成后可能获得的财务、经济效益及社会影响进行预测，从而提出该项目是否值得投资和如何进行建设的咨询意见，为项目决策提供依据的一种综合性的分析方法，是编制投资预算的先决条件。

投资项目的评价方法包括贴现现金流量法和非贴现现金流量法两类。贴现现金流量法考虑货币时间价值因素。非贴现现金流量法不考虑货币时间价值因素。在资本预算实践中，最常用的评价方法是回收期法、净现值法和内部收益率法。

（1）回收期法

回收期是指以投资项目的各年现金净流量回收初始投资所需要的时间。回收期法的基本原理是：通过对各投资方案初始投资额与预计现金流量之间相互关系的计算，确定回收全部初始投资所需要的时间，然后比较各相关方案投资回收期的长短，选择最佳投资方案。一般来说，投资回收期越短，说明项目投资效果越好，所冒风险也越小。

根据各年现金净流量是否相等，投资回收期的计算分为以下两种情况：

如果各年现金净流量相等，则投资回收期可按下式计算：

投资回收期=初始投资额÷每年现金净流量

如果各年现金净流量不等，则投资回收期应根据各年年末的累计现金净流量与各年年末尚未回收的投资额进行计算。

回收期法的优点是计算简便，易于理解，可以在一定程度上反映项目的风险和流动性水平。但是，投资回收期没有考虑货币的时间价值，也没有考虑回收期满后项目的现金流量状况，可能导致企业优先考虑急功近利的项目，而放弃能够带来长期价值最大化的项目。因此，回收期法通常作为辅助参考指标，在项目初步筛选时使用。

（2）净现值法

净现值（NPV）是指投资项目投入使用后的现金净流量，按资本成本或企业期望达到的报酬率折算为现值，与初始投资额的差额。净现值法的基本原理是：将项目投产后的现金净流量按照预定的贴现率折算到该项目开始建设的当年，与初始投资额进行比较，计算净现值。如果净现值为正，说明贴现后的现金净流量大于初始投资额，投资项目的报酬率高于预期报酬率，投资在经济上有利；反之，如果净现值为负，则说明贴现后的现金净流量小于初始投资额，投资项目的报酬率低于预期报酬率，投资在经济上不利。

净现值法的决策规则是：在只有一个备选方案的投资决策中，净现值为正，则采纳，净现值为负，则不采纳；在有多个备选方案的互斥选择决策中，选择净现值为正值中的最大者。

与回收期法相比较，净现值法既考虑了投资产生的全部现金净流量及投资额的大小，又考虑了二者的时间价值，并将其统一在一个时点上进行对比分析，对投资效益的评价比较全面、准确。

（3）内部收益率法

内部收益率（IRR）也称内含报酬率，是指使投资项目未来现金净流量的现值等于初始投资额的贴现率，也就是使投资项目的净现值等于零时的贴现率，是长期投资项目在其寿命期内按现值计算实际可能达到的投资报酬率。内含报酬率法的基本原理是：在任何投资项目中，都客观上存在着一个报酬率，其能使投资项目未来各期现金净流量折现后的总现值等于该投资项目的初始投资额。

内部收益率法的决策规则是：在只有一个备选方案的投资决策中，如果内部收益率大于资本成本或企业期望的投资报酬率，则采纳，内部收益率小于资本成本或企业期望的投资报酬率，则不采纳；在有多个备选方案的互斥选择决策中，选择内含报酬率超过资本成本或企业期望的投资报酬率最多的投资项目。

内部收益率法的优点是考虑了货币的时间价值因素，反映了投资项目的真实报酬率而非净收益，更易于为财务决策者所理解和接受；其缺点是对于具有非常规现金流量的项目，可能会出现多个内部收益率或不存在内部收益率，这时最好采用净现值法进行评价。

3）经审查批准的投资决策方案

在可行性论证和评价的基础上，做出投资决策方案，经股东大会或董事会审查批准。

4）资金筹措方案

根据投资的规模、企业资本的保障能力，对资金缺口制订筹集方案，包括筹资规模、筹集方式、筹集渠道、筹资年度计划、筹资成本以及相关融资方式的审批文件等。

8.1.5 投资预算编制方法

投资预算一般采用零基预算的编制方法，在编制时间上可采用定期预算或滚动预算的编制方法。

8.2　现代企业固定资产投资预算

固定资产投资预算是预算期内企业为购建、改建、扩建、更新固定资产而进行资本投资的预算，主要根据企业有关投资决策资料和预算期固定资产投资计划编制。

8.2.1　编制基础

固定资产投资预算编制的基础主要包括可行性论证报告、股东大会或董事会的投资决议、分项目投资测算、资金筹措等信息。

8.2.2　编制责任部门

固定资产投资预算由基建部门负责编制，与投资活动相关的部门和人员均应参与本预算的编制、审议与对接。

8.2.3　编制程序

固定资产投资预算按照工程项目和建设期计划，在分项目进行投资测算的基础上进行编制。

8.2.4　编制方法

由于固定资产投资预算与基期无过多联系，所以其可采用零基预算的编制方法，在编制时间上可采用定期预算或滚动预算的编制方法。

8.2.5　预算表格设计

根据固定资产投资预算的特点，其主要表格设计见表8-1。

表8-1　　　　　　　　　　　固定资产投资预算表

年度　　　　　　　　　　　　　　　　　　　　　　　　单位：元

项目	第一季度	第二季度	第三季度	第四季度	全年
勘察设计费					
土建工程					
设备购置费					
安装工程					
其他					
投资支出总额					
投资资金筹措					
长期借款					
债券					
利息					
…					
投资资金筹措总额					

8.2.6　编制案例

【例8-1】江苏鱚麤集团公司根据投资项目可行性研究报告及董事会决议，决定20×2年投资建设年产600套的C产品项目，项目建设期为2年，投资按项目进展支付。固定资产总造价预算由工程部负责编制，财务部门予以配合。

有关项目资料及测算如下：

勘察设计费43 500元；土建工程870 000元；设备购置费1 656 000元；安装调试费40 000元；其他费用25 700元。

根据公司资金状况，计划20×2年和20×3年年初分别借款800 000元和1 200 000元，期限3年，借款利率6%。

要求：根据上述资料编制固定资产投资预算。

江苏鱚麤集团公司20×2年度固定资产投资预算见表8-2。

表8-2　　　　　　　　　　　　**江苏鱚麤集团公司固定资产投资预算表**

20×2年度　　　　　　　　　　　　　　　　　　　　　　　　　　单位：元

项目	20×2年度					20×3年度
	第一季度	第二季度	第三季度	第四季度	合计	
勘察设计费	43 500.00				43 500.00	
土建工程	370 000.00	150 000.00	150 000.00	200 000.00	870 000.00	
设备购置费					—	1 656 000.00
安装调试费						40 000.00
其他	15 000.00			10 700.00	25 700.00	
投资支出总额	428 500.00	150 000.00	150 000.00	210 700.00	939 200.00	1 696 000.00
投资资金筹措						
长期借款	800 000.00				800 000.00	1 200 000.00
利息	12 000.00	12 000.00	12 000.00	12 000.00	48 000.00	72 000.00
…					—	
投资资金筹措总额	800 000.00				800 000.00	1 200 000.00

8.3　现代企业权益性投资预算

企业权益性投资是以获得其他企业的股权及收益分配权为投资目的，以现金、实物资产、无形资产等方式向企业外部主体进行的投资活动。

8.3.1　编制基础

权益性投资预算编制的基础主要包括投资分析报告、股东大会或董事会的投资决议、权益性投资项目、资金筹措等信息。

8.3.2　编制责任部门

权益性投资预算由企业证券部门负责编制。

8.3.3　编制程序

权益性投资预算按照投资项目、持股比例、价格等信息编制。

8.3.4　编制方法

权益性投资预算可采用零基预算的方法编制，在编制时间上可采用定期预算或滚动预算的方法编制。

8.3.5　预算表格设计

根据权益性投资预算的特点，其主要表格设计见表8-3。

表8-3　　　　　　　　　　　　　　权益性投资预算表

年度　　　　　　　　　　　　　　　　　　　　　　金额单位：元

被投资企业	投资性质	投资时间	投资金额	投资比例	被投资企业股利分配方案
合　计					

8.3.6　编制案例

【例8-2】江苏鱛鸝集团公司根据20×2年股权投资计划，拟实施如下权益性资本投资活动：

（1）20×2年6月，以现金20万元向常柴公司投资，每股1元。投资后，江苏鱛鸝集团公司占常柴公司2%股权，常柴公司20×2年拟向股东发放现金股利50万元。

（2）20×2年9月，购买上市公司"金螳螂股份"普通股10万股，占金螳螂股份0.1%股份，预计投资50万元；金螳螂股份20×2年拟向股东发放现金股利1 000万元。

要求：根据上述资料编制权益性投资预算。

江苏鱛鸝集团公司20×2年度权益性投资预算见表8-4。

表8-4　　　　　　　　　　江苏鳍龘集团公司权益性投资预算表

20×2年度

金额单位：元

被投资企业	投资性质	投资时间	投资金额	投资比例	被投资企业股利分配方案	预期投资收益
常柴公司	参股	20×2.6.1	200 000.00	2%	发放现金股利500 000.00元	10 000.00
金螳螂股份	普通股	20×2.9.1	500 000.00	0.1%	发放现金股利10 000 000.00元	10 000.00
合　计			700 000.00			20 000.00

本章练习题

一、判断题

1.业务预算是全面预算编制的起点，因此，专门决策预算应当以业务预算为依据。
　　　　　　　　　　　　　　　　　　　　　　　　　　　　（　　）

2.专门决策预算主要反映项目投资与筹资计划，是编制现金预算和预计资产负债表的依据之一。
　　　　　　　　　　　　　　　　　　　　　　　　　　　　（　　）

二、简答题

1.企业投资预算的含义是什么？

2.专门决策预算的编制依据是什么？

3.投资预算的主要特点是什么？

4.请简述回收期法、净现值法、内部收益率法的决策原则。

第8章练习题参考答案

第9章　现代企业财务预算

【学习目标】

通过对本章内容的学习，了解企业财务预算的构成，掌握资产负债表预算、利润表预算和现金收支预算的编制。

【学习重点】

资产负债表预算的编制；现金收支预算的编制。

财务预算是指与企业财务状况、经营成果和现金收支有关的各项预算。其主要包括资产负债表预算、利润表预算、现金收支预算。

9.1　现代企业资产负债表预算

企业资产负债表预算是依据当前的实际资产负债表和全面预算中的其他预算所提供的资料编制而成的总括性预算表格，可以反映企业预算期末的财务状况。

资产负债表预算可以为企业管理者提供会计期末企业预期财务状况的信息，其有助于管理者预测未来期间的经营状况，并采取适当的改进措施。

9.1.1　编制基础

资产负债表预算是在各单项预算完成的基础上编制的，主要包括各类资产、负债、所有者权益等部分。

9.1.2　编制责任部门

资产负债表预算由财务部门负责编制，相关责任部门予以配合。

9.1.3　编制程序

收集各单项预算中涉及资产、负债、所有者权益等业务的数据，在测算的基础上编制。

9.1.4　编制方法

资产负债表预算采用增量预算的方法编制。

9.1.5　预算表格设计

由于资产负债表在我国有统一的格式，所以，企业需要按照相关要求将前面章节已经完成的各单项预算表中涉及的资产类、负债类、所有者权益类项目，进行归集、汇总、计算，填列资产负债表预算，具体见表9-1。

表9-1 　　　　　　　　　　　　　　　　**资产负债表预算**

编制单位：××有限公司　　　　　　　　　××××年××月××日　　　　　　　　　　单位：元

资　产	期末余额	年初余额	负债和所有者权益	期末余额	年初余额
流动资产：			流动负债：		
货币资金			短期借款		
交易性金融资产			交易性金融负债		
衍生金融资产			衍生金融负债		
应收票据			应付票据		
应收账款			应付账款		
预付款项			预收款项		
其他应收款			合同负债		
存货			应付职工薪酬		
合同资产			应交税费		
持有待售资产			其他应付款		
一年内到期的非流动资产			持有待售负债		
其他流动资产			一年内到期的非流动负债		
流动资产合计			其他流动负债		
非流动资产：			流动负债合计		
债权投资			非流动负债：		
其他债权投资			长期借款		
长期应收款			应付债券		
长期股权投资			其中：优先股		
其他权益工具投资			永续债		
其他非流动金融资产			租赁负债		
投资性房地产			长期应付款		
固定资产			预计负债		
在建工程			递延收益		
生产性生物资产			递延所得税负债		
油气资产			其他非流动负债		
使用权资产			非流动负债合计		
无形资产			负债合计		
开发支出			所有者权益：		
商誉			实收资本		
长期待摊费用			其他权益工具		
递延所得税资产			其中：优先股		
其他非流动资产			永续债		
非流动资产合计			资本公积		
			减：库存股		
			其他综合收益		
			专项储备		
			盈余公积		
			未分配利润		
			所有者权益合计		
资产总计			负债和所有者权益总计		

9.1.6　编制案例

【例9-1】江苏鳝鱻集团公司根据20×2年度已经编制完成的各单项预算的相关数据，编制20×2年度资产负债表预算，具体见表9-2。

表9-2　　　　　　　　　　　　　　资产负债表预算

编制单位：江苏鳝鱻集团公司　　　　　20×2年12月31日　　　　　　　　单位：元

资产	期末余额	年初余额	备注	负债和所有者权益	期末余额	年初余额	备注
流动资产：				流动负债：			
货币资金	82 468 651.66	5 005 000.00	现金收支预算表（表9-6）	短期借款	—	2 000 000.00	现金收支预算表（表9-6）
交易性金融资产	900 000.00	200 000.00	权益性投资预算表（表8-4）	交易性金融负债			
应收票据				衍生金融负债			
应收账款	49 068 000.00	40 000 000.00	销售收入预算表（表6-8）	应付票据			
预付款项				应付账款	63 325 560.00	40 000 000.00	直接材料采购预算表（表6-17）
其他应收款	140 000.00	120 000.00	权益性投资预算表（表8-4）	预收款项			
合同资产				应付职工薪酬	4 145 578.00	200 000.00	直接人工预算表（表6-22）+制造费用预算表（表6-26）+销售费用预算表（表7-2）+管理费用预算表（表7-5）
存货	114 294 300.00	96 915 000.00	原材料结存预算表（表6-18）+销货成本预算表（表6-33）	应交税费	3 141 130.01	1 410 792.00	应交税费预算表（表7-11）
持有待售资产				其他应付款	10 700.00	10 700.00	
一年内到期的非流动资产				持有待售负债			
其他流动资产				一年内到期的非流动负债			
流动资产合计	246 870 951.66	142 240 000.00		其他流动负债			
非流动资产：				流动负债合计	70 622 968.01	43 621 492.00	
债权投资				非流动负债：			
其他债权投资				长期借款	4 800 000.00	4 000 000.00	固定资产投资预算表（表8-2）
长期应收款				应付债券			
长期股权投资				其中：优先股			
其他权益工具投资				永续债			
其他非流动金融资产				租赁负债			
投资性房地产				长期应付款			
固定资产	26 527 800.00	11 357 000.00		预计负债			
固定资产原值	37 790 000.00	29 070 000.00	固定资产变动预算表（表7-14）	递延收益			
固定资产折旧	11 603 000.00	17 713 000.00	累计折旧预算表（表7-18）	递延所得税负债			

资　产	期末余额	年初余额	备　注	负债和所有者权益	期末余额	年初余额	备　注
固定资产清理	340 800.00		固定资产清理预算表（表7-15）	其他非流动负债			
在建工程	987 200.00	13 000 000.00	固定资产变动预算基础资料表（表7-13）+固定资产投资预算表（表8-2）	非流动负债合计	4 800 000.00	4 000 000.00	
生产性生物资产				负债合计	75 422 968.01	47 621 492.00	
油气资产				所有者权益：			
使用权资产				实收资本	80 000 000.00	80 000 000.00	
无形资产	7 000 000.00	8 000 000.00		其他权益工具			
无形资产原值	10 000 000.00	10 000 000.00		其中：优先股			
无形资产摊销	3 000 000.00	2 000 000.00		永续债			
开发支出				资本公积	34 481 808.00	34 481 808.00	
商誉				减：库存股			
长期待摊费用				其他综合收益			
递延所得税资产				专项储备			
其他非流动资产				盈余公积	9 898 747.56	2 000 000.00	年初余额+本期净利润×10%
非流动资产合计	34 515 000.00	32 357 000.00		未分配利润	81 582 428.09	10 493 700.00	年初余额+本期净利润×90%
				所有者权益合计	205 962 983.65	126 975 508.00	
资产总计	281 385 951.66	174 597 000.00		负债和所有者权益总计	281 385 951.66	174 597 000.00	

9.2　现代企业利润表预算

企业利润表预算以货币形式综合反映预算期内企业经营活动成果的利润计划性。

9.2.1　编制基础
利润表预算是在各单项预算完成的基础上编制的，主要包括销售收入、销售成本、期间费用、投资收益、利润总额、所得税费用、净利润等内容。

9.2.2　编制责任部门
利润表预算由财务部门负责编制，相关责任部门予以配合。

9.2.3　编制程序
收集各单项预算中涉及收入、收益、成本、费用等业务的数据，在测算的基础上编制。

9.2.4　编制方法
利润表预算采用零基预算的方法编制。

9.2.5　预算表格设计

由于利润表有国家财务制度规定的统一格式，所以，企业需要按照相关要求将前面章节已经完成的各单项预算表中涉及的收入类、成本费用类项目，进行归集、汇总、计算，填列利润表预算，具体见表9-3。

表9-3　　　　　　　　　　　　　利润表预算

编制单位：××有限公司　　　　　　　　　××××年度　　　　　　　　　　单位：元

项　目	本期金额	上期金额
一、营业收入		
减：营业成本		
税金及附加		
销售费用		
管理费用		
研发费用		
财务费用		
其中：利息费用		
利息收入		
加：其他收益		
投资收益（损失以"-"号填列）		
净敞口套期收益（损失以"-"号填列）		
公允价值变动收益（损失以"-"号填列）		
信用减值损失（损失以"-"号填列）		
资产减值损失（损失以"-"号填列）		
资产处置收益（损失以"-"号填列）		
二、营业利润（亏损以"-"号填列）		
加：营业外收入		
减：营业外支出		
三、利润总额（亏损总额以"-"号填列）		
减：所得税费用		
四、净利润（净亏损以"-"号填列）		
五、其他综合收益的税后净额		
六、综合收益总额		
七、每股收益		

9.2.6　编制案例

【例9-2】江苏鳍龘集团公司根据20×2年度已经编制完成的各单项预算的相关数据，编制20×2年度利润表预算，具体见表9-4。

表 9-4　　　　　　　　　　　　　　　　利润表预算

编制单位：江苏鳝蠡集团公司　　　　　　20×2 年度　　　　　　　　　　单位：元

项　目	本期金额	上期金额	备　注
一、营业收入	550 000 000.00	500 000 000.00	销售收入预算表（表6-8）
减：营业成本	421 409 600.00	395 000 000.00	销货成本预算表（表6-33）
税金及附加	4 807 980.87	3 500 000.00	应交税费预算表（表7-11）中城市维护建设税+教育费附加+税金及附加
销售费用	14 850 000.00	14 180 000.00	销售费用预算表（表7-2）
管理费用	3 896 450.00	4 050 000.00	管理费用预算表（表7-5）
研发费用			
财务费用	−260 665.07	4 000 000.00	财务费用预算表（表7-8）
其中：利息费用	18 000.00	4 100 000.00	财务费用预算表（表7-8）
利息收入	408 665.07	100 000.00	财务费用预算表（表7-8）
加：其他收益			
投资收益（损失以"−"号填列）	20 000.00		权益性投资预算表（表8-4）
净敞口套期收益（损失以"−"号填列）			
公允价值变动收益（损失以"−"号填列）			
信用减值损失（损失以"−"号填列）			
资产减值损失（损失以"−"号填列）			
资产处置收益（损失以"−"号填列）			
二、营业利润（亏损以"−"号填列）	105 316 634.20	79 270 000.00	
加：营业外收入		200 000.00	
减：营业外支出		200 000.00	
三、利润总额（亏损总额以"−"号填列）	105 316 634.20	79 270 000.00	
减：所得税费用	26 329 158.55	19 817 500.00	
四、净利润（净亏损以"−"号填列）	78 987 475.65	59 452 500.00	
五、其他综合收益的税后净额			
六、综合收益总额			
七、每股收益			

9.3 现代企业现金收支预算

企业现金收支预算反映预算期内企业预计现金收支的详细情况。编制该预算，能够对各项经济活动有关现金收支的方面进行汇总，并通过平衡与调度手段解决各个期间现金收支的多余和不足，对企业日常现金需要做出合理的安排，为管理者筹措及控制现金提供依据。

9.3.1 编制基础

现金收支预算是在各单项预算完成的基础上编制的，主要包括现金收入、现金支出、现金余缺以及筹资与运用等四个部分。

9.3.2 编制责任部门

现金收支预算由财务部门负责编制，相关责任部门予以配合。

9.3.3 编制程序

收集各单项预算中涉及现金业务的数据、上年资产负债表中的现金数据、企业现金安全存量、现金余缺的调控措施等信息。

9.3.4 编制方法

现金收支预算采用增量预算的方法编制。其具体步骤如下：

1）现金收入

现金收入部分包括期初的现金余额和预算期销售预算中的现金收入。

2）现金支出

现金支出部分包括预算期内预计的采购材料、支付职工薪酬、上缴税费、支付股利、投资支出等各项现金支出。

3）现金余缺

现金余缺是现金收入合计与现金支出合计之间的差额。

4）筹资与运用

企业根据预算期内现金收支的差额以及现金管理的各项政策，确定筹集或运用现金的数额。在资金不足的情况下，采取有效方式筹措资金；而在现金多余的情况下，可以考虑购买证券、还本付息等。其计算公式为：

现金筹措金额 = 最低现金余额 + 现金不足额

9.3.5 预算表格设计

根据现金收支预算的特点和编制要求，将前面章节已经完成的各单项预算表中涉及的现金收支项目，进行归集、汇总、计算，填列现金收支预算表，具体见表9-5。

表9-5   **××有限公司××××年度现金收支预算表**   单位：元

项目	第一季度	第二季度	第三季度	第四季度	全年
期初现金余额					
加：销售现金收入					
现金收入合计					
减：现金支出					
直接材料					
直接人工					
制造费用					
销售费用					
管理费用					
所得税					
设备购置					
长期贷款利息					
投资者利润					
现金支出合计					
现金余缺					
筹资与运用					
银行短期借款					
偿还银行借款					
支付借款利息					
期末现金余额					

9.3.6 编制案例

【例9-3】江苏鳝蟲集团公司20×2年度经营预算、投资预算等涉及现金收支的预算已经全部编制完毕且审核无误。根据责任分工，由财务部门负责编制公司20×2年度现金收支预算。公司核定的最低现金额度为4 500万元。

预算编制过程和编制方法如下：

（1）审核各项预算中的现金收支项目。

（2）确认预算期需要偿还的融资债务。

（3）确定现金预算期初、期末余额。

（4）确认预算期的现金余缺。通过编制"各项预算现金收支汇总表"，汇总、核实各项预算中的现金收支金额，结合期初、期末现金余额，计算出预算期的现金余缺。

根据已经完成的各单项预算表中涉及的现金收支项目，编制江苏鳙鱲集团公司20×2年度现金收支预算，具体见表9-6。

表9-6　　　　　　　　　**江苏鳙鱲集团公司20×2年度现金收支预算表**　　　　　　单位：元

项目	第一季度	第二季度	第三季度	第四季度	全年	备注
期初现金余额	5 005 000.00	49 457 743.57	94 179 265.48	123 801 370.47	5 005 000.00	期初现金余额来自资产负债表预算（表9-2）
加：销售现金收入	137 846 000.00	154 396 000.00	169 998 000.00	166 692 000.00	628 932 000.00	来自销售收入预算表（表6-8）
可动用的现金总量	142 851 000.00	203 853 743.57	264 177 265.48	290 493 370.47	633 937 000.00	
减：现金支出						
直接材料	63 568 160.80	72 308 112.80	101 063 190.40	137 210 020.00	374 149 484.00	来自直接材料采购预算表（表6-17）
直接人工	6 692 816.00	21 331 856.00	22 360 416.00	38 597 312.00	88 982 400.00	来自直接人工预算表（表6-22）
制造费用	454 473.00	716 673.00	741 223.00	961 003.00	2 873 372.00	来自制造费用预算表（表6-26+表6-27）
销售费用	3 070 040.00	3 394 080.00	3 745 550.00	3 459 430.00	13 669 100.00	来自销售费用预算表（表7-2）
管理费用	611 200.00	611 200.00	611 200.00	611 200.00	2 444 800.00	来自管理费用预算表（表7-5）
财务费用	44 492.50	-41 186.62	-110 268.90	-153 702.06	-260 665.07	来自财务费用预算表（表7-8）
应交税费	16 876 574.13	10 556 742.91	10 867 584.50	24 281 755.87	62 582 657.41	来自应交税费预算表（表7-11）
固定资产投资	863 500.00	585 000.00	585 000.00	3 045 700.00	5 079 200.00	具体数据来源见本表注释
股权投资	—	200 000.00	500 000.00	—	700 000.00	来自权益性投资预算表（表8-4）
长期借款	-800 000.00	—	—	—	-800 000.00	来自固定资产投资预算表（表8-2）
长期借款利息	12 000.00	12 000.00	12 000.00	12 000.00	48 000.00	来自固定资产投资预算表（表8-2）
现金支出合计	91 393 256.43	109 674 478.09	140 375 895.00	208 024 718.82	549 468 348.34	
现金余缺	51 457 743.57	94 179 265.48	123 801 370.47	82 468 651.66	84 468 651.66	
筹资与运用						
银行短期借款						
偿还银行借款	2 000 000.00				2 000 000.00	
期末现金余额	49 457 743.57	94 179 265.48	123 801 370.47	82 468 651.66	82 468 651.66	

注：表中数据因四舍五入，存在尾差。固定资产投资数据来源说明：

①表7-13和表7-14中甲分厂（12月）新购设备800 000.00元；

②表7-13和表7-14中甲分厂（12月）竣工厂房，每个季度435 000.00元（1 740 000.00÷4）；

③表7-13和表7-14中乙分厂（12月）新购设备1 600 000.00元；

④表8-2扩建的C产品项目的固定资产投资预算。

本章练习题

一、单项选择题

1.全面预算体系中的最后环节是（　　　）。

A.业务预算　　　　　　B.总预算　　　　　　C.专门决策预算　　　　D.生产预算

2.下列关于全面预算的作用的说法中，不正确的是（　　　）。

A.现金预算运用货币度量来表述，具有高度的综合性

B.预算是控制经济活动的依据和衡量其合理性的标准

C.考核时关注预算是否被完全执行

D.为使预算发挥作用，应制定合理的预算管理制度

3.下列关于利润表预算的说法中，不正确的是（　　　）。

A.利润表预算是按照权责发生制来编制的

B.利润表预算是按照收付实现制来编制的

C.所得税项目的金额通常不是根据利润总额乘以所得税税率计算出来的，而是预先估计的数额

D.利润表预算的编制应先于资产负债表预算

4.某企业编制第四季度的直接材料预算，预计期初材料存量为600千克，本季度生产需用量为3 400千克，预计期末材料存量为500千克，材料采购单价为10元/千克。若材料采购货款的30%于当季付清，另外70%于下季付清，假设不考虑流转税的影响，则该企业预计资产负债表年末"应付账款"项目金额为（　　　）元。

A.27 300　　　　　　　B.9 900　　　　　　　C.23 100　　　　　　　D.24 500

5.下列不属于编制利润表预算的依据的是（　　　）。

A.现金预算　　　　　B.专门决策预算　　　C.业务预算　　　　　　D.资产负债表预算

二、多项选择题

1.编制现金预算时，如果现金余缺大于最佳现金持有量，则企业可以采取的措施有（　　　）。

A.销售短期有价证券

B.偿还部分借款利息

C.购入短期有价证券

D.偿还部分借款本金

2.编制现金预算时，计算某期现金余缺必须考虑的因素有（　　　）。

A.期初现金余额　　　　　　　　　　B.期末现金余额

C.当期现金支出　　　　　　　　　　D.当期现金收入

3.编制下列各项预算，能够成为预计资产负债表中"存货"项目金额来源的有（　　　）。

A.销售费用预算　　　　　　　　　　B.直接人工预算

C.直接材料预算　　　　　　　　　　D.产成品预算

4.下列各项预算中，与编制利润表预算直接相关的有（　　　）。

A.销售预算　　　　　　　　　　　　B.生产预算

C.产品成本预算　　　　　　　　　　D.销售及管理费用预算

5.企业在编制预计资产负债表时，每期销售收入均有部分在本期收回，其余在下期收

回；材料采购货款，部分在本期支付，其余在下期支付。下列有关计算公式中，正确的有（　　）。

A.期末未分配利润=期初未分配利润+本期利润−本期股利−本期计提盈余公积

B.期末应收账款=本期销售额×（1−本期收现率）

C.期末应付账款=本期采购金额×（1−本期付现率）

D.期末现金余额=期初现金余额+本期销货现金收入−本期各项现金支出

6.下列关于全面预算中利润表预算编制的说法中，正确的有（　　）。

A."销售费用"和"管理费用"项目的数据，来自销售费用预算

B."借款利息"项目的数据，来自现金预算

C.利润表预算与会计上的利润表的内容、格式相同，只不过数据是面向预算期的

D."所得税费用"项目的数据，通常是根据利润表预算中的"利润"项目金额和本企业适用的法定所得税税率计算出来的

7.某公司20×2年6月至9月预计销售收入分别为200万元、250万元、280万元和300万元，当月销售于当月收现70%，下月收现25%，再下月收现5%，则20×2年8月31日"应收账款"项目金额和20×2年8月现金流入量分别为（　　）万元。

A.96.5　　　　　　B.82.5　　　　　　C.258.5　　　　　　D.268.5

8.全面预算体系中属于总预算内容的有（　　）。

A.现金预算　　　　B.生产预算　　　　C.利润表预算　　　　D.资产负债表预算

三、简答题

1.现金预算的编制基础是什么？

2.确定现金筹措金额的方法是什么？

3.利润表预算的编制基础是什么？

4.资产负债表预算的编制基础是什么？

四、计算题

1.某企业20×1年有关预算资料如下：

（1）20×1年6月和7月实际销售额分别为36 000元和42 000元，预计20×1年8月销售额为40 000元，20×1年9月销售额为43 000元。每月销售收入中有60%于当月收现，30%于次月收现，10%于第三个月收现，不存在坏账。

（2）各月直接材料采购金额按下月销售收入的60%计算，所购材料款当月支付现金的50%，次月支付现金的50%。

（3）20×1年8月有关项目预计资料如下：工资及其他支出7 500元（用现金支付）；制造费用8 600元（其中折旧等非付现费用600元）。

（4）20×1年7月月末现金余额为150元，除了采购材料之外的应付账款余额为5 000元，须于8月支付。

（5）现金不足时，通过向银行借款解决，最低借款额为100元的整数倍。20×1年8月月末现金余额要求不低于120元。

要求：根据上述资料计算该企业20×1年8月的下列预算指标：

（1）现金流入；

（2）现金流出；

（3）现金余缺；

（4）向银行借款的最低金额；

（5）20×1年8月月末应收账款余额。

2.某企业20×1年10月至12月销售收入和购货成本预算见表9-7。

表9-7　　　　　某企业20×1年10月至12月销售收入和购货成本预算表　　　　单位：万元

月份	10月	11月	12月
销售收入	2 000	3 500	4 000
购货成本	1 200	1 500	1 800

预计20×2年1月销售额为4 500万元，购货成本为2 000万元。

每月销售收入中有50%于当月收现，30%于次月收现，20%于第三个月收现，不存在坏账，而购货成本平均付现期为15天。

该企业20×1年12月月末现金余额为60万元。20×2年1月有关项目预计资料如下：工资支出620万元（用现金支付）；制造费用460万元（其中折旧等非付现费用320万元）；销售费用和其他管理费用90万元（未支付）；预计缴纳所得税20万元；购买设备2 000万元（用现金支付）。现金不足时，通过向银行借款解决。20×2年1月月末现金余额要求不低于50万元。

要求：根据上述资料计算该企业20×2年1月的下列预算指标：

（1）经营性现金流入；

（2）经营性现金流出；

（3）现金余缺；

（4）向银行借款的最低金额；

（5）20×2年1月月末应收账款余额。

3.某企业20×1年10月至12月实际销售额分别为35 000万元、40 000万元和50 000万元，预计20×2年1月销售额为46 000万元。

每月销售收入中有60%于当月收现，30%于次月收现，10%于第三个月收讫，不存在坏账。

假定该企业销售的产品在流通环节只需缴纳消费税，税率为10%，并于当月以现金缴纳。该企业20×1年12月月末现金余额为80万元，应付账款余额为4 500万元（须于20×2年1月付清），不存在其他应收应付款项。

20×2年1月有关项目预计资料如下：采购材料8 000万元（当月付款80%）；工资及其他支出7 500万元（用现金支付）；制造费用7 800万元（其中折旧等非付现费用4 200万元）；销售费用和管理费用900万元（用现金支付）；预缴所得税1 710万元；购买设备17 800万元（用现金支付）。现金不足时，通过向银行借款解决。20×2年1月月末现金余额要求不低于90万元。

要求：根据上述资料计算该企业20×2年1月的下列预算指标：

（1）经营性现金流入；

（2）经营性现金流出；

（3）资本性现金支出；

（4）现金余缺；

（5）向银行借款的最低金额；

（6）20×2年1月月末应收账款余额。

第9章练习题参考答案

第 3 篇
现代企业预算控制

第10章 现代企业预算执行与控制

【学习目标】

通过对本章内容的学习，了解企业预算的执行与控制，掌握常规执行与控制的方法、预算差异的计算分析及其应用。

【学习重点】

预算执行；预算差异的计算分析。

预算执行与控制是预算工作的核心，如果企业在预算执行过程中与预算计划存在较大的背离，那么预算将不会为企业的生产经营活动带来任何的益处。企业预算的执行力受到多种因素的共同作用，如企业的基础结构、企业的文化和企业的经营方针等因素，都会在不同程度上对企业的预算执行力施加影响。

10.1 现代企业预算执行

全面预算编制完成并批准下达，就意味着企业预算期内经营活动有了明确的目标和方向。但预算毕竟是一个标准、一种规矩，能否达到预期的经营目标，其关键还在于企业是否能够完成预算的执行与控制。

10.1.1 现代企业预算执行基础

预算执行是指企业在各项经济活动中具体实施各项预算的过程，包括从预算审批下达到预算期结束的全过程。预算执行是将预算变为现实的关键环节，是全面预算管理的核心内容。

1）界定和划分责任中心，明晰预算执行主体

企业内部预算责任单位的划分应当遵循分级分层、权责利相结合、责任可控、目标一致的原则，并与企业的组织机构设置相适应。根据权责范围，企业内部预算责任单位可以分为投资中心、利润中心、成本中心、费用中心和收入中心。预算执行单位在预算管理部门（预算管理委员会及其工作机构，下同）的指导下，组织开展本部门或本企业全面预算的编制工作，严格执行批准下达的预算。各责任中心在预算执行中的具体内容和要求，前面第2章已经述及，这里不再赘述。

2）厘定责任中心职责权限

各预算执行单位的主要职责一般包括：

（1）提供编制预算的各项基础资料；

（2）负责本单位全面预算的编制和上报工作；

（3）将本单位预算指标层层分解，落实到各部门、各环节和各岗位；

（4）严格执行经批准的预算，监督检查本单位的预算执行情况；

（5）及时分析、报告本单位的预算执行情况，解决预算执行中的问题；

（6）根据内外部环境变化及企业预算管理制度，提出预算调整申请；

（7）组织实施本单位内部的预算考核和奖惩工作；

（8）配合预算管理部门做好企业总预算的综合平衡、执行监控、考核奖惩等工作；

（9）执行预算管理部门下达的其他预算管理任务。

各预算执行单位负责人应当对本单位预算的执行结果负责。

3）预算指标的分解与落实

预算指标的分解与落实，关系到企业战略的落地和经营目标的实现，也引导着各责任中心的工作导向。如果预算指标分解不够详细、具体，可能导致企业的某些岗位和环节缺乏预算执行和控制依据；预算指标分解与业绩考核体系不匹配，可能导致预算执行不力；预算责任体系缺失或不健全，可能导致预算责任无法落实，预算缺乏强制性与严肃性；预算责任与执行单位或个人的控制能力不匹配，可能导致预算目标难以实现。为了确保预算得到有效执行，企业需要将全面预算指标进行层层分解，从横向、纵向和时间三个方面落实各个部门、各个环节和各个岗位的预算责任，形成全方位、全过程、全员的预算执行责任体系。

在实际工作中，主要通过签订"预算指标责任书"的方式，建立预算执行的激励与约束机制，实现预算指标的分解与落实。"预算指标责任书"明确企业决策管理层与预算执行层之间的相互关系及各自的责任、权利和义务。"预算指标责任书"必须明确完成预算责任目标，预算执行部门将得到哪些奖励和结果，若没有完成预算责任目标，将会受到什么样的惩罚和后果，从而调动各预算执行部门严格按照预算标准实施生产经营活动的自觉性。

4）预算执行的监督

企业的预算执行，需要严格完善的监督管理方法为其保驾护航。为了提高企业的预算执行水平，企业可以将预算计划执行过程中的执行力度纳入预算评价体系，以实现对执行过程的动态的监督管理。企业对各责任中心的预算执行进行监督，可以从如下角度考虑：

（1）将预算计划执行过程中的执行力度纳入预算评价体系。

企业要建立健全预算考核评价体系，需要将执行力度纳入评价体系之中。企业在预算指标分解下达后，要制定针对执行力度的监督管理和奖惩措施，以强化企业部门和员工的预算执行意识和力度，并根据不同情况兑现奖惩，让每一位员工对预算执行力产生敬畏感。

（2）给予各责任中心适当的调整权限。

企业将预算计划任务分解到各责任部门，各责任部门根据预算任务统筹安排后续工作。预算任务存在刚性约束，也应该存在柔性控制。各责任中心需要拥有一定的调整权限来解决预算计划的刚性约束和柔性控制问题。通过有限范围的授权，各级责任中心应能够结合实际情况对预算计划进行微调，以有利于预算计划的执行。

（3）细化企业预算执行评价制度，提高监督管理水平。

企业的预算执行情况的测评不应仅仅局限在财务指标上，还必须结合非财务指标，才能更好地对执行情况进行评价。大数据时代，企业应该学会应用信息化环境带来的种种便利，对执行力进行考评。通过使用动态数据作为执行力的考评要求，会增加企业对执行过程的监督的精准性。预算执行工作是与企业的日常生产经营密不可分的，因此，只有将执行评价制度制定得更为细化，才能保证监督过程具有针对性。

10.1.2　现代企业预算执行过程控制

企业预算一经批复下达，各预算执行单位就必须认真组织实施，将预算指标层层分解，从横向到纵向落实到内部的各部门、各单位、各环节和各岗位，形成全方位的预算执行责任体系。

预算执行的过程不仅是企业实现各项预算目标的过程，也是验证预算编制质量的过程；预算执行状况不仅直接反映着预算编制是否科学合理，而且决定着企业各项经济活动的结果能否达到预期目标。为了确保预算在受控的范围内得到执行，各种预算的执行还必须履行授权审批、执行、反馈、核算、考核等管理程序。

如果企业缺乏严格的预算执行授权审批制度，可能导致预算执行随意性；预算审批权限及程序混乱，可能导致越权审批、重复审批，降低预算执行效率和严肃性；预算执行过程缺乏有效监控，可能导致预算执行不力，预算目标难以实现；缺乏健全有效的预算反馈和报告体系，可能导致预算执行情况不能及时得到反馈和沟通，预算差异无法得到及时分析，预算监控难以发挥作用。为了充分释放预算的功能，在执行过程中的主要控制措施包括：

1）强化资金预算控制

加强资金收付业务的预算控制，及时组织资金收入，严格控制资金支付，调节资金收付平衡，防范支付风险。

2）严格资金审批控制

严格资金支付业务的审批控制，及时制止不符合预算目标的经济行为，确保各项业务和活动都在授权的范围内运行。企业应当就涉及资金支付的预算内事项、超预算事项、预算外事项建立规范的授权审批制度和程序，避免越权审批、违规审批、重复审批现象的发生。

对于预算内非常规或金额重大事项，应当经过较高的授权审批层（如总经理）审批。对于超预算或预算外事项，应当实行严格、特殊的审批程序，一般须报经总经理办公会或类似权力机构审批；金额重大的，还应报经预算管理委员会或董事会审批。预算执行单位提出超预算或预算外资金支付申请，应当提供有关发生超预算或预算外支付的原因、依据、金额测算等资料。

3）建立预算执行监控制度

建立有效的预算执行实时监控制度，可及时发现和纠正预算执行中的偏差，确保企业办理采购与付款、销售与收款、成本费用、工程项目、对外投融资、研究与开发、信息系统、人力资源、安全环保、资产购置与维护等各项业务和事项，均符合预算要求。对于涉及生产过程和成本费用的，还应严格执行相关计划、定额、定率标准。

4）建立特别项目跟踪制度

对于工程项目、对外投融资等重大或特殊预算项目，企业应当密切跟踪其实施进度和完成情况，实行严格监控。对于重大的关键性预算指标，也要密切跟踪、检查。

5）建立健全预警制度

建立预算执行情况预警机制，科学选择预警指标，合理确定预警范围，及时发出预警信号，积极采取应对措施。有条件的企业，应当推进和实施预算管理的信息化，通过现代电子信息技术手段控制和监督预算执行，提高预警与应对水平。

6）建立健全预算执行反馈制度

建立健全预算执行情况内部反馈和报告制度，确保预算执行信息传输及时、畅通、有效。预算管理工作机构应当加强与各预算执行单位的沟通，运用财务信息和其他相关资料监控预算执行情况，采用恰当方式及时向预算管理委员会和各预算执行单位报告、反馈预算执行进度、执行差异及其对预算目标的影响，促进企业全面预算目标的实现。

10.1.3　现代企业预算执行过程控制实例

在预算执行中，预算执行部门需要将经营活动细分为具体的业务活动事项，这些具体的业务活动事项就是预算执行的对象。下面以企业采购预算执行和费用为例，解释企业预算执行过程控制。

1）企业采购预算执行控制

企业采购预算的执行，关系到采购成本的高低、材料质量的保证、资金的合理筹划、生产连续性的保障，更关系到后续生产成本的高低。采购预算的执行，一般需要按照"申请、实施、支付、考核"的程序进行。

（1）申请

所谓申请，是指采购业务在具体实施之前，采购经办人依照所购物件的品名、规格、数量、需求日期及注意事项填写"采购计划申请单"。

紧急采购时，由采购部门在"物品申请单"上注明"紧急采购"字样，以便及时处理。

若撤销采购，应立即通知财务人员和采购部门人员，以免造成不必要的损失。

（2）实施

所谓实施，是指采购部门按照经批准的"采购计划申请单"和采购价格实施材料采购活动的过程。"采购计划申请单"经批准签字，且到财务部门备案后，采购部门方可办理借支采购金额或通知财务办理汇款手续；采购人员按核准的"采购订单"或"物料申请表"向供应商下单并确定交货日期；所有采购物品必须由仓库或使用部门验收合格并签字后，才能办理入仓手续。

（3）支付

材料采购的货款支付一般由财务部门负责，付款要同时满足符合采购合同规定的付款时间、方式和金额，在企业现金预算范围内，采购发票、验收证明、收货凭证等相关凭证真实、完整、合法、合规、无误等条件。

办理采购付款时，物品采购无论金额多少，都应由采购部门填写"材料采购付款单"，财务负责人按预算审批付款；超出预算的付款，必须由采购部门申明理由，经企业总经理批准后，从预算外资金列支或调整现金预算。

（4）考核

会计期末，预算管理机构要对采购部门的采购绩效进行全面评估与评价，计算其采购的价格差异和用量差异，作为兑现奖惩的重要依据。

2）费用预算执行控制

费用预算执行控制的关键是各项费用支出必须按照"申批、执行、核算、考核"的程序进行。

（1）申批

申批包括申请和批准两个环节。各预算执行部门在各项经济活动及费用发生之前，首先要填写经济活动及费用支出申请单，经预算管理部门审核后，报有关领导审批。通过申批程序，可以将不正确、不合理、不合法、不符合预算的经济活动及费用支出制止在发生之前。

（2）执行

各预算执行部门要按照授权从事经济活动，财务部门也要按照授权报销各种费用。

（3）核算

财务部门要按预算执行部门归集各项费用支出，正确核算各责任部门的费用预算完成情况。

（4）考核

每月结束后，预算管理部门要根据费用预算执行情况进行考核，并根据考核结果兑现奖惩。

10.2　现代企业预算控制

全面预算的本质是企业内部管理控制的一种工具和手段，即预算本身不是最终目标，而是为实现企业目标所采用的管理与控制手段，从而有效控制企业风险。全面预算的制定和实施过程，就是企业不断利用量化的工具，使自身所处的经营环境与拥有的资源和企业的发展目标保持动态平衡的过程，也是企业在此过程中所面临的各种风险的识别、预测、评估与控制的过程。因此，预算控制是企业重要的控制活动和风险控制措施。

10.2.1　现代企业预算控制概念

预算控制是指企业为了实现战略规划和经营目标，通过预算编制、执行、考评等控制机制和控制方法，对预算期内的各项经济活动实施事前、事中和事后全过程的管理与控制。

预算控制客体是指各个预算执行部门和各项经济活动；预算控制主体是指股东（大）会、董事会和各级经营管理层；预算控制标准或控制目标是指经过企业决策机构批准实施的各项预算；预算控制方法是指为确保预算执行而使用的各项控制工具和手段。

10.2.2　现代企业预算控制过程

为了保证预算执行部门在预算执行过程中不偏离预算目标，企业需要针对预算执行的各个阶段采取一系列控制方法。预算执行按进程可分为事前、事中和事后三个基本阶段。因此，预算控制的程序和内容是以预算执行的三个基本阶段为主线展开的。

事前阶段是指企业各预算执行部门安排经济活动的过程。在这个阶段，预算执行部门需要安排具体的经济活动，预算管理部门则需要对这些具体的经济活动实施事前控制，以确保各预算执行部门从事的各项经济活动都在预算范围之内。

事中阶段是指企业各预算执行部门具体实施各项经济活动的过程。在预算执行过程中，企业管理者需要对预算执行实施事中控制，以确保各预算执行的结果能够达到预算的目标；预算执行部门需要严格按照预算从事各项经济活动，并及时向预算管理部门反馈预算执行情况；预算管理部门则通过审批、调整、核算、反馈、审计、分析等方法实现对预算执行过程的有效控制。

事后阶段是指企业各预算执行部门实施的经济活动已经结束，预算执行结果已成事实的过程。在这个阶段，预算执行部门需要对预算执行过程及结果进行总结报告；预算管理部门则需要对预算执行实施事后控制，包括对预算执行结果进行审计、分析、考评等控制活动，以确认预算执行结果是否达到预算目标，并根据预算考评结果和预算责任书的规定对各预算责任部门进行奖惩兑现，为下一周期的预算活动奠定基础。

10.2.3　现代企业预算控制方法

预算控制方法是指为执行预算、达成预算目标而使用的各项控制工具和手段。

1）预算审批控制

预算审批是指在办理各项经济业务时，必须经过规定程序的审查批准，以确保一切经济活动都能按照预算的安排运行。预算审批是一种事前控制行为，一般通过授权文件或建立审批制度的形式来规定审批事项、审批范围和审批权人，因此，预算审批也被称为授权审批。

2）预算编制控制

明确企业各个部门、单位的预算编制责任，使企业各个部门、单位的业务活动全部纳入预算管理；将企业经营、投资、财务等各项经济活动的各个方面、各个环节都纳入预算编制范围，形成由经营预算、投资预算、筹资预算、财务预算等一系列预算组成的相互衔接和勾稽的综合预算体系。

通过上述控制，可以防止出现以下问题：预算编制以财务部门为主，业务部门参与度较低，可能导致预算编制不合理，预算管理责、权、利不匹配；预算编制范围和项目不全面，各个预算之间缺乏整合，可能导致全面预算难以形成；预算编制所依据的相关信息不足，可能导致预算目标与战略规划、经营计划、市场环境、企业实际等相脱离；预算编制基础数据不足，可能导致预算编制准确率降低等。

3）预算调整控制

预算调整是指预算经正式批准下达后，为了提高预算的可行性，按照规定程序对预算项目或预算指标进行修改、完善的过程。预算调整一般由预算执行单位逐级向预算管理工作机构提出书面申请，详细说明预算调整理由、调整建议方案、调整前后预算指标的比较、调整后预算指标可能对企业预算总目标的影响等内容。预算管理工作机构应当对预算执行单位提交的预算调整报告进行审核分析，集中编制企业年度预算调整方案，提交预算管理委员会。预算管理委员会应当对年度预算调整方案进行审议，根据预算调整事项性质或预算调整金额的不同，根据授权进行审批，或提交原预算审批机构审议批准，然后下达执行。

预算调整必须坚持调整原则并符合调整的条件。预算调整原则如下：预算调整应当符合企业发展战略、年度经营目标和现实状况，重点放在预算执行中出现的重要的、非正常的、不符合常规的关键性差异方面；预算调整方案应当客观、合理、可行，在经济上能够实现最优化；预算调整应当谨慎，调整频率应得到严格控制，年度调整次数应尽量少；规范预算调整程序，严格审批。

由于市场环境、国家政策或不可抗力等客观因素，导致预算执行发生重大差异确需调整预算的，应当履行严格的审批程序。企业应当在有关预算管理制度中明确规定预算调整的条件。

4）预算考核控制

（1）建立健全预算执行考核制度

建立健全预算执行考核制度，对各预算执行单位和个人进行考核，将预算目标执行情况纳入考核和奖惩范围，切实做到有奖有惩、奖惩分明。制定有关预算执行考核的制度或办法，并认真、严格地组织实施。定期组织实施预算考核，预算考核的周期一般应当与年度预算细分周期相一致，即一般按照月度、季度实施考评，预算年度结束后再进行年度总考核。合理界定预算考核主体和考核对象上级考核下级原则，即由上级预算责任单位对下级预算责任单位实施考核；逐级考核原则，即由预算执行单位的直接上级对其进行考核，间接上级不能隔级考核间接下级；预算执行与预算考核相互分离原则，即预算执行单位的预算考核应由其直接上级部门进行，而绝不能自己考核自己。

（2）科学设计预算考核指标体系

预算考核指标要以各责任中心承担的预算指标为主，同时本着相关性原则，增加一些全局性的预算指标和与其关系密切的相关责任中心的预算指标；考核指标应以定量指标为主，同时根据实际情况辅之以适当的定性指标；考核指标应当具有可控性、可达到性和明晰性。

（3）按照公开、公平、公正原则实施预算考核

企业应当将全面预算考核程序、考核标准、奖惩办法、考核结果等及时公开。考核结果要客观公正。预算考核应当以客观事实作为依据。预算执行单位上报的预算执行报告是预算考核的基本依据，应当经本单位负责人签章确认。企业预算管理委员会及其工作机构定期组织预算执行情况考核时，应当将各预算执行单位负责人签字上报的预算执行报告和已经掌握的动态监控信息进行核对，确认各执行单位预算完成情况。必要时，实行预算执行情况内部审计制度。奖惩措施要公平、合理并得以及时落实。预算考核的结果应当与各执行单位以及员工的薪酬、职位等挂钩，实施预算奖惩。奖惩方案要注意各部门利益分配的合理性，要根据各部门承担的工作难易程度和技术含量合理确定奖励差距。要奖罚并举，不能只奖不罚，并防止奖惩实施中的人情添加因素。

10.3　现代企业预算分析与考核

预算分析主要是通过事后的实际数据和预算数据的比较和分析，形成可以使用的决策信息。通过预算分析可以寻找无法容忍的预算差异，并进行差异原因分析，挖掘发现潜在的经营管理问题，制定改进办法并落实改进措施，推动预算的管理和控制作用，提升经营管理水平。同时，预算分析作为预算控制的重要手段，也可以为绩效提供依据，并为未来的预算编制提供历史数据。

预算分析是以预算指标、预算报告、预算执行情况以及其他相关资料为依据，采用一系列专门的分析技术和方法，对全面预算管理过程和结果进行分析、确认的综合管理活动。

10.3.1　预算分析的主要手段

预算是企业资源配置的标准，应当对预算执行情况进行适时分析。其主要是通过计算预算标准与实际执行结果的差异分析，计算出有利差异和不利差异作为后续奖惩的主要依据。常见的差异有以下三类：

1）按照差异产生的原因分类

（1）价格差异，是指由于价格变动而产生的预算执行结果与预算标准之间的差额。例如，由于材料采购价格提高所导致的采购成本上升，由于产品销售价格降低所导致的销售额降低等。

（2）数量差异，是指由于数量变动而产生的预算执行结果与预算标准之间的差额。例如，由于材料消耗降低所导致的产品制造成本降低，由于销售数量增加所导致的销售额提高等。

（3）结构差异，是指由于组成结构变动而产生的预算执行结果与预算标准之间的差额。例如，由于销售利润率高的产品占销售总额的比例提高所导致的销售利润提高等。

2）按照差异对预算执行及结果的影响分类

（1）有利差异，是指预算执行结果与预算标准之间的差额有利于预算的执行及结果。例如，由于实际现金收入超过预算现金收入而产生的现金差额对于整个预算执行及结果是有利的因素。

（2）不利差异，是指预算执行结果与预算标准之间的差额不利于预算的执行及结果。例如，由于实际现金收入低于预算现金收入而产生的现金差额对于整个预算执行及结果是不利的因素。

3）按照差异产生的性质分类

（1）主观差异，是指由于预算执行部门内在因素造成的预算执行结果与预算标准之间的差额。例如，由于操作工人效率不高、工作不负责任而导致的产品质量降低、消耗增加、成本提高等就属于主观差异。

（2）客观差异，是指由于外部因素或预算执行部门不可控因素造成的预算执行结果与预算标准之间的差额。例如，由于国家提高汽油价格而导致炼油厂的利润高于预算标准的差额就是客观差异。

10.3.2　预算分析方法

预算分析方法由定量分析方法和定性分析方法两大类组成。定量分析方法是最基本的分析方法，定性分析方法是辅助分析方法。只有将定量分析方法和定性分析方法有机地结合起来，加以综合运用，才能构成完整的预算管理分析体系，才能充分发挥预算分析的作用。因此，定量分析方法和定性分析方法有机结合，构成了完整、系统、科学的预算分析方法体系。

1）定量分析方法

定量分析方法是借助于数学模型，从数量上测算、比较和确定各项预算指标变动的数额，以及影响预算指标变动的原因和影响数额大小的一种分析方法。常用的定量分析方法主要有：因素分析法、比较分析法、比率分析法、因素分析法、价值分析法、趋势分析法、本量利分析法、敏感性分析法等。

（1）比较分析法

比较分析法是通过某项经济指标与性质相同的指标评价标准进行对比，揭示企业经济状况和经营成果的一种分析方法。常用的指标评价标准包括公认标准、行业标准、目标标准和历史标准。在预算差异分析中，一般是通过预算执行结果与预算标准之间的比较来揭示结果与标准之间的数量关系和差异，为进行预算的深度分析指明方向。

（2）比率分析法

比率分析法是通过计算和对比各种比率指标来确定经济活动变动程度的一种分析方法。采用比率分析法，首先要将对比的指标数值变成相对数，然后再进行对比分析。常用的比率指标有构成比率、效率比率和相关比率三类。比率分析法具有计算方法简便，计算结果也比较容易判断，适用范围较广的优点。但采用比率分析法时，应当注意对比项目的相关性、对比口径的一致性和衡量标准的科学性。

（3）因素分析法

因素分析法是依据分析指标与其影响因素的关系，从数量上确定各因素对分析指标影响方向和影响程度的一种定量分析方法。因素分析法适用于多种因素构成的综合性预算指标分析，如成本、利润、资金周转等方面的指标。

2）定性分析方法

定性分析方法是运用归纳和演绎、分析与综合，以及抽象与概括等方法，对企业各项经济指标变动的合法性、合理性、可行性、有效性进行思维加工、去粗取精、去伪存真、由此及彼、由表及里的科学论证和说明。它是对定量分析的结果，根据国家有关法规、政策和企业的客观实际进行相互联系的研究，考虑各种不可计量的因素加以综合论证，并对定量分析结果进行切合实际的修正，并做出"质"的判断的分析方法。定性分析方法具体包括实地观察法、经验判断法、会议分析法、类比分析法等。

10.3.3　预算差异分析

预算差异分析就是通过比较实际执行结果与预算目标，确定其差异额及差异原因。编制预算，既要对企业的生产经营活动进行事前协调、安排，又要对企业的生产经营活动进行事中和事后控制并及时纠偏，以避免或减少不必要的偏差。预算管理过程就是要定期或不定期地进行预算差异分析，并找出原因，采取积极的应对措施，使企业的生产经营活动能够按照预算正常运行，并作为后续奖惩的依据。

1）正确认识预算差异

预算差异是客观存在的实际与目标之间的差距。没有预算差异的预算是存在管理问题的。预算执行中有多种权重不一的差异，按比较对象的不同可分为实际与预算的差异和预算与预测的差异。前者是在预算执行每个环节或步骤进行中和完成后实际生产经营成果与预算生产经营指标之间的差距，这也是在实际管理工作中经常使用的基础预算差异。后者是预算环节或步骤完成后，根据实际业务完成情况对下一个环节或步骤可能发生的情况做出的预测与原有预算的差异，这种差异只有在预算管理水平很高的企业中才能得到有效运用，是企业发展过程中的动态预算差异。

2）正确区分预算差异

预算差异既然作为后续奖惩的依据，就必须分析确认差异的可控性，以确保奖惩兑现的精准性。预算差异按可控性程度的不同可分为内部差异和外部差异。

内部差异的产生是由内部工作引起的，其责任可归为某一特定的责任部门或人员，同时，差异的消除也是这一特定部门或人员可控的。对此，应按可控性原则分清责任归属并通过相应的奖惩制度与相关当事人的切身利益相结合，使责权利对等，真正做到"责任到人、权利到位、利益到手"，提高企业运营绩效。

外部差异是指企业以外的外部不可控因素变化引起的实际脱离预算的差异。对此，首先要扩大分析范围，从整个企业的角度来分析各级责任单位（人员）按照责权利对等的原则应当承担多大比例的责任以及可控差异的份额，然后应分析其是偶然性的偏差还是某种外部条件变化带来的偏差。如果是偶然性的偏差，则需要在进行预算考评与分析时将其剔除，但如果是某种外部条件变化的影响并且有迹象表明此种影响会继续存在，则应在随后的预测和以后期间的预算制定时对其加以考虑，并据以进行相应的调整，使后期预算更符合实际情况。

3）明晰预算差异分析原理

（1）分析步骤

明确分析目的，将影响经营战略的关键指标确定为分析主体；收集、取舍相关信息；定期编制预算控制报告，对比实际业绩和预算目标，找出差异；分析出现差异的原因，放弃那些微不足道的差异、报告中的错误造成的差异、特定的经营决策导致的差异和企业不可控因素导致的差异，着重考察原因不明确的差异和重大差异；提出恰当的应对措施，保证企业管理的连续性。

（2）分析原则

一是抓住产生差异的主要矛盾，把握影响预算目标完成的关键点，对其进行细致分析并做出有利决策。

二是做好定量与定性分析相结合。定性分析是差异分析的基础和前提，通过定性分析可以了解企业的战略决策和运营方针；定量分析可以透过数字看本质，其是企业管理的重要工具和手段。

三是保持客观公正性，不能搞数字游戏，要按市场规律办事，要从企业发展的角度思考。

（3）分析机构

分析机构应该是在预算执行过程中负责跟踪调查和一定期间预算执行结束之后专门负责预算执行情况考评的部门，要求其能够及时发现实际预算执行情况与预算指标之间的差异，并且能够分析差异的性质以及产生差异的原因，进而比较、选择应对措施，纠正实际预算执行过程中的偏差或者及时修订预算中的不合理成分，并为企业管理层提供预算分析报告和修正提案。原则上，企业应设立专职机构，如全面预算管理委员会，并由对企业生产运营、信息管理和财务管理有一定经验的相关专业人士组成预算管理分析小组，该小组对企业最高管理层负责。当前，我国很多企业的实际状况是该项工作由原先执行企业财务分析职能的企业财务部门负责，或者大部分由其职员负责。

企业财务部门的职能具有特殊性，其要反映企业的财务状况、经营成果和现金流量，在信息传递和处理以及企业管理中处于枢纽位置，加上其拥有企业内部其他任何部门都无法比拟的专业水平和经验，决定了其在企业预算差异分析工作中不可替代的地位，因而，在刚刚建立或者正在准备实施全面预算管理的企业中，由财务部门来执行预算差异的分析工作，可以利用原有的资源和经验，帮助企业全面预算管理制度尽快有效运转起来。

10.3.4　预算差异分析的实施

预算差异分析的实施主要从单项预算的预算标准与实际结果的差异分析方面入手，对于产生的差异，分析其有利或不利，作为对部门和员工兑现奖惩的重要依据。

降低产品成本是企业增加盈利的根本途径，是企业抵抗内外压力、求得生存的主要保障，是推动改善企业经营管理的动力，是建立健全企业经济责任制的重要条件，所以，企业必须充分认识加强成本管理的重要性和必要性。下面主要以 A、B 两种产品成本差异为例进行预算差异分析。

【例 10-1】20×3 年 1 月，江苏鳝鱲集团公司根据 20×2 年实际产品成本情况，采用比较分析法，根据预算标准，对公司 20×2 年成本预算执行结果进行综合分析，并将其作为对相关部门和人员进行奖惩的依据。具体分析结果见表 10-1 至表 10-4。

表 10-1　　　　　　江苏鳝鱲集团公司 20×2 年度产品直接材料成本差异分析表

产品	材料种类	直接材料							备注
		预算标准		实际结果		成本差异			
		标准用量（千克/套）	标准价格（元/千克）	实际用量（千克/套）	实际价格（元/千克）	数量差异（元）	价格差异（元）	总差异（元）	
A（预算产量 24 000 套）（实际产量 24 500 套）	甲材料	40	50.00	35	52.00	-6 125 000.00	1 715 000.00	-4 410 000.00	A 产品直接材料总差异-3 430 000.00 元
	乙材料	50	40.00	55	38.00	4 900 000.00	-2 695 000.00	2 205 000.00	
	丙材料	25	80.00	25	78.00	0	-1 225 000.00	-1 225 000.00	
B（预算产量 6 000 套）（实际产量 6 200 套）	甲材料	100	50.00	95	52.00	-1 550 000.00	1 178 000.00	-372 000.00	B 产品直接材料总差异-16 864 000.00 元
	乙材料	90	40.00	105	38.00	3 720 000.00	-1 302 000.00	2 418 000.00	
	丁材料	70	350.00	65	330.00	-10 850 000.00	-8 060 000.00	-18 910 000.00	

表 10-2　　　　江苏鳍齈集团公司 20×2 年度产品直接人工成本差异分析表

产品	直接人工							备注
	预算标准		实际结果		成本差异			
	标准工时（工时/套）	标准工资率（元/工时）	实际工时（工时/套）	实际工资率（元/工时）	工资率差异（元）	效率差异（元）	总差异（元）	
A（预算产量 24 000 套）（实际产量 24 500 套）	40	49.80	45	48.00	−1 984 500.00	6 100 500.00	4 116 000.00	具体计算见后文
B（预算产量 6 000 套）（实际产量 6 200 套）	120	62.25	110	64.00	1 193 500.00	−3 859 500.00	−2 666 000.00	

表 10-3　　　　江苏鳍齈集团公司 20×2 年度产品变动制造费用差异分析表

产品	变动制造费用							备注
	预算标准		实际结果		成本差异			
	工时标准（工时/套）	标准分配率（元/工时）	实际工时（工时/套）	实际分配率（元/工时）	耗费差异（元）	效率差异（元）	总差异（元）	
A（预算产量 24 000 套）（实际产量 24 500 套）	40	1.20	45	1.15	−55 125.00	147 000.00	91 875.00	具体计算见后文
B（预算产量 6 000 套）（实际产量 6 200 套）	120	0.4583333	110	0.48	14 776.67	−28 416.67	−13 640.00	

表 10-4　　　　江苏鳍齈集团公司 20×2 年度固定制造费用差异分析表

产品	固定制造费用							备注
	预算标准		实际结果		成本差异			
	标准工时（工时/套）	标准分配率（元/工时）	实际工时（工时/套）	实际分配率（元/工时）	耗费差异（元）	能量差异（元）	总差异（元）	
A（预算产量 24 000 套）（实际产量 24 500 套）	40	1.61	45	1.36	−46 200.00	−32 200.00	−78 400.00	具体计算见后文
B（预算产量 6 000 套）（实际产量 6 200 套）	120	0.67	110	0.75	29 100.00	−16 080.00	13 020.00	

1）直接材料差异

（1）直接材料总差异

直接材料总差异是指直接材料的标准耗用与实际耗用之间的差额，其由直接材料"数量差异"和直接材料"价格差异"两部分组成。计算公式如下：

直接材料总差异=实际成本-标准成本=价格差异+数量差异

A 产品直接材料差异计算：

甲材料差异=24 500×35×52-24 500×40×50=-4 410 000.00（元）

乙材料差异=24 500×55×38-24 500×50×40=2 205 000.00（元）

丙材料差异=24 500×25×78-24 500×25×80=-1 225 000.00（元）

所以，A 产品直接材料的总差异为-3 430 000.00 元，属于有利差异。

B 产品直接材料总差异计算：

甲材料差异=6 200×95×52-6 200×100×50=-372 000.00（元）

乙材料差异=6 200×105×38-6 200×90×40=2 418 000.00（元）

丁材料差异=6 200×65×330-6 200×70×350=-18 910 000.00（元）

所以，B 产品直接材料的总差异为-16 864 000.00 元，属于有利差异。

（2）直接材料价格差异

直接材料价格差异是指在实际产量下，由于材料的实际价格与标准价格的不同而导致的差异。

直接材料价格差异发生的原因有很多，如市场价格的变动、材料采购来源的变动、订货批量的大小、运输方式与途径的不同、可利用的数量折扣、紧急订货等，任何一项脱离制定标准成本时的预计要求，都将形成价格差异。因此，对直接材料价格差异的形成和责任，应当根据具体的情况进行具体的分析，有的属于外部原因，有的则属于企业本身的责任。直接材料价格差异的形成受各种主客观因素的影响，较为复杂。但由于其与采购部门的关系更为密切，所以，其主要责任部门是采购部门。计算公式如下：

直接材料价格差异=（实际价格-标准价格）×实际用量

A 产品直接材料价格差异计算：

甲材料价格差异=（52-50）×24 500×35=1 715 000.00（元）

乙材料价格差异=（38-40）×24 500×55=-2 695 000.00（元）

丙材料价格差异=（78-80）×24 500×25=-1 225 000.00（元）

所以，A 产品直接材料的价格差异为-2 205 000.00 元，属于有利差异。

B 产品直接材料价格差异计算：

甲材料价格差异=（52-50）×62 000×95=1 178 000.00（元）

乙材料价格差异=（38-40）×62 000×105=-1 302 000.00（元）

丁材料价格差异=（330-350）×62 000×65=-8 060 000.00（元）

所以，B 产品直接材料的价格差异为-8 184 000.00 元，属于有利差异。

（3）直接材料数量差异

直接材料数量差异是指按标准价格计算的材料实际耗用数量与标准耗用数量之间的成本差额。

影响直接材料数量差异的因素也是多方面的，如技术革新、综合利用、修旧利废、改进配方、合理下料等，都是降低材料用量的途径；而废品损失、跑冒漏滴、大材小用、优材劣用等，则是增加材料消耗的重要原因。直接材料数量差异通常是在生产过程中形成的，所以，其主要责任应由生产部门承担。计算公式如下：

直接材料数量差异=（实际用量-标准用量）×标准价格

A产品直接材料数量差异计算：

甲材料数量差异=（24 500×35-24 500×40）×50=-6 125 000.00（元）

乙材料数量差异=（24 500×55-24 500×50）×40=4 900 000.00（元）

丙材料数量差异=（24 500×25-24 500×25）×80=0

所以，A产品直接材料的数量差异为-1 225 000.00元。

B产品直接材料数量差异计算：

甲材料数量差异=（6 200×95-6 200×100）×50=-1 550 000.00（元）

乙材料数量差异=（6 200×105-6 200×90）×40=3 720 000.00（元）

丁材料数量差异=（6 200×65-6 200×70）×350=-10 850 000.00（元）

所以，B产品直接材料的数量差异为-8 680 000.00元。

（4）直接材料成本差异分析

①A产品材料成本差异分析：

A产品材料成本总差异为-3 430 000.00元，属于有利差异。其中，价格差异为-2 205 000.00元，数量差异为-1 225 000.00元。

甲材料产生的价格差异1 715 000.00元为不利差异，主要是实际采购价52元/千克，高于预算标准价50元/千克造成的，成本超支的责任主要由采购部门承担，并追查价格超标的原因，必须按照目标责任书的要求和引起价格超标的因素，追究相关采购人员的责任；甲材料产生的数量差异-6 125 000.00元为有利差异，主要是实际耗用定额35千克/套，低于预算标准定额40千克/套导致的，主要责任应当由甲分厂承担，在保证产品质量的前提下，分析成本降低的原因，并结合目标责任书的要求对生产部门和员工给予奖励。

乙材料产生的价格差异-2 695 000.00元为有利差异，主要是实际采购价38元/千克，低于预算标准价40元/千克造成的，成本节约的责任主要由采购部门承担，并查明价格降低的原因，按照目标责任书的要求和引起价格下降的因素，并结合乙材料的采购质量，对采购部门和员工进行奖励；乙材料产生的数量差异4 900 000.00元为不利差异，主要是实际耗用定额55千克/套，高于预算标准定额50千克/套造成的，主要责任应当由甲分厂承担，认真分析超出定额的原因，查明是否存在跑冒滴漏或贪污挪用等情况，并结合目标责任书的要求对生产部门和员工给予惩罚。

丙材料产生的价格差异-1 225 000.00元为有利差异，主要是实际采购价78元/千克，低于预算标准价80元/千克造成的，成本节约的责任主要由采购部门承担，并查明价格降低的原因，按照目标责任书的要求和引起价格下降的因素，并结合丙材料的采购质量，对采购部门和员工进行奖励；丙材料产生的数量差异为0，主要是实际耗用定额和预算标准定额一致造成的，要分析甲分厂履行标准定额的实际执行情况，在保证产品质量的前提下，对生产部门不予奖罚。

②B产品材料成本差异分析比照A产品的分析进行。

2）直接人工成本差异

（1）直接人工成本总差异

直接人工成本总差异是指完成实际产量或作业量而发生的实际直接人工成本与标准直接人工成本之间的差额。它是直接人工工资率差异和直接人工效率差异的总和。计算公式如下：

直接人工成本总差异=实际直接人工成本-实际产量下标准人工成本

=工资率差异+效率差异

A 产品直接人工成本总差异计算：

直接人工成本总差异=24 500×48×45-24 500×40×49.80=4 116 000.00（元）

B 产品直接人工成本总差异计算：

直接人工成本总差异=6 200×110×64-6 200×120×62.25=-2 666 000.00（元）

（2）直接人工工资率差异

直接人工工资率差异即直接人工的价格差异，是指实际人工成本与实际人工工时按标准工资率计算的人工成本之间的差额。实际工资率是指实际工资总额与实际总工时的比率，标准工资率是指标准工资总额与标准总工时的比率。形成直接人工工资率差异的原因主要包括直接生产工人升级和降级使用、奖励制度是否产生实效、工资调整、是否加班或使用临时工、出勤率变化等，一般应由人事劳动管理部门承担责任。计算公式如下：

直接人工工资率差异=（实际工资率-标准工资率）×实际产量下实际人工工时

A 产品直接人工工资率差异计算：

直接人工工资率差异=（48-49.80）×24 500×45=-1 984 500.00（元）

B 产品直接人工工资率差异计算：

直接人工工资率差异=（64-62.25）×6 200×110=1 193 500.00（元）

（3）直接人工效率差异

直接人工效率差异即直接人工的数量差异，是指实际产量下实际工时按标准工资率计算的人工成本与标准人工成本之间的差额。引起直接人工效率差异的原因主要包括工作环境、工人经验、劳动情绪、新工人上岗情况、机器或工具选用是否得当、设备故障、作业计划安排是否得当、产量的多少是否能够发挥批量节约优势等，其主要由生产部门承担责任。计算公式如下：

直接人工效率差异=（实际产量下实际人工工时-实际产量下标准人工工时）×标准工资率

A 产品直接人工效率差异计算：

直接人工效率差异=（24 500×45-24 500×40）×49.80=6 100 500.00（元）

B 产品直接人工效率差异计算：

直接人工效率差异=（6 200×110-6 200×120）×62.25=-3 859 500.00（元）

（4）直接人工成本差异分析

①A 产品直接人工成本差异分析：

A 产品直接人工成本总差异为 4 116 000.00 元，属于不利差异，其中，工资率差异为-1 984 500.00 元，效率差异为 6 100 500.00 元。

从工资率-1 984 500.00 元的有利差异看，主要是实际工资率 48 元/工时，低于预算标准工资率 49.80 元/工时造成的，要从生产工人的级别异动、奖励制度效果、工资调整、加班或使用临时工、出勤率变化等分析，结合具体情况和目标责任书对人力资源部门及相关人员予以奖励。

从工时效率 6 100 500.00 元的不利差异看，主要是实际工时定额 45 工时/套，高于预算标准工时定额 40 工时/套造成的，要从作业环境、员工技能、员工结构、设备使用状况、设备故障、作业安排、产量多少与批量关系等分析，区分不同情况并结合目标责任书对甲分厂及员工予以警示和处罚。

②B 产品直接人工成本差异分析：

B 产品直接人工成本总差异为-2 666 000.00 元，属于有利差异，其中，工资率差异为 1 193 500.00 元，效率差异为-3 859 500.00 元。

从工资率 1 193 500.00 元的不利差异看，主要是实际工资率 64 元/工时，高于预算标准工资率 62.25 元/工时造成的，要从生产工人的级别异动、奖励制度效果、工资调整、加班或使用临时工、出勤率变化等分析，结合具体情况和目标责任书对人力资源部门予以处罚。

从工时效率-3 859 500.00 元的有利差异看，主要是实际工时定额 110 工时/套，低于预算标准工时定额 120 工时/套造成的，要从作业环境、员工技能、员工结构、设备使用状况、设备故障、作业安排、产量多少与批量关系等分析，区分不同情况并结合目标责任书对乙分厂及员工予以奖励。

3）变动制造费用差异

（1）变动制造费用总差异

变动制造费用总差异是指实际产量下实际发生的变动制造费用与实际产量下的标准变动制造费用的差异。其可以分解为效率差异和耗费差异两部分。计算公式如下：

变动制造费用总差异=实际产量下实际变动性制造费用-实际产量下标准变动性制造费用

=效率差异+耗费差异

A 产品变动制造费用总差异计算：

变动制造费用总差异=24 500×45×1.15-24 500×40×1.20=91 875.00（元）

B 产品变动制造费用总差异计算：

变动制造费用总差异=6 200×110×0.48-6 200×120×0.4583333=-13 640.00（元）

（2）变动制造费用效率差异

变动制造费用效率差异是指由于实际工时与实际产量下标准工时的不同而产生的变动制造费用的差异。它是实际工时脱离预算标准工时，导致的变动制造费用的变化，因此，其形成原因与直接人工效率差异相同。计算公式如下：

效率差异=（实际工时-实际产量下标准工时）×变动性制造费用标准分配率

A 产品变动制造费用效率差异计算：

效率差异=（24 500×45-24 500×40）×1.20=147 000.00（元）

B 产品变动制造费用效率差异计算：

效率差异=（6 200×110-6 200×120）×0.4583333=-28 416.67（元）

（3）变动制造费用耗费差异

变动制造费用耗费差异即变动制造费用的价格差异，其是变动制造费用的实际分配率脱离标准而导致的成本差异，也称变动制造费用分配率差异。计算公式如下：

耗费差异=（实际分配率-标准分配率）×实际产量下实际工时

A 产品变动制造费用耗费差异计算：

耗费差异=（1.15-1.20）×24 500×45=-55 125.00（元）

B 产品变动制造费用耗费差异计算：

耗费差异=（0.48-0.4583333）×6 200×110=14 776.67（元）

（4）变动制造费用差异分析

①A 产品变动制造费用差异分析：

A 产品变动制造费用总差异为 91 875.00 元，属于不利差异，其中，效率差异为 147 000.00 元，耗费差异为-55 125.00 元。

从工时效率 147 000.00 元的不利差异看，主要是实际工时定额 45 工时/套，超过预算标准工时定额 40 工时/套造成的，要从员工技能、设备使用状况、设备故障等分析，区分不同情况并结合目标责任书对甲分厂及相关员工予以警示和处罚。

从耗费–55 125.00 元的有利差异看，主要是实际分配率 1.15 元/工时，低于预算标准分配率 1.20 元/工时造成的，要从费用项目、费用开支标准等分析，结合具体情况和目标责任书对甲分厂及相关员工予以奖励。

②B 产品变动制造费用差异分析：

B 产品变动制造费用总差异为–13 640.00 元，属于有利差异，其中，效率差异为–28 416.67 元，耗费差异为 14 776.67 元。

从工时效率–28 416.67 元的有利差异看，主要是实际工时定额 110 工时/套，低于预算标准工时定额 120 工时/套造成的，要从员工技能、设备使用状况、设备故障等分析，区分不同情况并结合目标责任书对乙分厂及相关员工予以奖励。

从耗费 14 776.67 元的不利差异看，主要是实际分配率 0.48 元/工时，超过预算标准分配率 0.4583333 元/工时造成的，要从费用项目、费用开支标准等分析，结合具体情况和目标责任书对乙分厂及相关员工予以警示和处罚。

4）固定制造费用差异

（1）固定制造费用总差异

固定制造费用主要是与生产能力的形成及正常维护相联系的，生产量在一定范围内的变动，并不会对其直接产生影响。因此，对于固定制造费用，主要是按一定期间编制预算。固定制造费用差异是指实际固定制造费用与实际产量下的标准固定制造费用之间的差额，可以分解为固定制造费用耗费差异和固定制造费用能量差异两部分。计算公式如下：

固定制造费用差异=实际固定制造费用–实际产量下标准固定制造费用

=耗费差异+能量差异

A 产品固定制造费用总差异计算：

固定制造费用总差异=24 500×45×1.36–24 500×40×1.61=–78 400.00（元）

B 产品固定制造费用总差异计算：

固定制造费用总差异=6 200×110×0.75–6 200×120×0.67=13 020.00（元）

（2）固定制造费用耗费差异

固定制造费用耗费差异是指固定制造费用实际金额与固定制造费用预算金额之间的差额。计算公式如下：

固定制造费用耗费差异=实际固定制造费用总额–标准固定制造费用总额

A 产品固定制造费用耗费差异计算：

耗费差异=24 500×45×1.36–24 000×40×1.61=–46 200.00（元）

B 产品固定制造费用耗费差异计算：

耗费差异=6 200×110×0.75–6 000×120×0.67=29 100.00（元）

（3）固定制造费用能量差异

固定制造费用能量差异是指固定制造费用预算与固定制造费用标准成本的差额，或者说是实际业务量的标准工时与生产能量的差额用标准分配率计算的金额。计算公式如下：

固定制造费用能量差异=固定制造费用预算数–固定制造费用标准成本

A产品固定制造费用能量差异计算：

能量差异=24 000×40×1.61-24 500×40×1.61=-32 200.00（元）

B产品固定制造费用能量差异计算：

能量差异=6 000×120×0.67-6 200×120×0.67=-16 080.00（元）

（4）固定制造费用差异分析

①A产品固定制造费用差异分析：

A产品固定制造费用总差异为-78 400.00元，属于有利差异，其中，耗费差异为-46 200.00元，能量差异为-32 200.00元。

从耗费-46 200.00元的有利差异看，主要是实际产量与预算产量的差异（24 500套-24 000套）、实际工时与标准工时定额的差异（45工时/套-40工时/套）、实际分配率与标准分配率的差异（1.36元/工时-1.61元/工时）共同作用造成的。这说明该企业在A产品固定制造费用1 545 600.00元的预算标准内，虽然实际工时超过了标准工时，但费用分配率降低了。企业应从设备利用率、工人技术熟练程度等角度分析，并结合目标责任书的要求对甲分厂及相关员工予以奖励。

从能量-32 200.00元的有利差异看，主要反映了实际产量应耗用的标准工时与生产能量的差额所引起的差异，说明了现有生产能量充分利用（超产500套）给企业带来的收益。企业应结合具体情况和目标责任书对甲分厂及相关员工予以奖惩。

②B产品固定制造费用差异分析：

B产品固定制造费用总差异为13 020.00元，属于不利差异，其中，耗费差异为29 100.00元，能量差异为-16 080.00元。

从耗费29 100.00元的不利差异看，主要是实际产量与预算产量的差异（6 200套-6 000套）、实际工时与标准工时定额的差异（110工时/套-120工时/套）、实际分配率与标准分配率的差异（0.75元/工时-0.67元/工时）共同作用造成的。这说明该企业在B产品固定制造费用482 400.00元的预算标准内，虽然实际工时降低了，效率提高了，但费用分配率超标了。企业应从设备利用率、工人技术熟练程度等角度分析，并结合目标责任书的要求对甲分厂及相关员工予以奖惩。

从能量-16 080.00元的有利差异看，主要反映了实际产量应耗用的标准工时与生产能量的差额所引起的差异，说明了现有生产能量充分利用（超产200套）给企业带来的收益。企业应结合具体情况和目标责任书对甲分厂及相关员工予以奖励。

综上，以A、B两种产品成本差异为例进行预算差异分析，能够完全实现企业预算对各预算责任主体的量化、有效的评价和奖惩。所以，依托企业预算体系，强化预算执行的控制、评价、分析、奖惩，对推动企业转型升级、做大做强非常关键。

其他费用预算、投资预算、财务预算均可比照上述产品成本差异分析，进行预算差异的控制与分析、评价与奖惩，在此不再赘述。

本章练习题

一、单项选择题

1.“成本差异=实际成本-标准成本”，其中“标准成本”的含义是（　　　）。

A.单位产品的标准消耗量　　　　　　　　B.单位产品的标准成本

C.预算产量的标准成本　　　　　　　　　D.实际产量的标准成本

2.某公司本月生产甲产品 500 件，实际耗用 A 材料 3 200 千克，其实际价格为 0.55 元/千克。甲产品 A 材料的用量标准为 7 千克/件，标准价格为 0.5 元/千克，其直接材料数量差异为（　　　）元。

A.-140　　　　　　　　B.-200　　　　　　　　C.-150　　　　　　　　D.-165

3.下列成本差异中，通常不属于生产部门责任的是（　　　）。

A.直接人工工资率差异　　　　　　　　　B.直接人工效率差异

C.直接材料用量差异　　　　　　　　　　D.变动制造费用效率差异

二、多项选择题

在预算执行过程中，下列可能导致预算调整的情形有（　　　）。

A.主要产品市场需求大幅下降　　　　　　B."营改增"导致企业税负大幅下降

C.原材料价格大幅上涨　　　　　　　　　D.企业进行重点资产重组

三、判断题

1.企业正式下达执行的预算，执行部门一般不能调整。但是，市场环境、政策法规等发生重大变化，将导致预算执行结果产生重大偏差时，可经逐级审批后调整。　　（　　　）

2.企业财务管理部门应当利用报表监控预算执行情况，及时提供预算执行进度、执行差异信息。　　（　　　）

3.预算调整的重点应该放在预算执行中出现的重要的、非正常的、不符合常规的关键性差异方面。　　（　　　）

四、简答题

1.如何确定企业预算的执行基础？

2.如何在预算执行过程中落实预算监督？

3.预算执行中的主要控制措施有哪些？

4.预算调整的原则是什么？

5.预算分析中的常见差异有哪些？

6.预算分析的主要手段是什么？

7.预算差异的分析原则是什么？

五、计算题

某企业生产甲产品，实际产量为 7 200 件，实际工时为 12 960 小时，实际变动制造费用为 66 096 元。本月预算产量为 6 000 件，单位工时标准为 1.6 小时/件，标准变动制造费用分配率为 4 元/小时。要求：

（1）计算单位产品的变动制造费用标准成本；

（2）计算变动制造费用效率差异；

（3）计算变动制造费用耗费差异。

附录 综合试题

一、单项选择题

1.某公司本月生产甲产品500件，实际耗用A材料3 200千克，其实际价格为0.55元/千克。甲产品A材料的用量标准为7千克/件，标准价格为0.5元/千克，其直接材料数量差异为（　　）元。

A.-140　　　　　　　　　B.-200　　　　　　　　　C.-150

D.-165　　　　　　　　　E.-156

2.不考虑以往会计期间所发生的费用项目或费用数额的预算，是指（　　）。

A.增量预算　　　　　　　B.零基预算　　　　　　　C.固定预算

D.弹性预算　　　　　　　E.滚动预算

3.资产负债表预算能够反映预算单位的（　　）。

A.销售情况　　　　　　　B.费用支出情况　　　　　C.经营成果形成

D.经济资源的来源和占用情况　　　　　　　　　　　E.所得税费用情况

4.在直接人工预算编制中，单位产品人工工时和每小时人工成本数据来自（　　）。

A.生产预算　　　　　　　B.标准成本资料　　　　　C.销售预算

D.行业平均水平　　　　　E.企业历史最好水平

5.对于销售预算的编制方法，采用（　　）比较适合企业需要。

A.定期预算法　　　　　　B.固定预算法　　　　　　C.零基预算法

D.滚动预算法　　　　　　E.弹性预算法

6.管理基础比较好的企业所适用的预算方法是（　　）。

A.固定预算法　　　　　　B.弹性预算法　　　　　　C.永续预算法

D.零基预算法　　　　　　E.定期预算法

7.江苏省龚勤公司生产一种产品，20×3年销售量为2 000件，单价为180元/件，固定成本为56 000元，净利润为45 000元，企业所得税税率为25%，单位边际贡献为（　　）元。

A.47.00　　　　　　　　　B.50.00　　　　　　　　　C.50.50

D.58.00　　　　　　　　　E.48.50

8.全面预算体系中的第一环节是（　　）。

A.业务预算　　　　　　　B.财务预算　　　　　　　C.专门决策预算

D.生产预算　　　　　　　E.销售预算

9.编制现金预算时，计算某期现金余缺不需要考虑的因素是（　　）。

A.期初现金余额　　　　　　　B.现金安全存量　　　　　　　C.当期现金支出

D.当期现金收入　　　　　　　E.当期生产预算

10.每年均在特定时间编制的预算是（　　　）。

A.增量预算　　　　　　　　　B.零基预算　　　　　　　　　C.固定预算

D.弹性预算　　　　　　　　　E.定期预算

11.下列预算不含有价值量的是（　　　）。

A.销售预算　　　　　　　　　B.采购预算　　　　　　　　　C.人工预算

D.生产预算　　　　　　　　　E.制造费用预算

12.五力分析法不考虑的因素是（　　　）。

A.债权人的能力　　　　　　　B.供应商的能力　　　　　　　C.竞争对手的能力

D.潜在竞争对手的能力　　　　E.销售商的能力

13.销售预算要求根据（　　　）的原则确定收货款。

A.以产定销　　　　　　　　　B.以销定产　　　　　　　　　C.以存定销

D.以销定存　　　　　　　　　E.信用政策

14.常见的非财务指标是（　　　）。

A.速动比率　　　　　　　　　B.人力资本　　　　　　　　　C.存货周转率

D.ROE　　　　　　　　　　　E.EBIT

15.根据直接材料预算、直接人工预算和制造费用预算编制的预算是（　　　）。

A.制造费用预算　　　　　　　B.产品成本与期末存货预算

C.生产预算　　　　　　　　　D.直接人工预算　　　　　　　E.销售预算

16.预算控制方式不包括（　　　）。

A.事前控制　　　　　　　　　B.事中控制　　　　　　　　　C.事后控制

D.突发事件控制　　　　　　　E.风险控制

17.下列选项中，（　　　）不是定期预算法的缺点。

A.远期指导性差　　　　　　　B.灵活性差　　　　　　　　　C.配比性差

D.连续性差　　　　　　　　　E.不便于分析

18.采用（　　　）编制预算，适用于经营比较稳定的企业和非营利组织。

A.固定预算法　　　　　　　　B.弹性预算法　　　　　　　　C.增量预算法

D.零基预算法　　　　　　　　E.滚动预算法

19.费用中心是企业全面预算管理的（　　　）。

A.执行机构　　　　　　　　　B.工作机构　　　　　　　　　C.决策机构

D.管理机构　　　　　　　　　E.权力机构

20.下列预算中，属于财务预算的是（　　　）。

A.销售预算　　　　　　　　　B.现金收支预算　　　　　　　C.直接材料预算

D.直接人工预算　　　　　　　E.零基预算

21.以历史期实际经济活动及预算为基础，结合预算期经济活动及相关影响因素的变动情况，通过调整历史期经济活动项目及金额形成预算的预算编制方法，称为（　　　）。

A.弹性预算法　　　　　　　　B.零基预算法　　　　　　　　C.增量预算法

D.滚动预算法　　　　　　　　E.永续预算法

22.下列不属于生产预算项目的是（　　　）。

A.产量预算　　　　　　　B.直接材料预算　　　　　C.制造费用预算

D.产品存货预算　　　　　E.销货成本预算

23.某企业当年实际销售费用为6 000万元，占销售额的30%，该企业预计下年销售额增加5 000万元，于是就将下年销售费用预算简单地确定为7 500万元。从中可以看出，该企业采用的预算编制方法为（　　　）。

A.增量预算法　　　　　　B.零基预算法　　　　　　C.固定预算法

D.弹性预算法　　　　　　E.定期预算法

24.随着预算的执行不断地补充预算，但始终保持一个固定预算期长度的预算编制方法是（　　　）。

A.滚动预算法　　　　　　B.弹性预算法　　　　　　C.零基预算法

D.定期预算法　　　　　　E.概率预算法

25.下列不属于企业常见的战略模式选择的是（　　　）。

A.国际化　　　　　　　　B.多元化　　　　　　　　C.低成本

D.兼并重组　　　　　　　E.文化渗透

26.企业的初创期或产品的开发投产期适合以（　　　）为核心的预算模式。

A.成本　　　　　　　　　B.销售　　　　　　　　　C.资本

D.利润　　　　　　　　　E.现金

27.企业在编制利润表预算时，"销售成本"项目数据的来源是（　　　）。

A.产品成本预算　　　　　B.生产预算　　　　　　　C.销售预算

D.直接材料预算　　　　　E.制造费用预算

28.企业编制预算的起点是（　　　）。

A.经营预算　　　　　　　B.销售预算　　　　　　　C.生产预算

D.财务预算　　　　　　　E.投资预算

29.直接材料预算的主要编制基础是（　　　）。

A.销售预算　　　　　　　B.资金预算　　　　　　　C.生产预算

D.产品成本预算　　　　　E.人工预算

30.下列预算中，不直接涉及现金收支的是（　　　）。

A.销售及管理费用预算　　B.销售预算　　　　　　　C.产品成本预算

D.直接材料预算　　　　　E.固定资产投资预算

31.编制工作量较大，但不必经过计算即可找到与实际业务量相同或相近的预算成本的弹性预算编制方法是（　　　）。

A.公式法　　　　　　　　B.列表法　　　　　　　　C.图示法

D.因素法　　　　　　　　E.本量利分析法

32.下列预算中，在编制时不需要以生产预算为基础的是（　　　）。

A.变动制造费用预算　　　B.销售费用预算　　　　　C.产品成本预算

D.直接人工预算　　　　　E.应交税费预算

33.觿蠱公司编制20×3年12月份A产品的生产预算，预计销售量为50万件。A产品11月份月末结存为10万件，如果预计12月份月末结存为12万件，那么，A产品12月份预计生产量为（　　）万件。

A.60   B.52   C.48

D.62   E.72

34.全面预算体系中的最后环节是（　　）。

A.业务预算   B.财务预算   C.专门决策预算

D.生产预算   E.全面预算

35.某公司本月生产甲产品 1 500 件，预算产量为 1 400 件；实际耗用 A 材料 12 000 千克，其实际价格为 0.55 元/千克。甲产品 A 材料的用量标准为 7 千克/件，标准价格为 0.5 元/千克，其直接材料数量差异为（　　）元。

A.−740   B.1 100   C.750

D.−165   E.760

36.SWOT 分析法是（　　）。

A.宏观环境分析技术   B.微观环境分析技术   C.内外部环境分析技术

D.内部因素分析技术   E.全部环境因素分析技术

37.销售预算要求根据（　　）的原则确定生产预算并考虑所需要的销售费用。

A.以产定销   B.以销定产   C.以存定销

D.以销定存   E.产销结合

38.常见的非财务指标是（　　）。

A.速动比率   B.市场占有率   C.存货周转率

D.ROE   E.EBIT

39.A 公司下属一成本中心生产 B 产品，20×3 年预算计划产量 5 000 台，单位成本 100 元，实际产量 4 000 台，单位成本 110 元，成本变动率为（　　）。

A.12%   B.−12%   C.10%

D.−10%   E.8%

40.由于政治、经济及社会环境等因素的不确定性而产生的风险属于（　　）。

A.财务风险   B.经营风险   C.非系统性风险

D.公司风险   E.市场风险

41.我国资本市场基本形成的标志是（　　）。

A.1950 年 3 月原政务院发布了《关于统一国家财政经济工作的决定》

B.1954 年我国《宪法》的诞生

C.1978 年党的十一届三中全会制定改革开放的基本政策

D.1990 年上海证券交易所的正式成立

E.1994 年我国《公司法》的制定

42.管理基础比较好的企业所适用的预算方法是（　　）。

A.固定预算   B.弹性预算   C.滚动预算

D.零基预算   E.定期预算

43.下列不属于企业常见预算目标的确定方法是（　　）。

A.利润增长率法   B.比重法   C.上加法

D.标杆法   E.本量利分析法

44.预算按照内容可以分为（　　　）。

A.变动预算　　　　　　　　B.经营预算　　　　　　　C.固定预算

D.零基预算　　　　　　　　E.永续预算

45.在预算管理中，下列不属于责任中心的是（　　　）。

A.投资中心　　　　　　　　B.利润中心　　　　　　　C.成本中心

D.业绩中心　　　　　　　　E.费用中心

46.弹性预算又称（　　　）。

A.动态预算　　　　　　　　B.连续预算　　　　　　　C.资产负债表预算

D.静态预算　　　　　　　　E.利润表预算

47.资产负债表预算能够反映预算单位的（　　　）。

A.销售情况　　　　　　　　B.费用支出情况　　　　　C.经营成果形成状况

D.经济资源结构情况　　　　E.产品生产情况

48.全面预算管理作为一种现代企业管理方法，与其他管理方法相比具有鲜明特征，下列各项不属于其特征的是（　　　）。

A.权威性　　　　　　　　　B.适应性　　　　　　　　C.全面性

D.机制性　　　　　　　　　E.计划性

49.下列不属于全面预算管理功能的是（　　　）。

A.考核与评价功能　　　　　B.控制与规划功能　　　　C.沟通与协调功能

D.资源配置功能　　　　　　E.信息与资金功能

50.企业经营预算包括根据（　　　）的原则确定生产预算并考虑所需要的销售费用。

A.固定预算　　　　　　　　B.期间费用预算　　　　　C.权益投资预算

D.资本预算　　　　　　　　E.固定资产投资预算

51.企业预算管理模式可供选择的是（　　　）。

A.以销售为核心　　　　　　B.以管理为核心　　　　　C.以技术为核心

D.以人才为核心　　　　　　E.以价格为核心

52.制定企业战略时，不应当考虑的社会文化因素为（　　　）。

A.人口因素　　　　　　　　B.社会流动性　　　　　　C.法律规范

D.消费者心理　　　　　　　E.文化传统

53.下列不属于可供企业选择的战略的是（　　　）。

A.国际化　　　　　　　　　B.多元化　　　　　　　　C.成本领先

D.兼并重组　　　　　　　　E.市场占有率扩张

54.全面预算体系中的最后环节是（　　　）。

A.业务预算　　　　　　　　B.财务预算　　　　　　　C.专门决策预算

D.生产预算　　　　　　　　E.销售预算

55.预算组织体系中的工作机构为（　　　）。

A.股东大会　　　　　　　　B.预算管理委员会　　　　C.董事会

D.监事会　　　　　　　　　E.预算编制委员会

56.编制预算时，不考虑基期或历史资料的编制方法为（　　　）。

A.增量预算　　　　　　　　B.零基预算　　　　　　　C.固定预算

D.弹性预算　　　　　　　　　　　E.成本预算

57.全面预算管理是指企业对预算执行过程和结果进行的活动,下列不属于其范畴的是(　　　)。

A.控制　　　　　　　　　　B.核算　　　　　　　　　　C.投资

D.考评　　　　　　　　　　E.奖惩

58.差异=预算标准-实际结果,其中材料标准成本是指(　　　)。

A.价格差异　　　　　　　　B.数量差异　　　　　　　　C.预算产量下的标准成本

D.实际产量下的实际成本　　E.实际产量下的标准成本

59.标准成本中心的典型代表是制造业公司的(　　　)。

A.会计部门　　　　　　　　B.人力资源部门　　　　　　C.采购部门

D.企业工会　　　　　　　　E.生产工段

60.在预算执行过程中,下列不属于预算调整的情形是(　　　)。

A.主要产品市场需求大幅下降　　　　　B."营改增"导致企业税负大幅下降

C.原材料价格大幅上涨　　　　　　　　D.企业发生资产重组

E.企业管理人员发生变更

61.下列成本差异中,通常不属于生产部门责任的是(　　　)。

A.直接人工工资率差异　　　　　　　　B.直接人工效率差异

C.直接材料用量差异　　　　　　　　　D.变动性制造费用效率差异

E.固定性制造费用能量差异

62.预算管理与其他管理方法相比,具有(　　　)的鲜明特征。

A.重要性　　　　　　　　　B.合法性　　　　　　　　　C.全面性

D.控制性　　　　　　　　　E.及时性

63.下列不属于项目筹资预算特点的是(　　　)。

A.特定性　　　　　　　　　B.不确定性　　　　　　　　C.长期性

D.多元性　　　　　　　　　E.依附性

64.一般适用于与预算执行单位业务量有关的成本(费用)、利润等项目的预算是(　　　)。

A.固定预算　　　　　　　　B.弹性预算　　　　　　　　C.滚动预算

D.概率预算　　　　　　　　E.定期预算

65.可以保持预算的连续性和完整性,并能克服传统定期预算法缺点的预算方法是(　　　)。

A.零基预算法　　　　　　　B.滚动预算法　　　　　　　C.固定预算法

D.弹性预算法　　　　　　　E.静态预算法

66.根据全面预算体系的分类,下列预算中属于财务预算的是(　　　)。

A.销售预算　　　　　　　　B.现金收支预算　　　　　　C.材料采购预算

D.直接人工预算　　　　　　E.成本预算

67.下列不属于预算管理整合的要素流的是(　　　)。

A.资金流　　　　　　　　　B.实物流　　　　　　　　　C.信息流

D.业务流　　　　　　　　　E.业绩流

68.预算目标是企业(　　　)。

A.资源配置的标准　　　　　B.资源配置的方案　　　　　C.资源配置的有效利用

D.资源配置有效利用的保障　E.资源利用的改进

69.下列不属于预算指标体系构建基本框架的是（　　　）。

A.企业发展规模指标　　　　B.盈利能力指标　　　　　C.获取现金能力指标

D.发展趋势指标　　　　　　E.预算准确率指标

70.下列不属于企业预测分析体系内容的是（　　　）。

A.资本预测　　　　　　　　B.资金预测　　　　　　　C.销售预测

D.成本预测　　　　　　　　E.利润预测

71.下列各项与增量预算无关的是（　　　）。

A.预算理念保守　　　　　　B.预算结果消极　　　　　C.简便易行

D.便于理解，易于认同　　　E.利润表预算

二、多项选择题

1.在预算管理中，下列不属于责任中心的有（　　　）。

A.投资中心　　　　　　　　B.利润中心　　　　　　　C.成本中心

D.业绩中心　　　　　　　　E.采购中心

2.现金预算表是依据（　　　）编制的。

A.经营预算　　　　　　　　B.资本预算　　　　　　　C.投资预算

D.业务预算　　　　　　　　E.利润表预算

3.相较于固定预算法，弹性预算法的主要优点有（　　　）。

A.可比性强　　　　　　　　B.稳定性强　　　　　　　C.连续性强

D.预算范围宽　　　　　　　E.能够调动各责任中心的积极性

4.预算管理目标常见的分解方法有（　　　）。

A.自主申报法　　　　　　　B.因素分析法　　　　　　C.标杆法

D.目标资本报酬率法　　　　E.本量利分析法

5.常见的企业预算目标的确定方法有（　　　）。

A.利润增长率法　　　　　　B.比例预算法　　　　　　C.标杆法

D.本量利分析法　　　　　　E.指标法

6.下列选项中，属于企业预算决策机构的部门有（　　　）。

A.预算管理委员会　　　　　B.人力资源部　　　　　　C.公司经理班子

D.公司股东大会　　　　　　E.费用中心

7.编制现金预算时，计算某期现金余缺必须考虑的因素有（　　　）。

A.期初现金余额　　　　　　B.当期现金收入　　　　　C.期末现金余额

D.当期现金支出　　　　　　E.企业所欠货款

8.预算工作的组织架构包括（　　　）。

A.决策层　　　　　　　　　B.考核层　　　　　　　　C.执行层

D.管理层　　　　　　　　　E.否决层

9.制造费用预算按成本性态，可以分为（　　　）。

A.变动制造费用　　　　　　B.弹性预算　　　　　　　C.固定制造费用

D.固定预算　　　　　　　　E.销售费用

10.宏观环境因素中的经济因素包括（　　）。

A.经济政策　　　　　　　　B.消费者心理　　　　　　　C.价值观

D.社会经济结构　　　　　　E.企业文化

11.预算管理的功能包括（　　）。

A.规划未来　　　　　　　　B.绩效评价　　　　　　　　C.资源配置

D.沟通与协调　　　　　　　E.强化控制

12.下列各项中，能够成为预计资产负债表"存货"项目金额来源的有（　　）。

A.销售费用预算　　　　　　B.直接人工预算　　　　　　C.直接材料预算

D.产品成本预算　　　　　　E.固定资产变动预算

13.关于预算的编制方法，下列对应关系正确的有（　　）。

A.固定预算和弹性预算　　　B.定期预算与滚动预算　　　C.静态预算和连续预算

D.增量预算和零基预算　　　E.经营预算与投资预算

14.下列各项中，不属于业务预算内容的有（　　）。

A.生产预算　　　　　　　　B.产品成本预算　　　　　　C.管理费用预算

D.资本支出预算　　　　　　E.财务预算

15.下列不属于企业常用的具体预算编制方法的有（　　）。

A.弹性预算　　　　　　　　B.销售预算　　　　　　　　C.固定预算

D.连续预算　　　　　　　　E.定期预算

16.企业组织形式包括（　　）。

A.个人独资企业　　　　　　B.合伙制企业　　　　　　　C.股份有限公司

D.有限责任公司　　　　　　E.民营企业

17.预算管理与其他管理方法相比，具有（　　）的鲜明特征。

A.权威性　　　　　　　　　B.适应性　　　　　　　　　C.全面性

D.机制性　　　　　　　　　E.目标性

18.宏观环境因素中的经济因素包括（　　）。

A.经济政策　　　　　　　　B.消费者心理　　　　　　　C.价值观

D.社会经济结构　　　　　　E.消费理念

19.下列各项中，构成预算工作组织的有（　　）。

A.决策层　　　　　　　　　B.管理层　　　　　　　　　C.考核层

D.执行层　　　　　　　　　E.核心层

20.全面预算管理的"全面"是指（　　）。

A.全员参与　　　　　　　　B.全产业链管理　　　　　　C.激励与约束

D.全过程控制　　　　　　　E.全方位管理

21.常见的企业预算目标的分解方法有（　　）。

A.利润增长率法　　　　　　B.自主申报法　　　　　　　C.标杆法

D.本量利分析法　　　　　　E.因素分析法

22.宏观环境分析中的技术因素包括（　　）。

A.技术水平　　　　　　　　B.技术力量　　　　　　　　C.技术装备

D.技术人才　　　　　　　　E.技术发展

23.责任会计是以（　　）为核心内容。

A.责任成本   B.责任销售   C.责任预算

D.责任控制   E.责任考核

24.宏观环境因素中的经济因素包括（　　）。

A.经济政策   B.消费者心理   C.价值观

D.社会经济结构   E.政府行为

25.投资中心业绩的评价和考核指标主要有（　　）。

A.利润   B.投资报酬率   C.剩余收益

D.现金回收率   E.净现值

26.下列各项中，构成预算工作组织的有（　　）。

A.决策层   B.核算层   C.考核层

D.执行层   E.监控层

27.预算的基本职能有（　　）。

A.计划职能   B.协调职能   C.考核职能

D.控制职能   E.监督和核算职能

28.下列属于企业预算的考评组成机构的有（　　）。

A.预算管理委员会   B.人力资源部   C.财务部

D.成本中心   E.费用中心

29.企业常用的预算管理模式有（　　）。

A.销售导向   B.现金导向   C.成本导向

D.资本导向   E.服务导向

30.全面预算管理的功能有（　　）。

A.考核与评价功能   B.控制与监督功能   C.激励与约束功能

D.整合与凝聚功能   E.信息与资金功能

三、判断题

1.期间费用预算是财务预算的重要内容。　　　　　　　　　　　　　　（　　）

2.预算责任中心是预算管理的工作机构。　　　　　　　　　　　　　　（　　）

3.我国资本市场形成的标志是1990年和1992年沪深证券交易所的成立。（　　）

4.企业正式下达执行的预算一般应根据经营情况随时调整。　　　　　　（　　）

5.按照预算编制的基础不同，预算可分为固定预算法和弹性预算法。　　（　　）

6.预算指标水平确定是否可行，会导致不同的预算管理行为和不同的结果。（　　）

7.销售预算编制的前提是销售部门做出的科学预测和预判。　　　　　　（　　）

8.预计产量=预计销售量+期初库存产成品数量-期末库存产成品数量。　（　　）

9.企业应当对所有的固定资产按月计提折旧。　　　　　　　　　　　　（　　）

10.企业投资预算属于专门决策预算，所以每年均需要编制。　　　　　（　　）

11.预算调整的重点应该放在预算执行中出现的重要的、非正常的、不符合常规的关键性差异方面。　　　　　　　　　　　　　　　　　　　　　　　　　（　　）

12.业务预算是全面预算编制的起点，因此，专门决策预算应当以业务预算为依据。（　　）

13.对于转移定价收入，其体现为投资收益。（　　）

14.弹性预算法可以克服零基预算法的缺点，保持预算的连续性和完整性。（　　）

15.责任中心是预算管理的执行机构。（　　）

16.经营预算中最基本和最关键的是成本预算。（　　）

17.在计算采购预算的现金支出中，应当将不含税采购金额和付款政策结合起来。（　　）

18.直接人工预算应当包含五险一金。（　　）

19.预算管理委员会确定企业的年度预算目标。（　　）

20.采用零基预算法编制预算，对于酌量性费用，需要进行"成本-效益"分析，并按照重要性程度排序，以便对有限的经济资源进行优化配置。（　　）

21.增量预算法与零基预算法的差别在于编制成本费用预算的出发点不同。（　　）

22.费用预算控制包括销售费用、管理费用、财务费用和制造费用的控制。（　　）

23.固定预算与弹性预算的差异在于预算期预计业务量的收入特征不同。（　　）

24.企业预算管理强调的是预算编制。（　　）

25.零基预算的主要缺点是可比性差。（　　）

26.以邯钢经验为代表的预算管理核心是责任成本预算制度。（　　）

27.预算编制委员会是企业预算管理的最高权力机构。（　　）

28.价格监控是通过对企业供产销各环节数据资料的有效监控，确保预算管理系统中传递的信息真实、完整。（　　）

29.预算编制的具体方法主要包括增量预算法、固定预算法和定期预算法。（　　）

30.责任会计是以责任预算、责任控制、责任考核为核心内容。（　　）

31.企业财务部门是标准成本中心。（　　）

32.企业编制预算，应当按照先业务预算、资本预算、筹资预算，后财务预算的流程进行。（　　）

33.预算管理工作制度的内容涵盖总则、组织体系、预算编制、预算审批、预算执行、预算控制、预算调整、预算分析和预算考评与奖惩等。（　　）

34.责任中心要承担与其经营决策权相适应的法律责任。（　　）

35.基层的成本中心对其可控成本向其下层成本中心负责。（　　）

36.投资预算是其他各项预算的起点，是企业取得利润的重要保障。（　　）

37.1953年至1978年计划经济时代，以公司预算为主导。（　　）

38.企业正式下达执行的预算，一般不予调整。（　　）

39.企业应当将预算作为制定、落实内部经济责任制的依据。（　　）

40.企业应当将年度预算数据化，以分期预算控制确保年度预算目标的实现。（　　）

41.当月减少的固定资产，当月不提折旧，从下月起停止计提折旧。（　　）

42.企业预算管理制度主要包括基本制度和工作制度。（　　）

43.财务预算主要包括财务费用预算、利润表预算、现金收支预算。（　　）

44.固定预算法主要用于与业务量有关的各种预算，目前应用较多的是成本费用预算和利润预算等。（　　）

45.弹性预算的主要缺点是可比性差。（　　）

46.董事会是企业的最高权力机构。（　　）

47."自下而上"预算编制流程，体现强化基层管理者及职工的参与，给予各职能部门或责任中心一定的决策权。（　　）

48.否决指标是"戒律性"指标，是基于对企业的经营效益、竞争地位和发展战略有重大影响的特别责任事项发生而"一票否决"的指标。（　　）

49.基本指标是核心指标，是企业的经营目标和发展战略的具体体现。（　　）

50.企业应收账款应当按照累计销售额占企业销售收入的比重分类管理。（　　）

51.计时工资制是根据员工的计时工资标准和工作时间来计算工资的制度，是我国工资分配的基本形式。（　　）

52.会计收益是按权责发生制核算的，不包括付现项目，但包括应计项目和非付现项目。（　　）

53.期间费用与一定期间相联系，是直接从企业当期销售收入中扣除的费用。（　　）

54.投资预算按照投资项目的关系划分，可以分为关联型投资预算和调整型投资预算。（　　）

55.预算最早是政府统筹国家收支的一种管理工具，起源于英国。（　　）

56.预算管理是战略目标的具体行动方案，是实现战略目标的基石。（　　）

57.以现金流为核心预算管理模式适合于初创期企业。（　　）

58.责任中心负责制订企业年度全面预算方案，提出预算总目标。（　　）

59.预算审计委员会负责汇总各预算责任单位的业务计划和预算草案。（　　）

60.利润中心在预算管理中发挥桥梁作用，管理成本中心和投资中心。（　　）

61.责任中心既包括部门，也包括个人。（　　）

62.制造中心必然既是成本中心，又是利润中心。（　　）

63.企业编制预算应当坚持财务预算优先的基本原则。（　　）

64.管理费用人工预算应当包含五险一金。（　　）

65.预算最早诞生于美国，是用来管理国家财政收支的工具。（　　）

66.经过批准下达的预算不得调整。（　　）

67.企业预算是一个开放循环系统，是以企业战略定位和经营计划为导向。（　　）

68.企业预算是控制、核算、分析、考评、奖惩等一系列管理活动的过程。（　　）

69.预算管理委员会有权批准预算方案。（　　）

70.董事会是企业的最高权力机构，代表股东大会行使职权。（　　）

71.生产预算是没有价值量的预算。（　　）

72.制造费用预算是由财务部负责编制的。（　　）

73.直接人工预算不包含五险一金。（　　）

74.我国的第一个国民经济五年规划是从中华人民共和国成立开始实行的。（　　）

75.以销售为核心预算管理模式能够提高企业竞争力与效益，巩固市场地位。（　　）

76.股东大会决定企业整体预算考评与奖惩方案。（　　）

77.自然的利润中心主要在企业内部按照内部转移价格出售产品。（　　）

78.企业的财务部门负责预算的执行工作。（　　）

79.企业对"戒律性"指标采取"一票否决"制。（　　）

四、名词解释

1. 本量利分析

2. 零基预算

3. 滚动预算

4. 永续预算

5. 预算管理

6. 增量预算

7. 销售预算

8. 采购预算

9. 责任会计

10. 企业预算

11. 定基预算

12. 业务预算

13. 全面预算

14. 直接材料预算

15. 静态预算

16. 非财务预算指标

17. 责任中心

18. 经营预算

19. 现代企业制度

20. 预算调整

21. 弹性预算

22. 企业战略影响因素

23. 现金预算

24. 动态预算

五、简答题

1. 计提折旧的固定资产范围该如何确定？

2. 可控性有哪些特征？请举例说明。

3. 确立责任中心应坚持哪些原则？

4. 如何加强企业预算执行过程的控制？

5. 企业预算管理委员会的职责有哪些？

6. 何为以成本为核心的预算管理模式？

7. 责任会计制度的主要内容是什么？

8. 请简述企业集团预算管理模式的选择。

9. 企业在什么情况下可以调整预算？

10. 企业在什么阶段会选择以现金流量为核心的预算管理模式？

11. 企业为何要实施全面预算管理？

12.企业预算在预算执行控制阶段的主要风险有哪些？该如何防控？

13.请简述零基预算的编制程序及其适用范围。

14.你认为企业预算有哪些功能？

15.你认为责任会计的主要内容是什么？

16.什么是全面预算？全面预算包括哪些内容？

17.什么是责任中心？确立责任中心的条件是什么？

18.企业预算管理组织架构设置应坚持哪些原则？

19.企业预算执行过程控制的手段有哪些？

20.企业确定预算目标应坚持哪些原则？

21.企业生命周期中该如何选择预算管理模式？

22.预算编制大纲的编制目的是什么？

六、预算编制案例

案例一

1.常州爞墙（chóng tǔ）集团设有甲、乙两个生产分厂和六个职能部室。其中：甲分厂生产铣床，乙分厂生产刨床；销售部门负责公司的产品销售及货款回收；采购部门负责公司的材料采购。根据产品和原材料的供求关系、资金状况等，从20×3年第四季度开始执行新的收付款政策，20×3年第四季度以前收付已经结清，每季度含税款项的70%于本季度收付，剩余款项于以后两个季度收付，比例分别为20%和10%，20×3年第四季度应收账款为6 000万元。

该公司要求销售部门按照20×4年实现销售收入94 000万元的预算目标，结合销售预测情况，编制20×4年度销售收入预算。经过市场调研和分析，整理得出资料见附表1-1。

附表1-1　　　　　　　常州爞墙集团20×4年度销售预测基础资料表

产品名称	不含税销售单价（元/套）	增值税税率	销售量（套）			
			第一季度	第二季度	第三季度	第四季度
铣床	60 000.00	13%	1 000	2 000	1 200	800
刨床	80 000.00	13%	1 200	2 800	2 100	1 900

要求：编制常州爞墙集团20×4年度销售收入预算（见附表1-2）。

附表1-2　　　　　　　常州爞墙集团20×4年度销售收入预算表　　　　　　金额单位：元

编制部门		20×4年度				
销售部门		第一季度	第二季度	第三季度	第四季度	全年
铣床	预计销售数量（套）					
	不含税销售收入					
刨床	预计销售数量（套）					
	不含税销售收入					
不含税销售收入合计						

编制部门	20×4年度				
销售部门	第一季度	第二季度	第三季度	第四季度	全年
销项税额合计					
含税销售收入合计					
期初应收账款					
第一季度经营现金收入					
第二季度经营现金收入					
第三季度经营现金收入					
第四季度经营现金收入					
经营现金收入合计					
期末应收账款					

2.常州爝墙集团编制20×4年度生产预算时，预计20×4年度期初、期末存货等相关资料见附表1-3。

附表1-3　　　　　常州爝墙集团20×4年度产成品相关资料表　　　　金额单位：元

品种	期初结存量	期末结存量	预计期末结存占下期销量的百分比	期初产成品成本	
				单位额	总额
铣床	100套	200套	10%	48 600.00	4 860 000.00
刨床	120套	220套	15%	63 500.00	7 620 000.00

要求：编制常州爝墙集团20×4年度生产预算（见附表1-4）。

附表1-4　　　　　常州爝墙集团20×4年度产品产量预算表　　　　单位：套

编制部门		20×4年度				
生产部门		第一季度	第二季度	第三季度	第四季度	全年
铣床	预算销售量					
	期末结存量					
	期初结存量					
	预计生产量					
刨床	预算销售量					
	期末结存量					
	期初结存量					
	预计生产量					

3.常州爐墙集团采购部门按照20×4年度销售目标和生产预算，结合各期原材料的结存情况，编制20×4年度采购预算。各种原材料的增值税税率为13%。发出原材料采用先进先出法计价，采购部门和生产部门共同提供了采购预算基础资料，具体见附表1-5。

附表1-5　　　　　　　　　**常州爐墙集团20×4年度直接材料相关资料表**　　　　数量单位：千克

编制部门		20×4年度					
采购部门		消耗定额	计划单价	期初存量	期末存量	各期末存量	期初应付账款
铣床	甲材料	400千克/套	45元/千克	800	750	各期末存量为下期生产用量的15%	9 000万元
	乙材料	500千克/套	40元/千克	600	650		
刨床	甲材料	500千克/套	45元/千克	1 000	900		
	丙材料	700千克/套	350元/千克	700	800		

要求：编制常州爐墙集团20×4年度直接材料采购预算（见附表1-6）。

附表1-6　　　　　　　　**常州爐墙集团20×4年度直接材料采购预算表**　　　　金额单位：元

编制部门		20×4年度				
采购部门		第一季度	第二季度	第三季度	第四季度	全年
甲材料	采购量					
	采购金额					
乙材料	采购量					
	采购金额					
丙材料	采购量					
	采购金额					
进项税额						
采购金额（含税）合计						
期初应付账款						
第一季度采购金额付现						
第二季度采购金额付现						
第三季度采购金额付现						
第四季度采购金额付现						
付现合计						
期末应付账款合计						

4.常州爐墙集团对一线生产人员实行集体计件工资制，按小时工资率和定额工资计算各产品负担的计件工资。计件工资的范围包含基本工资、奖金、津贴和补贴等；社会保险

费、住房公积金、职工福利费、工会经费及职工教育经费以计件工资为基数，按公司规定的标准计提。

根据责任分工，直接人工预算草案由各分厂负责编制，人力资源部、财务部、制造部给予配合和审议，人力资源部负责各分厂直接人工预算草案的审核、汇总。按照直接人工预算中的薪酬全额支付现金，五险一金等的90%支付现金。预算期内各种产品的工时定额、小时工资率以及社会保险费、住房公积金、职工福利费等资料见附表1-7。

附表1-7　　　　　　　常州爝堷集团20×4年度直接人工预算基础资料表

项目	产品工时定额（小时/套）	工时工资率（元/小时）	社会保险费、住房公积金计提比例	职工福利费计提比例	工会经费及职工教育经费计提比例
铣床	400	40	7%	14%	3.5%
刨床	420	50	7%	14%	3.5%

要求：编制常州爝堷集团20×4年度直接人工预算（见附表1-8）。

附表1-8　　　　　　　常州爝堷集团20×4年度直接人工预算表　　　　　　金额单位：元

项目	第一季度	第二季度	第三季度	第四季度	全年
铣床：					
预计生产量（套）					
直接人工工时（小时）					
预计直接工资					
其他间接费用					
直接人工成本合计					
刨床：					
预计生产量（套）					
直接人工工时（小时）					
预计直接工资					
其他间接费用					
直接人工成本合计					
预计直接工资合计					
预计间接费用合计					
人工成本现金支出合计					

案例二

1.江苏鳝龘（cháng dá）公司的信用政策是当季度收回货款60%，次季度收款30%，再次季度收款10%。预算年度期初应收账款金额为500 000元，其中，20×3年第三季度为150 000元，20×3年第四季度分别为300 000元和50 000元。20×4年度甲产品销量和售价预测见附表2-1。

附表2-1　　　　　　　　江苏鳝矗公司20×4年度销量和售价预测表

项目	第一季度	第二季度	第三季度	第四季度
预计销售量（件）	2 500	2 750	3 500	2 000
含税单价（元/件）	230	230	230	230

要求：计算并填列江苏鳝矗公司20×4年度销售预算表（见附表2-2）的相关数据。

附表2-2　　　　　　　　江苏鳝矗公司20×4年度销售预算表

项目	第一季度	第二季度	第三季度	第四季度	全年
预计销售量（件）	2 500	2 750	3 500	2 000	
含税单价（元/件）	230	230	230	230	
含税收入（元）					
期初应收账款（元）					
第一季度现金收入（元）					
第二季度现金收入（元）					
第三季度现金收入（元）					
第四季度现金收入（元）					
合计（元）					
期末应收账款（元）					

2.江苏鳝矗公司预算年度期初、期末产成品存货分别为400件和450件。每季度期末存量为下季度销量的10%。

要求：计算并填列江苏鳝矗公司20×4年度生产预算表（见附表2-3）的相关数据。

附表2-3　　　　　　　江苏鳝矗公司20×4年度产量（生产）预算表　　　　　　单位：件

项目	第一季度	第二季度	第三季度	第四季度	全年
预算销售量	2 500	2 750	3 500	2 000	
预计生产量					
期初结存量					
期末结存量					

3.江苏鳝矗公司生产甲产品需要某种特殊材料，预算年度期初、期末特殊材料存货分别为1 200千克和1 350千克。预算年度期初应付账款为450 000元，其中，20×3年第三季度为120 000元，20×3年第四季度分别为270 000元和60 000元。每季度期末存量为下季度生产用量的5%。预算定额为15千克/件，预算单价（含税）为15.50元/千克。该公司与供货商协商的付款政策为当季度支付货款50%，次季度付款30%，再次季度付款20%。

要求：计算并填列江苏鳝矗公司 20×4 年度采购预算表（见附表 2-4）的相关数据。

附表 2-4　　　　　　　　　　江苏鳝矗公司 20×4 年度采购预算表

项目	第一季度	第二季度	第三季度	第四季度	全年
预算生产用量（千克）					
期末结存量（千克）				1 350	
期初结存量（千克）	1 200				
预算采购量（千克）					
含税采购单价（元/千克）					
含税采购金额（元）					
期初应付账款（元）					
第一季度现金支出（元）					
第二季度现金支出（元）					
第三季度现金支出（元）					
第四季度现金支出（元）					
合计（元）					
期末应付账款（元）					

4.江苏鳝矗公司根据生产经营需要，核定最低现金存量为 1 300 000 元，预算年度期初现金余额为 1 210 000 元。

要求：根据案例二中上述相关计算结果和本题所提供资料，计算并填列江苏鳝矗公司 20×4 年度简易现金收支预算表（见附表 2-5）的相关数据。

附表 2-5　　　　　江苏鳝矗公司 20×4 年度简易现金收支预算表　　　　　单位：元

项目	第一季度	第二季度	第三季度	第四季度
期初现金余额	1 210 000.00			
销售现金收入				
采购现金支出				
期末现金余额				

案例三

1.江苏斋蝰（yūn dá）集团是一家高科技企业，主要生产满足国防需要的高端数控铣床和镗床。该公司销售部门负责公司的产品销售及货款回收；采购部门负责公司的物资采购。根据产品和原材料的供求关系、资金状况、产品科技含量等，从 20×4 年第四季度开始执行新的收付款政策，20×4 年第四季度以前收付已经结清，具体收付款政策见附表 3-1。

附表 3-1　　　　　　　　　　　　江苏螽螳集团收付款政策一览表

权属性质	当季度	次季度	再次季度	继次季度	期初余额
债权	85%	10%	5%	—	6 000 000.00元
债务	40%	25%	20%	15%	15 000 000.00元

该公司要求销售部门按照20×5年实现销售收入940 000万元的预算目标，结合销售预测情况，编制20×5年度销售收入预算。经过市场调研和分析，整理得出资料见附表3-2。

附表 3-2　　　　　　　江苏螽螳集团20×5年度销售预测基础资料表

产品名称	不含税销售单价（元/套）	增值税税率	销售量（套）			
			第一季度	第二季度	第三季度	第四季度
铣床	600 000.00	13%	1 000	2 000	1 200	800
镗床	800 000.00	13%	1 200	2 800	2 100	1 900

要求：编制江苏螽螳集团20×5年度销售收入预算（见附表3-3）。

附表 3-3　　　　　　　江苏螽螳集团20×5年度销售收入预算表　　　　　　金额单位：元

编制部门		20×5年度				
销售部门		第一季度	第二季度	第三季度	第四季度	全年
铣床	预计销售数量（套）					
	不含税销售收入					
镗床	预计销售数量（套）					
	不含税销售收入					
不含税销售收入合计						
销项税额合计						
含税销售收入合计						
期初应收账款						
第一季度经营现金收入						
第二季度经营现金收入						
第三季度经营现金收入						
第四季度经营现金收入						
经营现金收入合计						
期末应收账款						

2.江苏螽螳集团编制20×5年度生产预算时，预计20×5年度期初、期末存货等相关资料见附表3-4。

附表 3-4 　　　　　　**江苏螽蟖集团 20×5 年度产成品相关资料表**　　　　金额单位：元

品种	期初结存量	期末结存量	预计期末结存占下期销量的百分比	期初产成品成本	
				单位额	总额
铣床	100 套	200 套	10%	480 600.00	48 060 000.00
镗床	120 套	220 套	15%	630 500.00	75 660 000.00

要求：编制江苏螽蟖集团 20×5 年度生产预算（见附表 3-5）。

附表 3-5 　　　　　　**江苏螽蟖集团 20×5 年度产品产量预算表**　　　　单位：套

编制部门		20×5 年度				
生产部门		第一季度	第二季度	第三季度	第四季度	全年
铣床	预算销售量					
	期末结存量					
	期初结存量					
	预计生产量					
镗床	预算销售量					
	期末结存量					
	期初结存量					
	预计生产量					

3. 江苏螽蟖集团采购部门按照 20×5 年度销售目标和生产预算，结合各期原材料的结存情况，编制 20×5 年度采购预算。各种原材料的增值税税率为 13%。发出原材料采用先进先出法计价，采购部门和生产部门共同提供了采购预算基础资料，具体见附表 3-6。

附表 3-6 　　　　　**江苏螽蟖集团 20×5 年度直接材料相关资料表**　　　数量单位：千克

编制部门		20×5 年度				
采购部门		消耗定额	计划单价	期初存量	期末存量	各期末存量
铣床	甲材料	400 千克/套	45 元/千克	800	750	各期末存量为下期生产用量的 15%
	乙材料	500 千克/套	40 元/千克	600	650	
镗床	甲材料	500 千克/套	45 元/千克	1 000	900	
	丙材料	700 千克/套	900 元/千克	700	800	

要求：编制江苏螽蟖集团 20×5 年度直接材料采购预算（见附表 3-7）。

附表3-7 　　　　　**江苏蟏蟖集团20×5年度直接材料采购预算表** 　　　　金额单位：元

编制部门		20×5年度				
采购部门		第一季度	第二季度	第三季度	第四季度	全年
甲材料	采购量					
	采购金额					
乙材料	采购量					
	采购金额					
丙材料	采购量					
	采购金额					
进项税额						
采购金额（含税）合计						
期初应付账款						
第一季度采购金额付现						
第二季度采购金额付现						
第三季度采购金额付现						
第四季度采购金额付现						
付现合计						
期末应付账款合计						

4.江苏蟏蟖集团对一线生产人员实行集体计件工资制，按小时工资率和定额工资计算各产品负担的计件工资。计件工资的范围包含基本工资、奖金、津贴和补贴等；社会保险费、住房公积金、职工福利费、工会经费及职工教育经费以计件工资为基数，按公司规定的标准计提。

根据责任分工，直接人工预算草案由各分厂负责编制，人力资源部、财务部、制造部给予配合和审议，人力资源部负责各分厂直接人工预算草案的审核、汇总。按照直接人工预算中的薪酬全额支付现金，五险一金等的90%支付现金。预算期内各种产品的工时定额、小时工资率以及社会保险费、住房公积金、职工福利费等资料见附表3-8。

附表3-8 　　　　　**江苏蟏蟖集团20×5年度直接人工预算基础资料表**

项目	产品工时定额（小时/套）	工时工资率（元/小时）	社会保险费、住房公积金计提比例	职工福利费计提比例	工会经费及职工教育经费计提比例
铣床	400	80	7%	14%	3.5%
镗床	420	100	7%	14%	3.5%

要求：编制江苏瘤蟾集团20×5年度直接人工预算（见附表3-9）。

附表3-9   **江苏瘤蟾集团20×5年度直接人工预算表**   金额单位：元

项目	第一季度	第二季度	第三季度	第四季度	全年
铣床：					
预计生产量（套）					
直接人工工时（小时）					
预计直接工资					
其他间接费用					
直接人工成本合计					
镗床：					
预计生产量（套）					
直接人工工时（小时）					
预计直接工资					
其他间接费用					
直接人工成本合计					
预计直接工资合计					
预计间接费用合计					
人工成本现金支出合计					

案例四

江苏匼屾（kē shēn）集团是一家生产智能机器人的高科技企业，产品市场占有率为65%。20×6年9月，在预算编制启动工作会议上，董事会提出要全面加强预算管理工作，扎实推进以"计划—预算—考核"一体化管理为核心的管理提升工作，坚决贯彻"以计划落实战略，以预算保障计划，以考核促进预算"的总体要求，实现业务与财务的深度融合。集团董事长提出：面对复杂多变的经济形势，"稳增长"是国有企业的重要责任之一。该公司编制20×7年度预算时，根据预算大纲的要求，整理得出部分相关资料，具体如下：

1.该公司根据预判的企业资金状况、客户信用、产品市场供需情况等，从20×6年第四季度开始执行新的收付款政策，具体的信用政策为销售和采购含税金额，当季度收、付货款60%，次季度30%，再次季度10%。20×6年第四季度以前应收、应付货款已经结清，20×7年度期初应收账款金额为12 000 000元，期初应付账款金额为16 000 000元。

2.该公司20×7年度计划销售情况见附表4-1。

附表4-1   **江苏匼屾集团20×7年度计划销售信息表**

项目	第一季度	第二季度	第三季度	第四季度	全年
预算销售量（台）	2 700	2 800	3 500	4 000	13 000
不含税单价（元/台）			200 000.00		
增值税税率			13%		

3.为保证市场的连续性和有序安排生产，20×7年智能机器人期初结存300台，期末结存500台，预算期内各季度期末存量为下季度销售量的10%。

4.该公司生产本产品需要某特种金属，预算定额为20千克/台，预算含税采购价格为4 500元/千克。为保证生产的连续性和合理调度资金，建议该稀有金属期初和期末存量分别为300千克和250千克，预算期内各季度期末存量为下季度生产用量的10%。

5.该公司生产智能机器人预算工时定额为20小时/台，工时价格为2 200元/小时。为保障职工权益，增强职工幸福感和自豪感，该公司要求按照直接工资的30%提取附加费用（含五险一金和综合福利，且全额付现）。

6.该公司根据生产经营需要，核定最低现金存量为8 000 000.00元，预算年度期初现金余额为8 000 100.00元。发生资金短缺时，通过银行短期授信免息借款解决，每次借款和还款金额均为10 000元的倍数。为降低资金成本，该公司资金充裕时迅速还款。20×7年度该公司预计发生如下零星支出：

（1）每季度预缴所得税400 000元；

（2）每月支付管理人员薪金450 000元；

（3）每季度预付股利300 000元；

（4）每季度支付保险费250 000元；

（5）每月预付水电费220 000元；

（6）每月支付差旅费50 000元；

（7）每季度支付广告费800 000元。

要求：根据上述材料，编制江苏匼屾集团20×7年度相关预算，具体见附表4-2至附表4-6。

附表4-2　　　　　　　　　江苏匼屾集团20×7年度销售预算表

项目	第一季度	第二季度	第三季度	第四季度	全年
预计销售量（台）	2 700	2 800	3 500	4 000	13 000
含税单价（元/台）			220 000.00		
含税收入（元）					
期初应收账款（元）					
第一季度现金收入（元）					
第二季度现金收入（元）					
第三季度现金收入（元）					
第四季度现金收入（元）					
合计（元）					
期末应收账款（元）					

附表4-3　　　　江苏崀岫集团20×7年度产量预算表　　　　单位：台

项目	第一季度	第二季度	第三季度	第四季度	全年
预算销售量	2 700	2 800	3 500	4 000	13 000
预计生产量					
期初结存量					
期末结存量					

附表4-4　　　　江苏崀岫集团20×7年度采购预算表

项目	第一季度	第二季度	第三季度	第四季度	全年
预算生产需要量（千克）					
期末结存量（千克）					
期初结存量（千克）					
预算采购量（千克）					
含税采购单价（元/千克）			4 500.00		
含税采购金额（元）					
期初应付账款（元）					
第一季度现金支出（元）					
第二季度现金支出（元）					
第三季度现金支出（元）					
第四季度现金支出（元）					
合计（元）					
期末应付账款（元）					

附表4-5　　　　江苏崀岫集团20×7年度直接人工预算表

项目	第一季度	第二季度	第三季度	第四季度	全年
预计生产量（台）					
工时定额（小时/台）			20		
直接人工工时（小时）					
工时价格（元/小时）			2 200		
预计直接工资（元）					
附加费率（%）			30		
预计间接费用（元）					
人工成本现金支出（元）					

附表4-6　　　　　　　　　　江苏匼屾集团20×7年度现金收支预算表　　　　　　　单位：元

项目	第一季度	第二季度	第三季度	第四季度	全年
期初现金余额	8 000 100.00				
销售现金收入					
可用现金总量					
现金支出项目					
采购现金支出					
人工现金支出					
预缴所得税					
支付管理人员薪金					
预付股利					
支付保险费					
预付水电费					
支付差旅费					
支付广告费					
现金支出合计					
现金余缺					
短期借款					
还款					
现金余额					

案例五

江苏檾斟（chí jí）集团为一家大型国有企业，主要生产3D打印机。在20×7年度预算编制启动工作会议上，集团董事长提出：为落实公司关于大力推进全面预算，进一步深化业财融合的要求，切实提升公司整体管理水平，公司上下必须高度重视全面预算，采取各种措施，从搭建组织体系、出台管理制度、开展宣传报道、组织预算培训、推进预算编制、开展预算分析、开展定额管理等方面全方位开展全面预算工作。该公司编制20×7年度预算时，根据预算大纲的要求，整理得出部分相关资料，具体如下：

1.该公司根据预判的企业资金状况、客户信用、产品市场供需情况等，从20×6年第四季度开始执行新的收付款政策，具体的信用政策为销售和采购含税金额，当季度收、付货款50%，次季度30%，再次季度20%。20×6年第四季度以前应收、应付货款已经结清，20×7年度期初应收账款金额为6 000 000元，期初应付账款金额为8 000 000元。

2.该公司 20×7 年度计划销售情况见附表 5-1。

附表 5-1　　　　　　　　　　江苏漦尠集团 20×7 年度销售信息表

项目	第一季度	第二季度	第三季度	第四季度	全年
预算销售量（台）	1 700	1 800	2 000	3 000	8 500
不含税单价（元/台）	35 000.00				
增值税税率	13%				

3.为保证市场的连续性和有序安排生产，20×7 年 3D 打印机期初结存 200 台，期末结存 170 台，预算期内各季度期末存量为下季度销售量的 10%。

4.该公司生产本产品需要某稀有金属，预算定额为 5 千克/台，预算含税采购价格为 1 500 元/千克。为保证生产的连续性和合理调度资金，建议该稀有金属期初和期末存量分别为 150 千克和 250 千克，预算期内各季度期末存量为下季度生产用量的 10%。

5.该公司生产 3D 打印机预算工时定额为 20 小时/台，工时价格为 200 元/小时。为保障职工权益，增强职工幸福感和自豪感，该公司要求按照直接工资的 24.5% 提取附加费用（含五险一金和综合福利，且全额付现）。

6.该公司根据生产经营需要，核定最低现金存量为 9 000 000.00 元，预算年度期初现金余额为 9 000 100.00 元。发生资金短缺时，通过银行短期授信免息借款解决，每次借款和还款均为 10 000 元的倍数。为降低资金成本，该公司资金充裕时迅速还款。20×7 年度该公司预计发生如下零星支出：

（1）每季度预缴所得税 40 000 元；

（2）每月支付管理人员薪金 250 000 元；

（3）每季度预付股利 300 000 元；

（4）每季度支付保险费 250 000 元；

（5）每月预付水电费 120 000 元；

（6）每月支付差旅费 50 000 元；

（7）每季度支付广告费 300 000 元。

要求：根据上述材料，编制江苏漦尠集团 20×7 年度相关预算，具体见附表 5-2 至附表 5-6。

附表 5-2　　　　　　　　江苏漦尠集团 20×7 年度销售预算表

项目	第一季度	第二季度	第三季度	第四季度	全年
预计销售量（台）	1 700	1 800	2 000	3 000	8 500
含税单价（元/台）	38 500.00				
含税收入（元）					
期初应收账款（元）					
第一季度现金收入（元）					
第二季度现金收入（元）					
第三季度现金收入（元）					
第四季度现金收入（元）					
合计（元）					
期末应收账款（元）					

附表5-3 江苏蔡蚯集团20×7年度产量预算表 单位：台

项目	第一季度	第二季度	第三季度	第四季度	全年
预算销售量	1 700	1 800	2 000	3 000	8 500
预计生产量					
期初结存量					
期末结存量					

附表5-4 江苏蔡蚯集团20×7年度采购预算表

项目	第一季度	第二季度	第三季度	第四季度	全年
预算生产需要量（千克）					
期末结存量（千克）					
期初结存量（千克）					
预算采购量（千克）					
含税采购单价（元/千克）			1 500.00		
含税采购金额（元）					
期初应付账款（元）					
第一季度现金支出（元）					
第二季度现金支出（元）					
第三季度现金支出（元）					
第四季度现金支出（元）					
合计（元）					
期末应付账款（元）					

附表5-5 江苏蔡蚯集团20×7年度直接人工预算表 金额单位：元

项目	第一季度	第二季度	第三季度	第四季度	全年
预计生产量（台）					
工时定额（小时/台）			20		
直接人工工时（小时）					
工时价格（元/小时）			200		
预计直接工资（元）					
附加费率（%）			24.5		
预计间接费用（元）					
人工成本现金支出（元）					

附表 5-6　　　　　　　　　**江苏藜豺集团 20×7 年度现金收支预算表**　　　　　　　单位：元

项目	第一季度	第二季度	第三季度	第四季度	全年
期初现金余额	9 000 100.00				
销售现金收入					
可用现金总量					
现金支出项目					
采购现金支出					
人工现金支出					
预缴所得税					
支付管理人员薪金					
预付股利					
支付保险费					
预付水电费					
支付差旅费					
支付广告费					
现金支出合计					
现金余缺					
短期借款					
还款					
现金余额					

案例六

1. 常州鳝蠡公司 20×3 年各季度甲产品预计销售量分别为 2 000 件、3 000 件、4 000 件和 3 000 件，当期收到现金比例为 60%，30% 于次季度收回，10% 于再次季度收回，单价为 300 元/件，增值税税率为 13%。

要求：编制常州鳝蠡公司 20×3 年度销售预算（见附表 6-1）。

附表 6-1　　　　　　　　　**常州鳝蠡公司 20×3 年度销售预算表**　　　　　　　金额单位：元

项目	第一季度	第二季度	第三季度	第四季度	全年
销售单价（元/件）					
预计销售量（件）					
预计销售收入					
应交增值税（销项）					
含税销售收入					
期初应收账款					
第一季度经营现金收入					
第二季度经营现金收入					
第三季度经营现金收入					
第四季度经营现金收入					
经营现金收入合计					
期末应收账款					

2.常州鳝蠹公司甲产品20×2年期末产成品存货量为200件，单位变动生产成本为100元。每季度存货量分别为下季度销售量的10%，20×3年年末存货量预计为300件。

要求：编制常州鳝蠹公司20×3年度生产预算（见附表6-2）。

附表6-2　　　　　　　　　**常州鳝蠹公司20×3年度生产预算表**　　　　　　　　单位：件

项目	第一季度	第二季度	第三季度	第四季度	全年
预计销售量					
加：预计期末存货量					
减：期初存货量					
预计生产量					

3.常州鳝蠹公司20×3年预计材料消耗定额及单价分别为2千克/件和20元/千克，预计材料存货付款方式如下：20×2年年末A材料存货量为800千克，预计20×3年各季度库存量均为下季度生产耗用量的20%，20×3年年末A材料存货量预计为1 000千克。每季度购买材料只需支付50%的现金，余款下季度支付30%，再下季度支付20%，增值税税率为13%。

要求：编制常州鳝蠹公司20×3年度直接材料预算（见附表6-3）。

附表6-3　　　　　　　　**常州鳝蠹公司20×3年度直接材料预算表**　　　　金额单位：元

项目	第一季度	第二季度	第三季度	第四季度	全年
材料采购单价（元/千克）					
产品生产量（件）					
产品耗用定额（千克/件）					
材料总耗用量（千克）					
期初材料存量（千克）					
期末材料存量（千克）					
本期采购量（千克）					
材料采购成本					
应交增值税（进项）					
含税采购成本					
期初应付账款					
第一季度采购现金支出					
第二季度采购现金支出					
第三季度采购现金支出					
第四季度采购现金支出					
现金支出合计					
期末应付账款					

4. 常州鳝蠼公司 20×3 年预计直接人工工时定额及工资率分别为 5 小时/件和 10 元/小时，当期工资全部当期支付；计提其他直接人工 14% 并按照 80% 付现。

要求：编制常州鳝蠼公司 20×3 年度直接人工预算（见附表 6-4）。

附表 6-4　　　　　　**常州鳝蠼公司 20×3 年度直接人工预算表**　　　　　　金额单位：元

项目	第一季度	第二季度	第三季度	第四季度	全年
单位工时工资率（元/小时）					
单位产品工时定额（小时/件）					
预计生产量（件）					
直接人工工时总数（小时）					
预计直接工资					
其他直接费用					
直接人工成本合计					
单位工时直接人工成本					
预计福利费现金支出					
直接人工成本现金支出合计					

5. 常州鳝蠼公司制造费用分为两个部分：20×3 年全年变动性制造费用分配率为 2 元/小时；每季度固定性制造费用为 10 000 元，其中，固定资产折旧为 6 000 元，其余均为各季度均衡发生的付现成本。

要求：编制常州鳝蠼公司 20×3 年度制造费用预算（见附表 6-5）。

附表 6-5　　　　　　**常州鳝蠼公司 20×3 年度制造费用预算表**　　　　　　金额单位：元

项目	第一季度	第二季度	第三季度	第四季度	全年
变动性制造费用分配率（元/小时）					
直接人工工时（小时）					
变动性制造费用					
固定性制造费用					
制造费用合计					
折旧费					
现金支出合计					

6. 根据上述计算得出的预算资料（见附表 6-1 至附表 6-5），编制常州鳝蠼公司 20×3 年度成本预算（年末产成品存货按加权平均法计价）（见附表 6-6）。

附表6-6　　　　**常州鳝麤公司20×3年度产品成本预算表（计划产量：件）**　　　　金额单位：元

项目	单价	单位用量	单位成本	总成本
直接材料				
直接人工				
变动性制造费用				
合　计				
加：产成品期初余额				
减：产成品期末余额				
预计产品销售成本				

7.常州鳝麤公司20×3年预计销售及管理费用（全部为固定费用）全年合计400 000元，其中，销售人员工资40 000元，广告费100 000元，包装运输费60 000元，保管费50 000元，管理人员工资90 000元，保险费15 000元，办公费45 000元，均衡支出。

要求：编制常州鳝麤公司20×3年度管理费用预算（见附表6-7）。

附表6-7　　　　　　　**常州鳝麤公司20×3年度管理费用预算表**　　　　　　单位：元

项目	金额
管理人员工资	
销售人员工资	
办公费	
广告费	
包装运输费	
保险费	
保管费	
合　计	
现金支出	

平均每季度支付现金数额=

8.常州鳝麤公司20×3年其他零星现金支出预计如下：每季度预缴所得税5 000元，预分股利2 000元；第四季度购置设备一台，价值50 000元；各季度现金余缺可通过归还短期借款、取得短期借款加以解决。第一季度期初向银行借款10 000元，第二季度期初向银行借款10 500元，第四季度期初向银行借款14 100元，借款年利率为10%。

要求：编制常州鳝麤公司20×3年度其他零星预算（见附表6-8）。

附表6-8　　　　　　　**常州鳝麤公司20×3年度其他零星预算表**　　　　　　　单位：元

项目	第一季度	第二季度	第三季度	第四季度	全年
增值税销项税额					
增值税进项税额					
应交增值税					
税金及附加					
预缴所得税					
预分股利					
购置设备					
取得短期借款					
偿还短期借款					
支付利息					
现金支出合计					

9.假定常州鳝麤公司适用的企业所得税税率为30%，假设不需要进行纳税调整。该公司最低现金余额要求保持20 000元左右。

要求：编制常州鳝麤公司20×3年度现金预算、利润表预算和资产负债表预算（见附表6-9至附表6-11）。

附表6-9　　　　　　　　**常州鳝麤公司20×3年度现金预算表**　　　　　　　单位：元

项目	第一季度	第二季度	第三季度	第四季度	全年
①期初现金余额					
②经营现金收入					
③可运用现金合计					
④经营现金支出					
采购直接材料					
支付直接人工					
支付制造费用					
支付管理及销售费用					
支付增值税及附加					
预缴所得税					
预分股利					
购置固定资产					
⑤现金支出合计					
⑥现金余额					
⑦资金筹措及运用					
取得短期借款					
偿还短期借款					
支付短期借款利息					
⑧期末现金余额					

附表6-10　　　　　　**常州鳝龘公司20×3年度利润表预算（简表）**　　　　　　单位：元

项目	金额
销售收入	
减：变动成本	
边际贡献	
减：固定成本	
固定性制造费用	
固定性管理及销售费用	
利润总额	
减：所得税费用	
净利润	

附表6-11　　　　　　**常州鳝龘公司20×3年度资产负债表预算（简表）**　　　　　单位：元

项目	年初余额	期末余额	项目	年初余额	期末余额
流动资产			流动负债		
货币资金	20 000		应付账款	10 000	
应收账款	40 000		流动负债合计	10 000	
存货	36 000		所有者权益		
原材料	16 000		实收资本	138 000	
产成品	20 000		资本公积	1 000	
流动资产合计	96 000		盈余公积	4 000	
非流动资产			未分配利润	25 000	
固定资产原价	100 000		所有者权益合计	168 000	
减：累计折旧	18 000				
固定资产净值	82 000				
资产总计	178 000		负债及所有者权益总计	178 000	

案例七

1.常州珔鍟（jìn shēng）公司仅生产和销售一种产品，单价1 200元/件。该公司预计20×3年各季度的销售量分别为800件、1 100件、1 500件和1 200件。合同规定的付款方式为：各季度的货款应于当季度支付60%，其余40%于下季度付讫。目前，客户尚欠常州珔鍟公司50万元的货款，预计将于20×3年第一季度付清。

要求：编制常州琏鍟公司20×3年度销售预算（见附表7-1）。

附表7-1　　　　　　　　　　**常州琏鍟公司20×3年度销售预算表**　　　　　　　　金额单位：元

项目	第一季度	第二季度	第三季度	第四季度	全年
预计销售量（件）					
预计单价（元/件）					
预计销售收入					
预计现金收入					
期初应收账款					
第一季度销售收现					
第二季度销售收现					
第三季度销售收现					
第四季度销售收现					
现金收入合计					
期末应收账款					

2.为保证供货的连续性，常州琏鍟公司预计预算期内各季度的期末产品库存量应达到下期销售量的20%。同时，从客户的长期合作关系来看，该公司预算年末的产品库存量应维持同年初相一致的水平，大约为200件左右，能够保证及时为客户供货。

要求：编制常州琏鍟公司20×3年度生产预算（见附表7-2）。

附表7-2　　　　　　　　　　**常州琏鍟公司20×3年度生产预算表**　　　　　　　　单位：件

项目	第一季度	第二季度	第三季度	第四季度	全年
预计销售量					
加：预计期末产品存货					
减：预计期初产品存货					
预计生产量					

3.常州琏鍟公司生产该备件主要使用一种合金材料。根据以往的加工经验，平均每件产品需用材料5千克。这种合金材料一直以每千克200元的价格向长期合作的供应商定购，并且双方约定，购货款在购货当季和下季各付一半。目前，该公司尚欠供应商货款400 000元，预计将于20×3年第一季度付清。为保证生产的连续性，该公司规定预算期内各期末的材料库存量应达到下期生产需要量的10%，同时，规定各年末的预计材料库存量应维持600千克左右。

要求：编制常州琏鍟公司20×3年度直接材料预算（见附表7-3）。

附表 7-3　　　　　　　　**常州琎锃公司 20×3 年度直接材料预算表**　　　　　　金额单位：元

项目	第一季度	第二季度	第三季度	第四季度	全年
预计生产量（件）					
单位产品材料用量（千克/件）					
预计生产需用量（千克）					
加：预计期末材料存货量（千克）					
预计需要量合计（千克）					
减：预计期初材料存货量（千克）					
预计材料采购量（千克）					
材料计划单价（元/千克）					
预计采购金额					
预计现金支出					
期初应付账款					
第一季度购料付现					
第二季度购料付现					
第三季度购料付现					
第四季度购料付现					
现金支出合计					
期末应付账款					

　　4.常州琎锃公司根据以往的加工经验，预计生产该备件每件大约需要7小时。依据公司与工人签订的劳动合同规定，每小时需要支付工人工资10元。

　　要求：编制常州琎锃公司 20×3 年度直接人工预算（见附表7-4）。

附表 7-4　　　　　　　　**常州琎锃公司 20×3 年度直接人工预算表**　　　　　　金额单位：元

项目	第一季度	第二季度	第三季度	第四季度	全年
预计生产量（件）					
单位产品工时（小时/件）					
人工总工时（小时）					
每小时人工成本					
人工总成本					

　　5.常州琎锃公司根据以往的生产经验，估计下年度可能会发生以下几项制造费用：辅助材料与水电费为变动费用，每工时的开支额分别为3元和2元；车间管理人员工资和设备折旧费为固定费用，估计每季度的开支总额分别为 10 000 元和 15 250 元；设备维护费为

混合成本，每季度要进行一次基本维护，费用约为15 000元，日常维护费用则与开工时数有关，每工时的维护费约为2元。预计发生的各项制造费用，除了折旧费外，其余均为付现费用，并且均在发生当期付现。

　　要求：编制常州琏鍠公司20×3年度制造费用预算（见附表7-5）。

附表7-5　　　　　　　　常州琏鍠公司20×3年度制造费用预算表　　　　　　　金额单位：元

项目	第一季度	第二季度	第三季度	第四季度	全年
变动制造费用					
人工总工时（小时）					
辅助材料（3元/小时）					
水电费（2元/小时）					
设备维护费（2元/小时）					
合　计					
固定制造费用					
管理人员工资					
设备折旧费					
设备维护费					
合　计					
预计现金支出					
变动制造费用合计					
固定制造费用合计					
减：设备折旧费					
现金支出额					

　　6.依据前述常州琏鍠公司的生产预算、材料采购预算、直接人工预算、制造费用预算等，编制该公司20×3年度单位生产成本预算（见附表7-6）。

附表7-6　　　常州琏鍠公司20×3年度产品成本预算表（计划产量：件）　　　金额单位：元

项目	单位用量	单位价格	单位成本
直接材料			
直接人工			
变动制造费用			
单位变动生产成本			
单位固定成本			
单位生产成本			
期末（产成品）存货预算	期末存货数量，单位生产成本		
	期末（产成品）存货成本		

7.常州琎锃公司预计20×3年度变动销售及管理费用包括销售佣金和运输费两项,分别占销售额的1%和0.5%;固定销售及管理费用包括管理人员工资和办公费两项,每季度开支额分别为6 000元和6 300元。预计发生的各项销售及管理费用均为付现费用,并且均在发生当期付现。

要求:编制常州琎锃公司20×3年度管理费用预算(见附表7-7)。

附表7-7 **常州琎锃公司20×3年度管理费用预算表** 单位:元

项目	第一季度	第二季度	第三季度	第四季度	全年
变动销售及管理费用					
预计销售收入					
销售佣金（1%）					
运输费（0.5%）					
合 计					
固定销售及管理费用					
管理人员工资					
办公费					
合 计					
现金支出额					

8.常州琎锃公司财务部门根据公司的经营特点和现金流转状况,确定公司的最佳现金持有量为10 000元。预计现金余缺不足10 000元时,通过变现有价证券及申请短期银行借款补足;预计现金余缺超过10 000元时,超出部分用于归还借款和购入有价证券。该公司估计20×3年年初有23 000元左右的有价证券储备。此外,该公司已同银行商定为期1年的信贷额度,公司随时可按6%的年利率向银行借款,借款为1 000元的整数倍。

除了日常经营活动所引起的各项现金收支外,该公司估计20×3年度还会发生如下现金支付业务:

(1)公司的一台专用机床必须在第一季度加以更新,预计需要支出购置及安装等费用共计130 000元;

(2)公司将于20×3年年初向股东派发20×2年度的现金股利20 000元;

(3)公司估计每季度需要缴纳所得税5 600元。

要求:编制常州琎锃公司20×3年度现金预算(见附表7-8)。

附表7-8 **常州琎锃公司20×3年度现金预算表** 单位:元

项目	第一季度	第二季度	第三季度	第四季度	全年
期初现金余额					
加:销售现金收入					
可供支配的现金合计					

项目	第一季度	第二季度	第三季度	第四季度	全年
经营性现金支出					
材料采购					
直接人工					
制造费用					
销售及管理费用					
所得税					
分配利润					
资本性现金支出					
现金支出合计					
现金余缺					
现金筹措与应用					
出售有价证券					
购入有价证券					
取得短期借款					
偿还短期借款					
短期借款利息					
期末现金余额					

9.以前述常州琟鍟公司的各项预算为资料来源，编制该公司20×3年度预计利润表（见附表7-9）。

附表7-9　　　　　**常州琟鍟公司20×3年度预计利润表（简表）**　　　　　单位：元

项目	金额
销售收入	
销售成本	
毛利	
销售及管理费用	
利息费用	
利润总额	
所得税	
净利润	

案例八

1.江苏鼟䶕（tēng dá）公司的信用政策是当季度收回货款60%，次季度收款40%，预算年度期初应收账款金额为22 000.00元。20×3年度甲产品销量和售价预测见附表8-1。

附表8-1　　　　　　　　江苏鼟䶕公司20×3年度销量和售价预测表

项目	第一季度	第二季度	第三季度	第四季度
预计销售量（件）	2 500	3 750	4 500	3 000
含税单价（元/件）	23.20	23.20	23.20	23.20

要求：计算并填列江苏鼟䶕公司20×3年度销售预算表（见附表8-2）的相关数据。

附表8-2　　　　　　　　江苏鼟䶕公司20×3年度销售预算表

项目	第一季度	第二季度	第三季度	第四季度	全年
预计销售量（件）	2 500	3 750	4 500	3 000	
含税单价（元/件）	23.20	23.20	23.20	23.20	
含税收入（元）					
期初应收账款（元）					
第一季度现金收入（元）					
第二季度现金收入（元）					
第三季度现金收入（元）					
第四季度现金收入（元）					
合计（元）					
期末应收账款（元）					

2.江苏鼟䶕公司预算年度期初、期末产成品存货分别为400件和450件。每季度期末存量为下季度销量的20%。

要求：计算并填列江苏鼟䶕公司20×3年度生产预算表（见附表8-3）的相关数据。

附表8-3　　　　　　　　江苏鼟䶕公司20×3年度生产预算表　　　　　　单位：件

项目	第一季度	第二季度	第三季度	第四季度	全年
预算销售量	2 500	3 750	4 500	3 000	
期末结存量					
期初结存量					
预计生产量					

3.江苏鼟䶕公司生产甲产品需要一种特殊材料，预算年度期初、期末该特殊材料存货分别为200千克和350千克，预算年度期初应付账款为45 000.00元。每季度期末存量为下季度生产用量的10%。预算定额为1.5千克/件，预算含税单价为11.60元/千克。该公司与

供货商协商的付款政策为当季度支付货款40%，次季度付款60%。

要求：计算并填列江苏蠽蠿公司20×3年度采购预算表（见附表8-4）的相关数据。

附表8-4　　　　　　　　　　江苏蠽蠿公司20×3年度采购预算表

项目	第一季度	第二季度	第三季度	第四季度	全年
预算生产用量（千克）					
期末结存量（千克）				350	
期初结存量（千克）	200				
预算采购量（千克）					
含税采购单价（元/千克）					
含税采购金额（元）	11.60	11.60	11.60	11.60	
期初应付账款（元）					
第一季度现金支出（元）					
第二季度现金支出（元）					
第三季度现金支出（元）					
第四季度现金支出（元）					
合计（元）					
期末应付账款（元）					

4.江苏蠽蠿公司根据生产经营需要，核定最低现金存量为200 000.00元，预算年度期初现金余额为210 000.00元。

要求：根据上述预算相关结果和本题资料，计算并填列江苏蠽蠿公司20×3年度简易现金收支预算表（见附表8-5）的相关数据。

附表8-5　　　　　　　　　江苏蠽蠿公司20×3年度简易现金收支预算表　　　　　　　　单位：元

项目	第一季度	第二季度	第三季度	第四季度
期初现金余额	210 000.00			
销售现金收入				
采购现金支出				
期末现金余额				

案例九

1.苏浙觿蠱（xī gǔ）公司A部门现拥有一项价值20 000元的固定资产，该项资产每年可获利3 000元。该公司的平均利润率为14%，A部门目前的投资报酬率为16%。该部门共占用资产425 000元，当年实现利润68 000元（暂不考虑税收因素）。

要求：（1）计算A部门放弃该项资产后的报酬率，并与放弃前比较；

（2）计算 A 部门放弃该项资产前后的剩余收益，并进行比较；

（3）判断 A 部门是否应该放弃该项资产。

2.苏浙觽蠱公司的信用政策是当季度收回货款 60%，次季度收款 40%，预算年度期初应收账款金额为 22 000.00 元。20×3 年度甲产品销量和售价预测见附表 9-1。

附表 9-1　　　　　　　　　苏浙觽蠱公司 20×3 年度销量和售价预测表

项目	第一季度	第二季度	第三季度	第四季度
预计销售量（件）	2 500	3 750	4 500	3 000
含税单价（元/件）	23.20	23.20	23.20	23.20

要求：计算并填列苏浙觽蠱公司 20×3 年度销售预算表（见附表 9-2）的相关数据。

附表 9-2　　　　　　　　　苏浙觽蠱公司 20×3 年度销售预算表

项目	第一季度	第二季度	第三季度	第四季度	全年
预计销售量（件）	2 500	3 750	4 500	3 000	
含税单价（元/件）	23.20	23.20	23.20	23.20	
含税收入（元）					
期初应收账款（元）					
第一季度现金收入（元）					
第二季度现金收入（元）					
第三季度现金收入（元）					
第四季度现金收入（元）					
合计（元）					
期末应收账款（元）					

3.苏浙觽蠱公司预算年度期初、期末产成品存货分别为 400 件和 450 件。每季度期末存量为下季度销量的 20%。

要求：计算并填列苏浙觽蠱公司 20×3 年度生产预算表（见附表 9-3）的相关数据。

附表 9-3　　　　　　　　　苏浙觽蠱公司 20×3 年度生产预算表　　　　　　单位：件

项目	第一季度	第二季度	第三季度	第四季度	全年
预算销售量	2 500	3 750	4 500	3 000	
期末结存量					
期初结存量					
预计生产量					

4.苏浙觿蠱公司生产甲产品需要一种特殊材料，预算年度期初、期末该特殊材料存货分别为200千克和350千克，预算年度期初应付账款为45 000.00元。每季度期末存量为下季度生产用量的10%。预算定额为1.5千克/件，预算含税单价为11.60元/千克。该公司与供货商协商的付款政策为当季度支付货款40%，次季度付款60%。

要求：计算并填列苏浙觿蠱公司20×3年度采购预算表（见附表9-4）的相关数据。

附表9-4　　　　　　　　苏浙觿蠱公司20×3年度采购预算表

项目	第一季度	第二季度	第三季度	第四季度	全年
预算生产用量（千克）					
期末结存量（千克）				350	
期初结存量（千克）	200				
预算采购量（千克）					
含税采购单价（元/千克）					
含税采购金额（元）	11.60	11.60	11.60	11.60	
期初应付账款（元）					
第一季度现金支出（元）					
第二季度现金支出（元）					
第三季度现金支出（元）					
第四季度现金支出（元）					
合计（元）					
期末应付账款（元）					

案例十

1.江苏翾龘（ké dá）公司根据预判的资金状况、客户信用、产品市场情况等，从20×5年第四季度开始执行新的收付款政策，具体的信用政策是销售和采购含税金额，当季度收付货款50%，次季度30%，再次季度20%，20×5年第四季度以前应收、应付款项已经结清，预算年度期初应收账款金额为800 000.00元。20×6年度甲产品销量和售价预测见附表10-1。

附表10-1　　　　　　　江苏翾龘公司20×6年度销量和售价预测表

项目	第一季度	第二季度	第三季度	第四季度
预计销售量（件）	2 000	3 500	4 500	3 000
含税单价（元/件）			80	

要求：计算并填列江苏翾龘公司20×6年度销售预算表（见附表10-2）的相关数据。

附表10-2　　　　　　　　　　江苏翙巃公司20×6年度销售预算表

项目	第一季度	第二季度	第三季度	第四季度	全年
预计销售量（件）	2 000	3 500	4 500	3 000	13 000
含税单价（元/件）			80		
含税收入（元）					
期初应收账款（元）					
第一季度现金收入（元）					
第二季度现金收入（元）					
第三季度现金收入（元）					
第四季度现金收入（元）					
合计（元）					
期末应收账款（元）					

2.江苏翙巃公司预算年度期初、期末产成品存货分别为600件和500件。每季度期末存量为下季度销量的10%。

要求：计算并填列江苏翙巃公司20×6年度生产预算表（见附表10-3）的相关数据。

附表10-3　　　　　　　　江苏翙巃公司20×6年度生产预算表　　　　　　　单位：件

项目	第一季度	第二季度	第三季度	第四季度	全年
预算销售量	2 000	3 500	4 500	3 000	13 000
期末结存量					
期初结存量					
预计生产量					

3.江苏翙巃公司生产甲产品需要一种特殊材料，预算年度期初、期末该特殊材料存货分别为800千克和750千克，预算年度期初应付账款为450 000.00元。每季度期末存量为下季度生产用量的10%。预算定额为1.5千克/件，预算含税单价为40元/千克。

要求：计算并填列江苏翙巃公司20×6年度采购预算表（见附表10-4）的相关数据。

附表10-4　　　　　　　　江苏翙巃公司20×6年度采购预算表

项目	第一季度	第二季度	第三季度	第四季度	全年
预算生产用量（千克）					
期末结存量（千克）				750	
期初结存量（千克）	800				
预算采购量（千克）					
含税采购单价（元/千克）			40		
含税采购金额（元）					
期初应付账款（元）					
第一季度现金支出（元）					
第二季度现金支出（元）					
第三季度现金支出（元）					
第四季度现金支出（元）					
合计（元）					
期末应付账款（元）					

4.江苏翙齺公司现有两条自动化生产线，全天生产以满足市场需求，每条生产线每班8小时生产需要10人。该公司实行计件工资制，每件产品的标准工时定额为20小时，每工时为15元。福利费及五险一金按照24.5%附加计提，工资全部付现，附加部分60%付现。

要求：编制江苏翙齺公司20×6年度人工预算（见附表10-5）。

附表10-5　　　　　　　　江苏翙齺公司20×6年度人工预算表

项目	第一季度	第二季度	第三季度	第四季度	全年
预算生产量（件）					
工时定额（小时/件）			20		
工时工资率（元/小时）			15		
直接工资（元）					
附加部分（元）					
支付现金（元）					

5.江苏翙齺公司根据生产经营需要，核定最低现金存量为500 000.00元，预算年度期初现金余额为510 000.00元。发生资金余缺时，通过银行短期授信免息借款解决，每次均为10 000元的倍数。该公司预算年度发生如下零星支出：

（1）每季度预缴所得税30 000元；

（2）每月支付管理人员薪金35 000元；

（3）每季度预付股利20 000元；

（4）每季度支付保险费15 000元；

（5）每月预付水电费2 000元；

（6）每季度支付差旅费10 000元；

（7）每季度支付广告费20 000元。

要求：根据上述预算相关结果和本题资料，计算并填列江苏翙齺公司20×6年度简易现金收支预算表（见附表10-6）的相关数据。

附表10-6　　　　　　江苏翙齺公司20×6年度现金收支预算表　　　　　　　　单位：元

项目	第一季度	第二季度	第三季度	第四季度	全年
期初现金余额	510 000.00				
销售现金收入					
可用现金总量					
现金支出项目					
采购现金支出					
人工现金支出					
预缴所得税					
支付管理人员薪金					
预付股利					
支付保险费					

续表

项目	第一季度	第二季度	第三季度	第四季度	全年
预付水电费					
支付差旅费					
支付广告费					
现金支出合计					
现金余缺					
短期借款					
还款					
现金余额					

案例十一

1.江苏叀矖（xīng shèng）公司为一家大型机床制造企业，公司根据预判的资金状况、客户信用、产品市场情况等，从20×5年第四季度开始执行新的收付款政策，具体的信用政策是销售和采购含税金额，当季度收付货款40%，次季度35%，再次季度25%，20×5年第四季度以前应收、应付款项已全部结清，预算年度期初应收账款金额为9 000 000元。该公司20×6年度铣床销量和售价预测见附表11-1。

附表11-1　　　　　　江苏叀矖公司20×6年度销量和售价预测表

项目	第一季度	第二季度	第三季度	第四季度
预计销售量（台）	600	800	900	700
含税单价（元/台）		100 000.00		

要求：计算并填列江苏叀矖公司20×6年度销售预算表（见附表11-2）的相关数据。

附表11-2　　　　　　江苏叀矖公司20×6年度铣床销售预算表

项目	第一季度	第二季度	第三季度	第四季度	全年
预计销售量（台）	600	800	900	700	3 000
含税单价（万元/台）		10.00			
含税收入（万元）					
期初应收账款（万元）					
第一季度现金收入（万元）					
第二季度现金收入（万元）					
第三季度现金收入（万元）					
第四季度现金收入（万元）					
合计（万元）					
期末应收账款（万元）					

2.江苏皇玺公司预算年度期初、期末产成品存货分别为50台和80台。每季度期末存量为下季度销量的10%。

要求：计算并填列江苏皇玺公司20×6年度生产预算表（见附表11-3）的相关数据。

附表11-3　　　　　　　　　江苏皇玺公司20×6年度生产预算表　　　　　　　　　　单位：台

项目	第一季度	第二季度	第三季度	第四季度	全年
预算销售量	600	800	900	700	3 000
期初结存量					
期末结存量					
预计生产量					

3.江苏皇玺公司生产铣床需要一种特殊材料，预算年度期初、期末该特殊材料存货分别为800千克和1 000千克，预算年度期初应付账款为4 500 000.00元。每季度期末存量为下季度生产用量的20%。预算定额为15千克/台，预算含税单价为5 000元/千克。

要求：计算并填列江苏皇玺公司20×6年度采购预算表（见附表11-4）的相关数据。

附表11-4　　　　　　　　　江苏皇玺公司20×6年度采购预算表

项目	第一季度	第二季度	第三季度	第四季度	全年
预算生产用量（千克）					
期初结存量（千克）					
期末结存量（千克）					
预算采购量（千克）					
含税采购单价（万元/千克）			0.50		
含税采购金额（万元）					
期初应付账款（万元）					
第一季度现金支出（万元）					
第二季度现金支出（万元）					
第三季度现金支出（万元）					
第四季度现金支出（万元）					
合计（万元）					
期末应付账款（万元）					

4.江苏皇玺公司现有两条自动化生产线，全天生产以满足市场需求，每条生产线每班8小时生产需要20人。该公司实行计件工资制，每台产品的标准工时定额为50工时，每工时为2 000元。福利费及五险一金按照24.5%附加计提，工资全部付现，附加部分50%付现。

要求：编制江苏垦垦公司20×6年度人工预算（见附表11-5）。

附表11-5　江苏垦垦公司20×6年度人工预算表

项目	第一季度	第二季度	第三季度	第四季度	全年
预算生产量（台）					
工时定额（小时/台）			50		
工时工资率（万元/小时）			0.20		
直接工资（万元）					
附加部分（万元）					
支付现金（万元）					

5.江苏垦垦公司根据生产经营需要，核定最低现金存量为8 000 000元，预算年度期初现金余额为8 100 000元。发生资金余缺时，通过银行短期授信免息借款解决，每次均为10 000元的倍数。该公司预算年度发生如下零星支出：

（1）预算年度预缴所得税1 200 000元；

（2）每月支付管理人员薪金150 000元；

（3）每季度预付股利200 000元；

（4）预算年度支付保险费600 000元；

（5）每季度预付水电费30 000元；

（6）每季度支付差旅费30 000元；

（7）预算年度支付广告费1 600 000元。

要求：根据上述预算相关结果和本题资料，计算并填列江苏垦垦公司20×6年度简易现金收支预算表（见附表11-6，以预算年度支付的，按照各季度平均分摊）。

附表11-6　江苏垦垦公司20×6年度现金收支预算表　　　　　　　　单位：万元

项目	第一季度	第二季度	第三季度	第四季度	全年
期初现金余额	810				
销售现金收入					
可用现金总量					
现金支出项目					
采购现金支出					
人工现金支出					
预缴所得税					
支付管理人员薪金					
预付股利					
支付保险费					

项目	第一季度	第二季度	第三季度	第四季度	全年
预付水电费					
支付差旅费					
支付广告费					
现金支出合计					
现金余缺					
短期借款					
还款					
现金余额					

案例十二：

龙城赑屃（yīng lì）集团是一家生产智能数控机床的高科技企业，产品国际市场占有率达45%。20×6年9月，在预算编制启动工作会议上，董事会提出要全面加强预算管理工作，扎实推进以"计划—预算—考核"一体化管理为核心的管理提升工作，坚决贯彻"以计划落实战略，以预算保障计划，以考核促进预算"的总体要求，实现业务与财务的深度融合。集团董事长提出：面对复杂多变的经济形势，"稳增长"是国有企业的重要责任之一。该公司编制20×7年度预算时，根据预算大纲的要求，整理得出部分相关资料，具体如下：

1. 该公司根据预判的企业资金状况、客户信用、产品市场供需情况等，从20×6年第四季度开始执行新的收付款政策，具体的信用政策是销售和采购含税金额，当季度收、付货款60%，次季度30%，再次季度10%，20×6年第四季度以前应收、应付款项已经结清。20×7年度期初应收账款金额为8 000 000元，期初应付账款金额为1 200 000元。

2. 该公司20×7年度计划销售情况见附表12-1。

附表12-1　　　　　　　　　龙城赑屃集团20×7年度销售信息表

项目	第一季度	第二季度	第三季度	第四季度	全年
预算销售量（台）	270	280	350	400	1 300
不含税价格（元/台）			300 000.00		
增值税税率			13%		

3. 为保证市场的连续性和有序安排生产，20×7年度智能数控机床期初结存30台，期末结存50台。预算期内各季度期末存量为下季度销售量的10%。

4. 该公司生产本产品需要一种稀有金属，预算定额为120千克/台，预算采购价格为1 500元/千克，增值税税率为10%。为保证生产的连续性和合理调度资金，建议该稀有金属期初和期末存量分别控制为300千克和250千克，预算期内各季度期末存量为下季度生产用量的10%。

5.该公司生产智能数控机床预算工时定额为50小时/台，每工时价格为1 200元/小时。为保障职工权益，增强职工幸福感和自豪感，公司要求按照直接工资的30%提取附加费用（含五险一金和综合福利，且全额付现）。

6.该公司根据生产经营需要，核定最低现金存量为6 500 000元，预算年度期初现金余额为6 500 100元。发生资金短缺时，通过银行短期授信免息借款解决，每次均为10 000元的倍数。为降低资金成本，该公司资金充裕时迅速还款。该公司20×7年度预计发生如下零星支出：

（1）每季度预缴所得税300 000元；

（2）每月支付管理人员薪金350 000元；

（3）每季度预付股利200 000元；

（4）每季度支付保险费150 000元；

（5）每月预付水电费200 000元；

（6）每月支付差旅费60 000元；

（7）每季度支付广告费500 000元。

要求：编制龙城赗罾集团20×7年度相关预算（见附表12-2至附表12-6）。

附表12-2　　　　　　　　　龙城赗罾集团20×7年度销售预算表

项目	第一季度	第二季度	第三季度	第四季度	全年
预计销售量（台）	270	280	350	400	1 300
含税单价（元/台）			330 000.00		
含税收入（元）					
期初应收账款（元）					
第一季度现金收入（元）					
第二季度现金收入（元）					
第三季度现金收入（元）					
第四季度现金收入（元）					
合计（元）					
期末应收账款（元）					

附表12-3　　　　　　　　龙城赗罾集团20×7年度产量预算表　　　　　　　　单位：台

项目	第一季度	第二季度	第三季度	第四季度	全年
预算销售量	270	280	350	400	1 300
预计生产量					
期初结存量					
期末结存量					

附表12-4　　　　　　　　　　　　龙城赑罾集团20×7年度采购预算表

项目	第一季度	第二季度	第三季度	第四季度	全年
预算生产需要量（千克）					
期末结存量（千克）					
期初结存量（千克）					
预算采购量（千克）					
含税采购单价（元/千克）			1 650		
含税采购金额（元）					
期初应付账款（元）					
第一季度现金支出（元）					
第二季度现金支出（元）					
第三季度现金支出（元）					
第四季度现金支出（元）					
合计（元）					
期末应付账款（元）					

附表12-5　　　　　　　　　　　龙城赑罾集团20×7年度直接人工预算表　　　　　　金额单位：元

项目	第一季度	第二季度	第三季度	第四季度	全年
预计生产量（台）					
工时定额（小时/台）			50		
直接人工工时（小时）					
工时价格（元/小时）			1 200		
预计直接工资					
附加费率（%）			30		
预计间接费用					
人工成本现金支出					

附表12-6　　　　　　　　　　　　龙城赑罾集团20×7年度现金收支预算表　　　　　　单位：元

项目	第一季度	第二季度	第三季度	第四季度	全年
期初现金余额	6 500 100.00		6 500 000.00		
销售现金收入					
可用现金总量					

项目	第一季度	第二季度	第三季度	第四季度	全年
现金支出项目					
采购现金支出					
人工现金支出					
预缴所得税					
支付管理人员薪金					
预付股利					
支付保险费					
预付水电费					
支付差旅费					
支付广告费					
现金支出合计					
现金余缺					
短期借款					
还款					
现金余额		6 500 000.00			

案例十三

常州缒龘（shéng dá）集团是一家生产超能汽车发动机的高科技企业，该公司预算编制采用定期预算法。20×6年9月，该公司正式启动20×7年度预算编制工作，为扩大产品市场份额，维护与供应商的关系，适时调整信用政策。该公司根据预判的企业资金状况、客户信用、产品市场供需情况等，从20×6年第四季度开始执行新的收付款政策，具体的信用政策是销售和采购含税金额，当季度收、付货款40%，次季度35%，再次季度25%，20×6年第四季度以前应收、应付款项已经结清。20×7年度期初应收账款金额为6 000 000元，期初应付账款金额为9 000 000元。为确保预算的精准性，该公司根据20×7年度预算大纲和经营计划，收集以下编制预算的基本信息：

1.根据20×7年度超能汽车发动机的市场预测情况，收集销售信息见附表13-1。

附表13-1　　　　　　**常州缒龘集团20×7年度销量和售价预测表**

项目	第一季度	第二季度	第三季度	第四季度	全年
预计销售量（台）	2 500	3 250	4 500	3 150	13 400
含税单价（元/台）			500 000.00		

2.为保证市场的连续性和有序安排生产，20×7年度超能汽车发动机期初结存300台，期末结存450台。

3.预算期内各季度期末存量为下季度销售量的10%。

4.该公司生产本产品需要一种特殊超导材料，预算定额为40千克/台，预算采购价格为4 500元/千克，增值税税率为10%。为保证生产的连续性和合理调度资金，建议该特殊超导材料期初和期末存量分别控制为200千克和350千克，预算期内各季度期末存量为下季度生产用量的10%。

5.该公司生产超能汽车发动机预算工时定额为40小时/台，每工时价格为2 500元/小时。为保障职工权益，增强职工幸福感和自豪感，公司要求按照直接工资的30%提取附加费用（含五险一金和综合福利，且全额付现）。

6.该公司根据生产经营需要，核定最低现金存量为5 500 000.00元，预算年度期初现金余额为5 500 100.00元。发生资金短缺时，通过银行短期授信免息借款解决，每次均为10 000元的倍数。为降低资金成本，该公司资金充裕时迅速还款。该公司20×7年度预计发生如下零星支出：

（1）每季度预缴所得税500 000元；

（2）每月支付管理人员薪金150 000元；

（3）每季度预付股利100 000元；

（4）每季度支付保险费50 000元；

（5）每月预付水电费15 000元；

（6）每月支付差旅费20 000元；

（7）每季度支付广告费50 000元。

要求：编制常州缦矗集团20×7年度相关预算（见附表13-2至附表13-6）。

附表13-2　　　　　　　　　　　**常州缦矗集团20×7年度销售预算表**

项目	第一季度	第二季度	第三季度	第四季度	全年
预计销售量（台）	2 500	3 250	4 500	3 150	13 400
含税单价（元/台）			500 000.00		
含税收入（元）					
期初应收账款（元）					
第一季度现金收入（元）					
第二季度现金收入（元）					
第三季度现金收入（元）					
第四季度现金收入（元）					
合计（元）					
期末应收账款（元）					

附表 13-3　　　　　　　　　**常州缇矗集团 20×7 年度产量预算表**　　　　　　　　单位：台

项目	第一季度	第二季度	第三季度	第四季度	全年
预算销售量	2 500	3 250	4 500	3 150	13 400
预计生产量					
期初结存量					
期末结存量					

附表 13-4　　　　　　　　　**常州缇矗集团 20×7 年度采购预算表**

项目	第一季度	第二季度	第三季度	第四季度	全年
预算生产需要量（千克）					
期末结存量（千克）					
期初结存量（千克）					
预算采购量（千克）					
含税采购单价（元/千克）			4 950		
含税采购金额（元）					
期初应付账款（元）					
第一季度现金支出（元）					
第二季度现金支出（元）					
第三季度现金支出（元）					
第四季度现金支出（元）					
合计（元）					
期末应付账款（元）					

附表 13-5　　　　　　　　　**常州缇矗集团 20×7 年度直接人工预算表**　　　　　　金额单位：元

项目	第一季度	第二季度	第三季度	第四季度	全年
预计生产量（台）					
工时定额（小时/台）			40		
直接人工工时（小时）					
工时价格（元/小时）			2 500		
预计直接工资					
附加费率（%）			30		
预计间接费用					
人工成本现金支出					

附表 13-6　　　　　　　　　**常州绳龘集团 20×7 年度现金收支预算表**　　　　　　　　单位：元

项目	第一季度	第二季度	第三季度	第四季度	全年
期初现金余额	5 500 100.00		5 501 100.00		
销售现金收入					
可用现金总量					
现金支出项目					
采购现金支出					
人工现金支出					
预缴所得税					
支付管理人员薪金					
预付股利					
支付保险费					
预付水电费					
支付差旅费					
支付广告费					
现金支出合计					
现金余缺					
短期借款					
还款					
现金余额		5 501 100.00			

案例十四

无锡鼟�габ（tēng dá）公司编制预算的基础数据如下：20×2 年 12 月 31 日，相关账户余额为：应收账款 120 000 元；应付账款 40 000 元；货币资金 150 000 元；短期借款 60 000 元，年利率 8%，季末付息；长期借款 90 000 元，年利率 10%，年末支付利息。

1.无锡鼟夻公司 20×3 年各季度甲产品预计销售量分别为 1 000 件、2 000 件、1 500 件、2 500 件，销售价格为每件 400 元，货款于当季度收回 70%，另外 30% 于下一季度收回，增值税税率为 13%。

要求：编制无锡鼟夻公司 20×3 年度销售预算（见附表 14-1）。

附表 14-1　　　　　　　　　　**无锡鼟夻公司 20×3 年度销售预算表**　　　　　　　金额单位：元

项目	第一季度	第二季度	第三季度	第四季度	全年
销售单价（元/件）					
预计销售量（件）					
预计销售收入					

续表

项目	第一季度	第二季度	第三季度	第四季度	全年
应交增值税（销项）					
含税销售收入					
期初应收账款					
第一季度经营现金收入					
第二季度经营现金收入					
第三季度经营现金收入					
第四季度经营现金收入					
经营现金收入合计					
期末应收账款					

2.无锡蟿畲公司20×2年年末产成品存货量为100件，预计20×3年年末存货量为80件，其他各季度期末存货量均按下季度销售量的10%计算，单位变动生产成本为280元。

要求：编制无锡蟿畲公司20×3年度生产预算（见附表14-2）。

附表14-2　　　　　　　　**无锡蟿畲公司20×3年度生产预算表**　　　　　　　　单位：件

项目	第一季度	第二季度	第三季度	第四季度	全年
预计销售量					
加：预计期末存货量					
减：期初存货量					
预计生产量					

3.无锡蟿畲公司20×3年预计材料消耗定额及单价分别为15千克和15元，预计材料存货付款方式如下：20×2年年末材料存货量为300千克，预计20×3年各季度库存量均为下季度生产耗用量的20%，20×3年年末材料存货量预计为400千克。每季度购买材料只需支付60%的现金，余款下季度付清，增值税税率为13%。

要求：编制无锡蟿畲公司20×3年度直接材料预算（见附表14-3）。

附表14-3　　　　　　　　**无锡蟿畲公司20×3年度直接材料预算表**　　　　　　金额单位：元

项目	第一季度	第二季度	第三季度	第四季度	全年
材料采购单价（元/千克）					
产品生产量（件）					
产品耗用定额（千克/件）					
材料总耗用量（千克）					
期末材料存量（千克）					

项目	第一季度	第二季度	第三季度	第四季度	全年
期初材料存量（千克）					
本期采购量（千克）					
材料采购成本					
应交增值税（进项）					
含税采购成本					
期初应付账款					
第一季度采购现金支出					
第二季度采购现金支出					
第三季度采购现金支出					
第四季度采购现金支出					
现金支出合计					
期末应付账款					

4.无锡鼙盍公司20×3年预计直接人工工时定额及工资率分别为5小时和9元，当期工资全部当期支付；按照工资的14%计提福利费并按照90%付现。

要求：编制无锡鼙盍公司20×3年度直接人工预算（见附表14-4）。

表14-4　　　　　**无锡鼙盍公司20×3年度直接人工预算表**　　　　金额单位：元

项目	第一季度	第二季度	第三季度	第四季度	全年
单位工时工资率（元/小时）					
单位产品工时定额（小时/件）					
预计生产量（件）					
直接人工工时总数（小时）					
预计直接工资					
其他直接费用					
直接人工成本合计					
单位工时直接人工成本					
预计福利费现金支出					
直接人工成本现金支出合计					

5.无锡鼙盍公司20×3年度制造费用分为两个部分：全年变动性制造费用分配率为单位工时5元；每季度固定性制造费用为20 000元，其中，固定资产折旧为4 000元，其余

均为各季度均衡发生的付现成本。

要求：编制无锡鳌畲公司20×3年度制造费用预算（见附表14-5）。

附表14-5　　　　　　　　**无锡鳌畲公司20×3年度制造费用预算表**　　　　　金额单位：元

项目	第一季度	第二季度	第三季度	第四季度	全年
变动性制造费用分配率（元/小时）					
直接人工工时（小时）					
变动性制造费用					
固定性制造费用					
制造费用合计					
折旧费					
现金支出合计					

6. 根据上述预算资料，编制无锡鳌畲公司20×3年度成本预算（年末产成品存货按加权平均法计价）（见附表14-6）。

附表14-6　　　　　**无锡鳌畲公司20×3年度产品成本预算表（计划产量：6 980件）**　　　金额单位：元

项目	单价	单位用量	单位成本	总成本
直接材料				
直接人工				
变动性制造费用				
合　计				
加：产成品期初余额				
减：产成品期末余额				
预计产品销售成本				

7. 无锡鳌畲公司20×3年度预计销售及管理费用（全部为固定费用）全年合计为600 000元，其中，销售人员工资60 000元，广告费200 000元，包装运输费60 000元，保管费50 000元，管理人员工资120 000元，保险费15 000元，办公费45 000元，折旧费50 000元，各季度均匀支出。

要求：编制无锡鳌畲公司20×3年度管理费用预算（见附表14-7）。

附表14-7　　　　　　　**无锡鳌畲公司20×3年度管理费用预算表**　　　　　　单位：元

项目	金额
管理人员工资	
销售人员工资	

续表

项目	金额
办公费	
广告费	
包装运输费	
保险费	
保管费	
折旧费	
合 计	
现金支出	

平均每季度支付现金数额＝

8.无锡鼗盒公司20×3年度预计其他零星现金支出如下：每季度预缴所得税5 000元，预分股利2 000元；第四季度购置设备一台，价值30 000元；各季度现金余缺可通过归还短期借款、取得短期借款解决。第一季度期初向银行借款30 000元，第二季度期初向银行借款20 000元，借款年利率10％，季末付息。该企业最低现金余额要求保持为30 000元。

要求：编制无锡鼗盒公司20×3年度其他零星预算（见附表14-8）。

附表14-8   **无锡鼗盒公司20×3年度其他零星预算表**   单位：元

项目	第一季度	第二季度	第三季度	第四季度	全年
增值税销项税额					
增值税进项税额					
应交增值税					
税金及附加（10％）					
预缴所得税					
预分股利					
购置设备					
取得短期借款					
支付短期借款利息					
支付长期借款利息					
现金支出合计					

9.根据以上预算资料，编制无锡鼕畲公司20×3年度现金预算（见附表14-9）。

附表14-9　　　　　　　　　　**无锡鼕畲公司20×3年度现金预算表**　　　　　　　单位：元

项目	第一季度	第二季度	第三季度	第四季度	全年
①期初现金余额					
②经营现金收入					
③可运用现金合计					
④经营现金支出					
采购直接材料					
支付直接人工					
支付制造费用					
支付管理及销售费用					
支付增值税及附加					
预缴所得税					
预分股利					
购置固定资产					
⑤现金支出合计					
⑥现金余额					
⑦资金筹措及运用					
取得短期借款					
支付短期借款利息					
支付长期借款利息					
⑧期末现金余额					

案例十五

南通礜頫（qín fù）公司编制预算的基础数据如下：20×2年12月31日，相关账户余额为：应收账款186 000元；应付账款28 800元；货币资金50 000元；短期借款20 000元，年利率8%，季末付息；长期借款60 000元，年利率10%，年末支付利息。

1.南通礜頫公司20×3年各季度甲产品预计销售量分别为2 800件、3 500件、4 200件、3 500件，销售价格为208元/件，货款于当季度收回60%，另外40%于下一季度收回，增值税税率为13%。

要求：编制南通礜頫公司20×3年度销售预算（见附表15-1）。

附表15-1　　　　　　　　　南通謩頪公司20×3年度销售预算表　　　　　　　金额单位：元

项目	第一季度	第二季度	第三季度	第四季度	全年
销售单价（元/件）					
预计销售量（件）					
预计销售收入					
应交增值税（销项）					
含税销售收入					
期初应收账款					
第一季度经营现金收入					
第二季度经营现金收入					
第三季度经营现金收入					
第四季度经营现金收入					
经营现金收入合计					
期末应收账款					

2. 南通謩頪公司20×2年年末产成品存货量为160件，预计20×3年年末存货量为240件，其他各季度期末存货量均按下季度销售量的10%计算，单位变动生产成本为115元。

要求：编制南通謩頪公司20×3年度生产预算（见附表15-2）。

附表15-2　　　　　　　　南通謩頪公司20×3年度生产预算表　　　　　　　　单位：件

项目	第一季度	第二季度	第三季度	第四季度	全年
预计销售量					
加：预计期末存货量					
减：期初存货量					
预计生产量					

3. 南通謩頪公司20×3年预计材料消耗定额及单价分别为6千克和10元，预计材料存货付款方式如下：20×2年年末材料存货量为1 500千克，预计20×3年各季度库存量均为下季度生产耗用量的20%，20×3年年末材料存货量预计为1 800千克。每季度购买材料只需支付70%的现金，余款下季度付清，增值税税率为13%。

要求：编制南通謩頪公司20×3年度直接材料预算（见附表15-3）。

附表15-3　　　　　　　南通謩頪公司20×3年度直接材料预算表　　　　　　金额单位：元

项目	第一季度	第二季度	第三季度	第四季度	全年
材料采购单价（元/千克）					
产品生产量（件）					
产品耗用定额（千克/件）					

项目	第一季度	第二季度	第三季度	第四季度	全年
材料总耗用量（千克）					
期末材料存量（千克）					
期初材料存量（千克）					
本期采购量（千克）					
材料采购成本					
应交增值税（进项）					
含税采购成本					
期初应付账款					
第一季度采购现金支出					
第二季度采购现金支出					
第三季度采购现金支出					
第四季度采购现金支出					
现金支出合计					
期末应付账款					

4.南通誉頻公司20×3年预计直接人工工时定额及工资率分别为5小时和6元，当期工资全部当期支付；按照工资的14%计提福利费并按照80%付现。

要求：编制南通誉頻公司20×3年度直接人工预算（见附表15-4）。

附表15-4　　　　　**南通誉頻公司20×3年度直接人工预算表**　　　　　金额单位：元

项目	第一季度	第二季度	第三季度	第四季度	全年
单位工时工资率（元/小时）					
单位产品工时定额（小时/件）					
预计生产量（件）					
直接人工工时总数（小时）					
预计直接工资					
其他直接费用					
直接人工成本合计					
单位工时直接人工成本					
预计福利费现金支出					
直接人工成本现金支出合计					

5.南通謷頻公司20×3年度制造费用分为两个部分：全年变动性制造费用分配率为单位工时2元；每季度固定性制造费用为20 000元，其中，固定资产折旧为4 000元，其余均为各季度均衡发生的付现成本。

要求：编制南通謷頻公司20×3年度制造费用预算（见附表15-5）。

附表15-5　　　　　　　**南通謷頻公司20×3年度制造费用预算表**　　　　金额单位：元

项目	第一季度	第二季度	第三季度	第四季度	全年
变动性制造费用分配率（元/小时）					
直接人工工时（小时）					
变动性制造费用					
固定性制造费用					
制造费用合计					
折旧费					
现金支出合计					

6.根据以上预算资料，编制南通謷頻公司20×3年度成本预算（年末产成品存货按加权平均法计价）（见附表15-6）。

附表15-6　　　**南通謷頻公司20×3年度产品成本预算表（计划产量：件）**　　　金额单位：元

项目	单价	单位用量	单位成本	总成本
直接材料				
直接人工				
变动性制造费用				
合　计				
加：产成品期初余额				
减：产成品期末余额				
预计产品销售成本				

7.南通謷頻公司20×3年度预计销售及管理费用（全部为固定费用）全年合计为500 000元，其中，销售人员工资50 000元，广告费150 000元，包装运输费40 000元，保管费30 000元，管理人员工资100 000元，保险费20 000元，办公费60 000元，折旧费50 000元，各季度均匀支出。

要求：编制南通謷頻公司20×3年度管理费用预算（见附表15-7）。

附表15-7 　　　　　　　　南通簪頪公司20×3年度管理费用预算表 　　　　　　　单位：元

项目	金额
管理人员工资	
销售人员工资	
办公费	
广告费	
包装运输费	
保险费	
保管费	
折旧费	
合 计	
现金支出	

平均每季度支付现金数额=

8.南通簪頪公司20×3年度预计其他零星现金支出如下：每季度预缴所得税10 000元，预分股利20 000元；第四季度购置设备一台，价值60 000元；各季度现金余缺可通过归还短期借款、取得短期借款解决。第一季度期初向银行借款20 000元，第二季度期初向银行借款30 000元，借款年利率10%，季末付息。该企业最低现金余额要求保持为20 000元。

要求：编制南通簪頪公司20×3年度其他零星预算（见附表15-8）。

附表15-8 　　　　　　　　南通簪頪公司20×3年度其他零星预算表 　　　　　　　单位：元

项目	第一季度	第二季度	第三季度	第四季度	全年
增值税销项税额					
增值税进项税额					
应交增值税					
税金及附加（10%）					
预缴所得税					
预分股利					
购置设备					
取得短期借款					
支付短期借款利息					
支付长期借款利息					
现金支出合计					

9.根据以上预算资料，编制南通謇頫公司20×3年度现金预算（见附表15-9）。

附表15-9　　　　　　　　**南通謇頫公司20×3年度现金预算表**　　　　　　　单位：元

项目	第一季度	第二季度	第三季度	第四季度	全年
①期初现金余额					
②经营现金收入					
③可运用现金合计					
④经营现金支出					
采购直接材料					
支付直接人工					
支付制造费用					
支付管理及销售费用					
支付增值税及附加					
预缴所得税					
预分股利					
购置固定资产					
⑤现金支出合计					
⑥现金余额					
⑦资金筹措及运用					
取得短期借款					
支付短期借款利息					
支付长期借款利息					
⑧期末现金余额					

案例十六

1.江苏塱糴（shèng kuàng）公司20×3年预计产销W产品1 000件。该产品成本、费用资料如下：单位变动制造成本为120元，其中直接材料成本70元、直接人工成本40元、变动制造费用10元；固定制造费用总额为30 000元；单位产品变动期间费用为5元，固定期间费用总额为20 000元，W产品销售单价为200元/件。

要求：采用固定预算法编制W产品成本预算表和W产品利润预算表（见附表16-1和附表16-2）。

附表16-1　　　　　　　　**江苏曌麓公司20×3年度W产品成本预算表**　　　　　金额单位：元

项目	总成本	单位成本
W产品产量（件）		
1.直接材料		
2.直接人工		
3.制造费用		
①变动费用		
②固定费用		
合　计		

附表16-2　　　　　　　　**江苏曌麓公司20×3年度W产品利润预算表**　　　　　　　单位：元

项目	单位产品	20×3年度
（1）W产品销售收入		
（2）W产品成本		
（3）期间费用		
①变动期间费用		
②固定期间费用		
（4）W产品利润		

2.江苏曌麓公司生产经营A产品和B产品。预计20×3年A产品实现销售额120万元，B产品实现销售额180万元，两种产品的边际贡献率分别为30%和50%，固定成本总额为50万元。

要求：采用量本利分析法对该公司20×3年产品销售利润进行测算。

3.江苏曌麓公司20×3年度销售收入、应收账款和产品产量预算基础资料见附表16-3。

附表16-3　　　　　**20×3年度销售收入、应收账款和产品产量预算基础资料表**

产品名称	销售数量	不含税销售单价	增值税税率	产品客户名称	应收账款期初余额	预算期初产品库存	预算期末产品库存	期初库存产品单位成本
A产品	200吨	2万元/吨	13%	无名公司	30万元	10吨	12吨	14 602元/吨
B产品	300吨	1万元/吨	13%	有名公司	20万元	15吨	10吨	7 834元/吨

收款政策：每种产品供应一个客户，当年货款收回现金90%，其余10%下一年度收回

要求：根据上述资料，编制江苏曌麓公司20×3年度销售收入预算、应收账款预算和产品产量预算（见附表16-4至附表16-6）。

附表16-4　　　　　　　江苏曌燨公司20×3年度销售收入预算表　　　　　　　　金额单位：元

产品名称	计量单位	20×3年度预算			20×3年度预算（含税）		
		数量	单价	金额	税率	增值税	含税收入
A产品	吨						
B产品	吨						
合　计	—	—					

附表16-5　　　　　　　江苏曌燨公司20×3年度应收账款预算表　　　　　　　　单位：元

客户名称	产品名称	20×3年度预算			
		期初余额	本期应收	本期收现	期末余额
无名公司	A产品				
有名公司	B产品				
合　计					

附表16-6　　　　　　　江苏曌燨公司20×3年度产品产量预算表

产品名称	计量单位	20×3年度预算			
		期初库存	本期生产	本期销售	期末库存
A产品	吨				
B产品	吨				

4.江苏曌燨公司20×3年度相关预算基础资料见附表16-7至附表16-9。

附表16-7　　　　　　江苏曌燨公司20×3年度直接材料预算基础资料表

材料名称	计量单位	单位产品材料消耗定额		不含税计划单价（元/吨）
		A产品	B产品	
E材料	吨	2.0	0.5	4 000
F材料	吨	0.1	2.0	1 800

附表16-8　　　　　　江苏曌燨公司20×3年度材料存货预算基础资料表

序号	材料名称	计量单位	期初材料库存数量	期末材料库存数量	不含税计划单价	增值税税率
1	E材料	吨	50	45	4 000元/吨	13%
2	F材料	吨	60	55	1 800元/吨	13%

附表16-9　　　　　　20×3年度应付账款预算基础资料表

供应商	物资名称	付款政策	应付账款期初余额
海诺公司	E材料	当年采购货款，当年支付95%，剩余5%下一年度支付	120 000元
浩信公司	F材料	当年采购货款，当年支付90%，剩余10%下一年度支付	100 000元

要求：根据上述附表16-3至附表16-9预算资料，编制江苏曌麓公司20×3年度直接材料预算、材料存货预算、采购预算、应付账款预算（见附表16-10至附表16-13）。

附表16-10　　　　　**江苏曌麓公司20×3年度直接材料预算表**　　　　金额单位：元

材料名称	计量单位	计划单价	A产品 产量：吨			B产品 产量：吨			合计	
			单耗	总耗量	金额	单耗	总耗量	金额	总耗量	金额
E材料	吨									
F材料	吨									
合计	—	—	—	—		—	—		—	

附表16-11　　　　　**江苏曌麓公司20×3年度材料存货预算表**　　　　金额单位：元

材料名称	计量单位	计划单价	期初库存		20×3年度入库		20×3年度出库		期末库存	
			数量	成本	数量	成本	数量	成本	数量	成本
E材料	吨									
F材料	吨									
合计										

附表16-12　　　　　**江苏曌麓公司20×3年度采购预算表**　　　　金额单位：元

材料名称	计量单位	材料采购			增值税税率	材料增值税额	材料含税金额
		数量	计划单价	不含税金额			
E材料	吨						
F材料	吨						
合计	—	—	—				

附表16-13　　　　　**江苏曌麓公司20×3年度应付账款预算表**　　　　单位：元

序号	供应商名称	业务内容	20×3年度预算			
			期初余额	本期应付款	本期支付款	期末余额
1	海诺公司	E材料				
2	浩信公司	F材料				
3	合计	—				

5.江苏曌麓公司20×3年度职工薪酬预算基础资料见附表16-14。

附表16-14　　　　　　　**江苏望燧公司20×3年度职工薪酬预算基础资料表**

项目	工资总额（元）	预算编制要求
1.生产工人工资	1 162 000	
①A产品	808 000	
②B产品	354 000	
2.制造费用中列支的工资	160 000	
①甲车间	100 000	（1）职工福利费等薪酬费用按工资总额20%
②乙车间	60 000	计提；
3.销售费用中列支的工资	115 000	（2）职工薪酬现金支付政策为：工资总额全
①销售人员	87 500	额付现，其他薪酬现金支付80%
②管理人员	27 500	
4.管理费用中列支的工资	102 000	
5.合计	1 539 000	

要求：根据上述附表16-14预算资料，编制江苏望燧公司20×3年度职工薪酬预算（见附表16-15）。

附表16-15　　　　　　　**江苏望燧公司20×3年度职工薪酬预算表**　　　　　　　单位：元

项目	工资总额	福利费等计提	薪酬总额	非付现项目	付现项目
1.生产工人工资					
①A产品					
②B产品					
2.制造费用中列支的工资					
①甲车间					
②乙车间					
3.销售费用中列支的工资					
①销售人员					
②管理人员					
4.管理费用中列支的工资					
5.合计					

6.江苏望燧公司20×3年度应交税费预算基础资料见附表16-16。

附表 16-16　　　　　江苏曌爐公司20×3年度应交税费预算基础资料表

项目	课税对象	计量单位	计税依据	税费（率）	期初余额	期末余额
一、流转税费	—	元	—	—	110 000	132 000
1.增值税	购销业务	元	—	—	100 000	120 000
（1）销项增值税	销售额	元	7 000 000	13%	200 000	240 000
（2）进项增值税	采购额	元	3 275 360	13%	100 000	120 000
2.城市维护建设税	应交增值税	元	633 188.80	7%	7 000	8 400
3.教育费附加	应交增值税	元	633 188.80	3%	3 000	3 600
二、所得税费用	—	元	—	—	40 000	50 000
所得税	应税利润	元	713 381.12	25%	40 000	50 000
三、管理税费	—	元	—	—	0	0
1.房产税	房产余值	元	2 375 000	1.20%	0	0
2.印花税	购销合同	元	7 000 000	0.03%	0	0
四、应交税费	—	元	—	—	150 000	182 000

要求：根据上述附表16-16预算资料，编制江苏曌爐公司20×3年度应交税费预算（见附表16-17）。

附表 16-17　　　　　江苏曌爐公司20×3年度应交税费预算表　　　　　金额单位：元

项目	课税对象	计税依据	税费（率）	期初余额	本期增加	本期减少	期末余额
一、流转税费	—						
1.增值税	购销业务	—	—				
（1）销项增值税	销售额						
（2）进项增值税	采购额						
2.城市维护建设税	应交增值税						
3.教育费附加	应交增值税						
二、所得税费用							
所得税	应税利润						
三、管理税费	—						
1.房产税	房产余值						
2.印花税	购销合同						
四、应交税费							

案例十七

1.江苏磊觿（huà xī）公司20×2年B产品产销量为10 000件，该产品成本、费用资料如下：单位变动制造成本为200元，其中直接材料成本140元、直接人工成本40元、变动制造费用20元；固定制造费用总额为30万元。20×3年预计B产品产销量比20×2年增加20%、直接材料成本降低10%、直接人工成本增加15%、变动制造费用降低20%，固定制造费用总额节约6万元。

要求：采用增量预算法编制20×3年度B产品制造成本预算表（见附表17-1）。

附表17-1　　　　　江苏磊觿公司20×3年度B产品制造成本预算表　　　　金额单位：元

项目	20×2年度实际发生额		20×3年度预计增减			20×3年度预算指标	
	单位成本	总成本	增减百分比	单位产品增减额	总增减额	单位成本	总成本
B产品产量（件）	—		—			—	
1.直接材料					—		
2.直接人工					—		
3.制造费用					—		
①变动费用					—		
②固定费用			—	—			
合 计			—	—	—		

2.江苏磊觿公司向甲公司投资600万元，控股60%；向乙公司投资910万元，控股70%；对甲、乙公司实行分权型管理模式。假定20×3年甲、乙公司的资本报酬率分别为18%和15%，甲、乙公司的企业所得税税率均为25%。

要求：根据上述资料，分别测算20×3年甲、乙公司的净利润目标和利润总额目标。

3.江苏磊觿公司20×3年度销售收入、应收账款和产品产量预算基础资料见附表17-2。

附表17-2　　　　20×3年度销售收入、应收账款和产品产量预算基础资料表

产品名称	销售数量	不含税销售单价	增值税税率	产品客户名称	应收账款期初余额	预算期初产品库存	预算期末产品库存	期初库存产品单位成本
A产品	200吨	2万元/吨	13%	无名公司	30万元	10吨	12吨	14 602元/吨
B产品	300吨	1万元/吨	13%	有名公司	20万元	15吨	10吨	7 834元/吨

收款政策：每种产品供应一个客户，当年货款收回现金90%，其余10%下一年度收回

要求：根据上述附表17-2预算资料，编制江苏磊觿公司20×3年度销售收入预算、应收账款预算和产品产量预算（见附表17-3至附表17-5）。

附表 17-3　　　　　　　　**江苏磊龘公司 20×3 年度销售收入预算表**　　　　　金额单位：元

产品名称	计量单位	20×3 年度预算			20×3 年度预算（含税）		
		数量	单价	金额	税率	增值税	含税收入
A产品	吨						
B产品	吨						
合　计	—	—	—	—			

附表 17-4　　　　　　　　**江苏磊龘公司 20×3 年度应收账款预算表**　　　　　单位：元

客户名称	产品名称	20×3 年度预算			
		期初余额	本期应收	本期收现	期末余额
无名公司	A产品				
有名公司	B产品				
合　计					

附表 17-5　　　　　　　　**江苏磊龘公司 20×3 年度产品产量预算表**

产品名称	计量单位	20×3 年度预算			
		期初库存	本期生产	本期销售	期末库存
A产品	吨				
B产品	吨				

4. 江苏磊龘公司 20×3 年度相关预算基础资料见附表 17-6 至附表 17-8。

附表 17-6　　　　　　　　**江苏磊龘公司 20×3 年度直接材料预算基础资料表**

材料名称	计量单位	单位产品材料消耗定额		不含税计划单价（元/吨）
		A产品	B产品	
E材料	吨	2.0	0.5	4 000
F材料	吨	0.1	2.0	1 800

附表 17-7　　　　　　　　**江苏磊龘公司 20×3 年度材料存货预算基础资料表**

序号	材料名称	计量单位	期初材料库存数量	期末材料库存数量	不含税计划单价	增值税税率
1	E材料	吨	50	45	4 000 元/吨	13%
2	F材料	吨	60	55	1 800 元/吨	13%

附表 17-8　　　　　　　　**20×3 年度应付账款预算基础资料表**

供应商	物资名称	付款政策	应付账款期初余额
海诺公司	E材料	当年采购货款，当年支付95%，剩余5%下一年度支付	120 000 元
浩信公司	F材料	当年采购货款，当年支付90%，剩余10%下一年度支付	100 000 元

要求：根据上述附表17-2至附表17-8预算资料，编制江苏磊艤公司20×3年度直接材料预算、材料存货预算、采购预算、应付账款预算（见附表17-9至附表17-12）。

附表17-9　　　　　　　　　江苏磊艤公司20×3年度直接材料预算表　　　　　　金额单位：元

材料名称	计量单位	计划单价	A产品 产量：吨			B产品 产量：吨			合计	
			单耗	总耗量	金额	单耗	总耗量	金额	总耗量	金额
E材料	吨									
F材料	吨									
合 计	—	—				—	—		—	

附表17-10　　　　　　　　江苏磊艤公司20×3年度材料存货预算表　　　　　　金额单位：元

材料名称	计量单位	计划单价	期初库存		20×3年度入库		20×3年度出库		期末库存	
			数量	成本	数量	成本	数量	成本	数量	成本
E材料	吨									
F材料	吨									
合 计	—	—								

附表17-11　　　　　　　　　江苏磊艤公司20×3年度采购预算表　　　　　　　金额单位：元

材料名 称	计量单位	材料采购			增值税税率	材料增值税额	材料含税金额
		数量	计划单价	不含税金额			
E材料	吨						
F材料	吨						
合 计	—	—		—			

附表17-12　　　　　　　　江苏磊艤公司20×3年度应付账款预算表　　　　　　　单位：元

序号	供应商名称	业务内容	20×3年度预算			
			期初余额	本期应付款	本期支付款	期末余额
1	海诺公司	E材料				
2	浩信公司	F材料				
3	合 计					

5.江苏磊艤公司20×3年度职工薪酬预算基础资料见附表17-13。

附表 17-13　　　　　　江苏磊觿公司 20×3 年度职工薪酬预算基础资料表

项目	工资总额（元）	预算编制要求
1.生产工人工资	1 162 000	
①A 产品	808 000	
②B 产品	354 000	
2.制造费用中列支的工资	160 000	
①甲车间	100 000	
②乙车间	60 000	（1）职工福利费等薪酬费用按工资总额 20% 计提；
3.销售费用中列支的工资	115 000	（2）职工薪酬现金支付政策为：工资总额全额付现，其他薪酬现金支付 80%
①销售人员	87 500	
②管理人员	27 500	
4.管理费用中列支的工资	102 000	
5.合计	1 539 000	

要求：根据上述附表 17-13 预算资料，编制江苏磊觿公司 20×3 年度职工薪酬预算（见附表 17-14）。

附表 17-14　　　　　　江苏磊觿公司 20×3 年度职工薪酬预算表　　　　　单位：元

项目	工资总额	福利费等计提	薪酬总额	非付现项目	付现项目
1.生产工人工资					
①A 产品					
②B 产品					
2.制造费用中列支的工资					
①甲车间					
②乙车间					
3.销售费用中列支的工资					
①销售人员					
②管理人员					
4.管理费用中列支的工资					
5.合计					

6.江苏磊觿公司 20×3 年度应交税费预算基础资料见附表 17-15。

附表17-15　　　　　**江苏矗艫公司20×3年度应交税费预算基础资料表**

项目	课税对象	计量单位	计税依据	税费（率）	期初余额	期末余额
一、流转税费	—	元	—	—	110 000	132 000
1.增值税	购销业务	元	—	—	100 000	120 000
（1）销项增值税	销售额	元	7 000 000	13%	200 000	240 000
（2）进项增值税	采购额	元	3 275 360	13%	100 000	120 000
2.城市维护建设税	应交增值税	元	633 188.80	7%	7 000	8 400
3.教育费附加	应交增值税	元	633 188.80	3%	3 000	3 600
二、所得税费用	—	元	—	—	40 000	50 000
所得税	应税利润	元	713 381.12	25%	40 000	50 000
三、管理税费	—	元	—	—	0	0
1.房产税	房产余值	元	2 375 000	1.20%	0	0
2.印花税	购销合同	元	7 000 000	0.03%	0	0
四、应交税费	—	元	—	—	150 000	182 000

要求：根据上述附表17-15预算资料，编制江苏矗艫公司20×3年度应交税费预算（见附表17-16）。

附表17-16　　　　　**江苏矗艫公司20×3年度应交税费预算表**　　　　　金额单位：元

项目	课税对象	计税依据	税费（率）	期初余额	本期增加	本期减少	期末余额
一、流转税费	—	—	—				
1.增值税	购销业务	—	—				
（1）销项增值税	销售额						
（2）进项增值税	采购额						
2.城市维护建设税	应交增值税						
3.教育费附加	应交增值税						
二、所得税费用	—						
所得税	应税利润						
三、管理税费	—						
1.房产税	房产余值						
2.印花税	购销合同						
四、应交税费	—	—	—				

案例十八

1.江苏鬐醗（shùn pō）股份有限公司生产和销售高级保温杯，计划期20×3年各季度预计销售数量分别为5 000件、6 000件、15 000件和12 000件；该产品预计单位售价为220元，增值税税率为13%。20×3年各季度含税销售收入中，本季度收到60%的现金，下季度收到30%，另外10%于再下季度才能收回，上年年末应收账款余额为1 400 000元（其中，20×2年第三季度为400 000元，剩余为20×2年第四季度）。

要求：编制江苏鬐醗股份有限公司20×3年度销售预算（见附表18-1）。

附表18-1　　　　　　**江苏鬐醗股份有限公司20×3年度销售预算表**　　　　金额单位：元

项目	第一季度	第二季度	第三季度	第四季度	全年
销售单价（元/件）					
预计销售量（件）					
预计销售收入					
应交增值税（销项）					
含税销售收入					
期初应收账款					
第一季度经营现金收入					
第二季度经营现金收入					
第三季度经营现金收入					
第四季度经营现金收入					
经营现金收入合计					
期末应收账款					

2.江苏鬐醗股份有限公司编制20×3年度生产预算时，预计20×3年年初、年末存货分别为2 500件和2 800件，且各季度期末存货量为下季度销售量的25%。

要求：编制江苏鬐醗股份有限公司20×3年度生产预算（见附表18-2）。

附表18-2　　　　　　**江苏鬐醗股份有限公司20×3年度生产预算表**　　　　单位：件

项目	第一季度	第二季度	第三季度	第四季度	全年
预计销售量					
加：预计期末存货量					
减：期初存货量					
预计生产量					

3.江苏鬓醵股份有限公司为生产高级保温杯需要某特种钢材，计划期消耗定额为0.5千克/件，单价为160元/千克；预算期内每季季末材料库存量占其下季度生产需用量的20%，增值税税率为13%。预算期初和期末库存量分别为1 000千克和1 500千克，20×3年各季度含税采购款项中，当季度支付50%，下季度支付30%，另外20%于再下季度支付，上年年末应付账款余额为200 000元（其中，20×2年第三季度为80 000元，剩余为20×2年第四季度）。

要求：编制江苏鬓醵股份有限公司20×3年度采购预算（见附表18-3）。

附表18-3　　　**江苏鬓醵股份有限公司20×3年度直接材料预算表**　　　金额单位：元

项目	第一季度	第二季度	第三季度	第四季度	全年
材料采购单价（元/千克）					
产品生产量（件）					
产品耗用定额（千克/件）					
材料总耗用量（千克）					
期初材料存量（千克）					
期末材料存量（千克）					
本期采购量（千克）					
材料采购成本					
应交增值税（进项）					
含税采购成本					
期初应付账款					
第一季度采购现金支出					
第二季度采购现金支出					
第三季度采购现金支出					
第四季度采购现金支出					
现金支出合计					
期末应付账款					

4.江苏鬓醵股份有限公司计划期间所需直接人工只有一个工种，直接人工工时定额为8小时，工资率为5元/小时。当期工资全部当期支付；计提其他直接人工14%并按照80%付现。

要求：编制江苏鬓醵股份有限公司20×3年度人工预算（见附表18-4）。

附表18-4　　　　江苏鬟醵股份有限公司20×3年度直接人工预算表　　　　金额单位：元

项目	第一季度	第二季度	第三季度	第四季度	全年
单位工时工资率（元/小时）					
单位产品工时定额（小时/件）					
预计生产量（件）					
直接人工工时总数（小时）					
预计直接工资					
其他直接费用					
直接人工成本合计					
单位工时直接人工成本					
预计福利费现金支出					
直接人工成本现金支出合计					

5.江苏鬟醵股份有限公司20×3年度制造费用分为两个部分：全年变动性制造费用分配率为单位工时3元；各季度固定性制造费用为120 000元，其中，固定资产折旧为10 000元，其余均为各季度均衡发生的付现成本。

要求：编制江苏鬟醵股份有限公司20×3年度制造费用预算（见附表18-5）。

附表18-5　　　　江苏鬟醵股份有限公司20×3年度制造费用预算表　　　　金额单位：元

项目	第一季度	第二季度	第三季度	第四季度	全年
变动性制造费用分配率（元/小时）					
直接人工工时（小时）					
变动性制造费用					
固定性制造费用					
制造费用合计					
折旧费					
现金支出合计					

6.根据上述预算相关资料，编制江苏鬟醵股份有限公司20×3年度成本预算（见附表18-6）。

附表18-6　　江苏鬟醵股份有限公司20×3年度产品成本预算表（计划产量：　件）　　金额单位：元

项目	单价	单位用量	单位成本	总成本
直接材料				
直接人工				
变动性制造费用				
合　计				
加：产成品期初余额				
减：产成品期末余额				
预计产品销售成本				

7.江苏鬈醨股份有限公司20×3年度预计销售及管理费用（全部为固定费用）全年合计800 000元，其中，销售人员工资400 000元，广告费100 000元，包装运输费60 000元，保管费50 000元，管理人员工资130 000元，保险费15 000元，办公费45 000元，均匀支出。

要求：编制江苏鬈醨股份有限公司20×3年度管理费用预算（见附表18-7）。

附表18-7   **江苏鬈醨股份有限公司20×3年度管理费用预算表**   单位：元

项目	金额
管理人员工资	
销售人员工资	
办公费	
广告费	
包装运输费	
保险费	
保管费	
合　计	
现金支出	

平均每季度支付现金数额＝

8.江苏鬈醨股份有限公司预计其他零星现金支出如下：20×3年各季度预缴所得税50 000元，预分股利20 000元；第四季度购置设备一台，价值50 000元；各季度现金余缺可通过归还短期借款、取得短期借款解决。第一季度期初向银行借款150 000元，第二季度期初向银行借款125 000元，第三季度期初还款275 000元，第四季度期初向银行借款120 000元，借款年利率10%。

要求：编制江苏鬈醨股份有限公司20×3年度其他零星预算（见附表18-8）。

附表18-8   **江苏鬈醨股份有限公司20×3年度其他零星预算表**   单位：元

项目	第一季度	第二季度	第三季度	第四季度	全年
增值税销项税额					
增值税进项税额					
应交增值税					
税金及附加					
预缴所得税					
预分股利					
购置设备					
取得短期借款					
偿还短期借款					
利息支付					
现金支出合计					

9.假定江苏鬈醱股份有限公司适用的企业所得税税率为30%，假设不需要进行纳税调整，该企业最低现金余额要求保持为150 000元。

要求：编制江苏鬈醱股份有限公司20×3年度现金预算、利润表预算和资产负债表预算（见附表18-9至附表18-11）。

附表18-9　　　　　　　　江苏鬈醱股份有限公司20×3年度现金预算表　　　　　单位：元

项目	第一季度	第二季度	第三季度	第四季度	全年
①期初现金余额					
②经营现金收入					
可运用现金合计					
③经营现金支出					
采购直接材料					
支付直接人工					
支付制造费用					
支付管理及销售费用					
支付增值税及附加					
预缴所得税					
预分股利					
④购置固定资产					
现金支出合计					
⑤现金余额					
⑥资金筹措					
取得短期借款					
⑦资金运用					
偿还短期借款					
支付短期借款利息					
⑧期末现金余额					

表18-10　　　　　　　江苏鬈醱股份有限公司20×3年度利润表预算（简表）　　　　　单位：元

项目	金额
销售收入	
减：变动成本	
（1）变动生产成本	

项目	金额
（2）变动非生产成本	
边际贡献	
减：固定成本	
（1）固定性制造费用	
（2）固定性管理、销售、财务费用	
（3）税金及附加	
利润总额	
减：所得税费用	
净利润	

表 18-11   **江苏鬈醯股份有限公司 20×3 年度资产负债表预算（简表）**   单位：元

项目	年初余额	期末余额	项目	年初余额	期末余额
流动资产			流动负债		
货币资金	150 000		应付账款	200 000	
应收账款	1 400 000		短期借款		
存货	534 000		流动负债合计	200 000	
原材料	160 000		所有者权益		
产成品	374 000		实收资本	2 200 000	
流动资产合计	2 084 000		资本公积	50 000	
非流动资产			盈余公积	80 000	
固定资产原价	1 000 000		未分配利润	374 000	
减：累计折旧	180 000		所有者权益合计	168 000	
固定资产净值	820 000				
资产总计	2 904 000		负债及所有者权益总计	2 904 000	

综合试题参考答案

主要参考文献

［1］ARGYRIS C. Organizational learning and management information system ［J］. Accounting, Organizations and Society, 1977（2）: 113-123.

［2］ANTHONY R N. The management control function ［M］. Boston: Harvard Business School Press, 1989.

［3］DUNK A S. The effect of budget emphasis and information asymmetry on the relation between budgetary participation and slack ［J］. The Accounting Review, 1993, 66（2）: 400-410.

［4］ATKINSON A A, BALAKRISHNAN R, BOOTH P, et al. New directions in management accounting research ［J］. Journal of Management Accounting, 1997（19）: 79-108.

［5］KENNEDY A, DUGDALE D. Getting the most from budgeting ［J］. Management Accounting: Magazine for Chartered Management Accountants, 1999, 77（2）: 22.

［6］财政部企业司. 企业全面预算管理的理论与案例 ［M］. 北京: 经济科学出版社, 2004.

［7］冯巧根. 超越预算的实务发展动向与评价 ［J］. 会计研究, 2005（12）: 15-19.

［8］霍普, 弗雷泽. 超越预算——管理者如何跳出年度绩效评估的陷阱 ［M］. 胡金涛, 译. 北京: 中信出版社, 2005.

［9］冯雪莲, 汤小青. 传统的预算、改善的预算与超预算的协调功能 ［J］. 管理世界, 2006（8）: 152-153.

［10］卢建胜. 基于价值链的企业全面预算管理研究 ［D］. 天津: 天津财经大学, 2009.

［11］李明. 全面预算管理 ［M］. 北京: 中信出版社, 2011.

［12］张常胜. 企业全面预算管理 ［M］. 3版. 北京: 北京大学出版社, 2023.

［13］许群. 企业预算编制实务与经典案例 ［M］. 北京: 中国市场出版社, 2012.

［14］龚巧莉. 全面预算管理: 案例与实务指引 ［M］. 2版. 北京: 机械工业出版社, 2020.

［15］陈山发. 企业全面预算管理存在的问题及改进建议 ［J］. 中国经贸, 2013（16）: 298.

［16］李雪源. 信息化环境下物流企业全面预算管理问题研究 ［D］. 长春: 吉林财经大学, 2015.

［17］谢志华. 企业预算管理: 从预算整合到整合预算 ［M］. 北京: 经济科学出版社, 2015.

［18］孙平. 试论全面预算管理在企业内部控制中的重要作用 ［J］. 企业改革与管理, 2015（3）: 24-25.

［19］陶龙．企业实施全面预算管理存在的问题及改进措施［J］．企业改革与管理，2016（21）：35.

［20］田俊香．我国企业全面预算管理现状及改善对策［J］．中国集体经济，2016（10）：40-41.

［21］董伟．分析企业财务全面预算管理内容、意义及改进措施［J］．现代经济信息，2017（2）：194-195.

［22］屠建清．全面预算管理案例全解：预算编制、案例指引、流程控制［M］．北京：人民邮电出版社，2022.